山崎真之
坪野圭介
〔編〕

学問から「いま」を見通す

ヴィーガニズムから
生成AIまで

春風社

5 はじめに　激動の世界と対峙する「見取り図」のために〔山崎真之〕

第1部　健康・生活

15 第1章　コロナ禍、ヴィーガニズム、異星人
　　　　——マーガレット・アトウッド「わんぱくグリゼルダ」における
　　　　　食の問題〔坪野圭介・今井祥子〕

31 第2章　ハイブリッドジャパニーズ
　　　　——ノブレストランの料理とデザイン〔今井祥子〕

53 第3章　生活に根ざした健康情報を共に作る
　　　　——災害公衆衛生と認知症の事例から〔黒田佑次郎〕

73 第4章　ギャンブル行動症に対する
　　　　心理学的支援の現状と今後の課題
　　　　——エビデンス・ベイスト・プラクティスの展開のために〔田中佑樹〕

91 第5章　発達段階に応じた
　　　　子どもと支援者・養育者との良循環の形成
　　　　——行動論的アプローチの立場から〔堀川柚〕

105 第6章　社会人生活の適応を促進する大学生の職業選択行動とは
　　　　——支援のあり方についての考察〔輕部雄輝〕

第2部　情報・言語

129 第7章　スマートツーリズムでの偶然の出会い
　　　　——ICTによる観光者の自由の制限と創出からの考察〔澁谷和樹〕

143 第8章　「推し活」の光と闇
　　　　——「推し活」に関する記事の内容分析〔市村美帆〕

163 第9章　生成AIや機械学習の発展は
　　　　外国語学習を不要なものにするのか
　　　　——機械翻訳の歴史的発展と外国語学習への応用に向けた検討
　　　　〔内田翔大〕

183 第10章　ウェルビーイングに根差した大学英語教育
　　　　——学生の積極的な学びを促すヒント〔山本貴恵〕

学問から「いま」を見通す

目次

201　第11章　自律した英語学習者の育成を目指して
　　　　　――英語教育における内省活動とは〔辻るりこ〕
217　第12章　一人称複数we
　　　　　――複数のIを意味することはあるのか？〔松田麻子〕

第3部　地域・交流

237　第13章　観光は地域をいかに変えるか
　　　　　――カンボジア・シアヌークビルにおける観光空間の素描〔板垣武尊〕
263　第14章　無形文化遺産登録がもたらしたもの
　　　　　――中国・安徽省黄山市の「徽州祠祭」を事例に〔李崗〕
283　第15章　あらゆるものとは「調和」できない
　　　　　――アメリカ先住民ナヴァホ保留地における
　　　　　　もめごとの対処と風通しのいい他者〔渡辺浩平〕
301　第16章　経済人類学を通じた人間性の探求
　　　　　――ミクロネシアのランク社会における存在承認の事例から〔河野正治〕
317　第17章　生物多様性の損失に立ち向かう
　　　　　――研究および地域住民それぞれの目線からの検討
　　　　　　〔竹下和貴・石垣裕貴〕
335　第18章　Uターン者が紡ぐネットワーク
　　　　　――奄美大島瀬戸内町古仁屋における
　　　　　　化粧まわし職人のライフストーリーを事例に〔山崎真之〕

351　おわりに　学問の歩き方　知的関心をひろげる読書のために〔坪野圭介〕

執筆者紹介　　361

はじめに
――激動の世界と対峙する「見取り図」のために

山崎真之

　未来のある時点から2020年代初頭を振り返ったとき、その時期が大きな社会変化の入り口だったという評価になることは、おそらく間違いないだろう。新型コロナウイルスのパンデミックによってグローバル化時代の疫病リスクが顕在化し、対話型の生成AIの流行がテクノロジーの大規模な革新を予感させ、ロシアのウクライナ軍事侵攻やハマスとイスラエルの軍事衝突が世界の情勢不安を強烈に印象づけた。日本においても、「失われた30年」とも呼ばれる1990年代以降の長く静かな低迷が、こうした状況の変化によって激しい蕩揺へと流れ込み始めた感がある。

　激動の時代であるということは、先の見通しが容易に立たないということでもある。そのような困難な地点において、私たちは世界をどのように捉え、世界にどのように対峙していけばよいのだろうか――この難問について、「学問」という道具を使ってさまざまに考えた成果が、本書『学問から「いま」を見通す――ヴィーガニズムから生成AIまで』だ。本書の各論考は、人文科学／社会科学／自然科学にまたがる多彩な学問分野の専門家が、それぞれの分野における「現在」を摑み取ろうとした記録である。

　学問によってその対象も射程とする時間軸も異なるため、直接現在の状況

を扱った論もあれば、より普遍的な現象について考察した論もある。それでも、同じ2020年代の空気のなかにいる若手・中堅の専門家たちが、いま問題とすべきことと必死に格闘していることに変わりはない。もちろん、一冊の本によって時代の全体像を描くことはもとより不可能だが、点在する星々から星座を切り出すように、18のばらばらの論点をつなげてみることで、本書を読まれた方に、思い思いの2020年代の「見取り図」を想像していただけたら幸いである。

＊

　本書の成立は、和洋女子大学の教員有志によって開催された研究会がきっかけとなっている。異なる専門分野をもつ研究者がそれぞれの研究内容について発表し、議論を交わすうちに、自らの専門外から知見を得ることに参加者全員が深い意義を見出すようになった。そこで、その知見を広く共有するため、研究会メンバーが編集チームとなり、学内外の研究者も交えて研究成果を論集として刊行することにした。本書には、現在の研究のかたち、そしてその先に見える社会のかたちがさまざまに反映された18本の論考が並ぶことになった。

　冒頭に書いた大きな変化を念頭に、各論は「健康・生活」「情報・言語」「地域・交流」という3つのカテゴリーに分かれている。ただし、この分類はあくまで大まかな整理であるため、カテゴリーをまたいで内容的に響きあう論考も多数あるはずである。各論は独立しているため、冒頭からの通読に限らず、関心のある論考を自由な順番に読んでいただくことを想定している。ここでは、各論の簡単な内容を紹介しておこう。

　第1部「健康・生活」においては、コロナ禍や2024年の能登半島震災などを通してあらためて大きな問題となっている、私たちの身体や精神、日常的な振る舞いに関わるテーマの論考を集めた。

第1章「コロナ禍、ヴィーガニズム、異星人——マーガレット・アトウッド「わんぱくグリゼルダ」における食の問題」(坪野圭介・今井祥子)は、コロナ禍に書かれたSF短編小説を分析しながら、疫病がもたらした新たな想像力について、食文化の変化を中心に論じている。

　第2章「ハイブリッドジャパニーズ——ノブレストランの料理とデザイン」(今井祥子)は、世界における日本食の人気とその受容について、日本人シェフ松久信幸のケースに注目して検討している。料理本の読解、独自の料理スタイルについての分析や、シェフとしてのパフォーマンス、主要店舗の内外装デザインの検証を通じて、レストラン空間においてどのように真正性が構築されてきたかが考察されている。

　第3章「生活に根ざした健康情報を共に作る——災害公衆衛生と認知症の事例から」(黒田佑次郎)は、保健医療のあり方をめぐって、患者や一般市民が有意義なかたちで研究に参画する営みに注目が集まるなかで、従来のエビデンス・ベイストのアプローチとの「結びつき(最適化)」についての議論は終着していない点に着目する。東日本大震災と認知症予防という様相の異なる二つのフィールドワークから、当事者参画をめぐる今日的状況の中で、その結びつきのあり方を検証している。

　第4章「ギャンブル行動症に対する心理学的支援の現状と今後の課題——エビデンス・ベイスト・プラクティスの展開のために」(田中佑樹)は、エビデンス・ベイスト・プラクティスの重要な要素である「エビデンス」、「臨床技能」、「患者の特性」の観点から、ギャンブル行動症に対する心理学的支援の現状の整理を試みている。そのうえで、エビデンス・ベイスト・プラクティスの展開に向けた今後の課題と展望について考察されている。

　第5章「発達段階に応じた子どもと支援者・養育者との良循環の形成——行動論的アプローチの立場から」(堀川柚)では、子どもと支援者および養育者との相互作用の良循環の形成についてまとめている。環境要因(支援者なのか養育者なのか)が変わっても、相互作用でとらえるという理解の枠組み自体は変わらないことや、子ども側の結果だけでなく、支援者および養育者側の結果が強化子になっているかを確認する必要があることが示唆される。

第6章「社会人生活の適応を促進する大学生の職業選択行動とは——支援のあり方についての考察」(輕部雄輝)は、不確実性の大きい現代にあって、日本の大学生の職業選択の過程における企業からの不採用経験等、ストレスフルな事象に対処しながら当面の行動を継続する取り組みと、自身の職業適性や就労目標を明確化し現実的な将来像を検討する取り組みの双方の重要性を論じている。前者ではストレスマネジメント、後者ではメタ認知の活用の観点から、就職活動の継続そのものと以降の社会人適応の双方を促進する支援のあり方が有効であると考えられる。

　第2部「情報・言語」では、生成AIなどの普及などによって、情報化社会がますます加速していく状況のなかで、情報・言語の処理を対象とした論考や分析の方法とした論考を集めた。
　第7章「スマートツーリズムでの偶然の出会い——ICTによる観光者の自由の制限と創出からの考察」(澁谷和樹)は、スマートツーリズムでの偶然がいかなる特徴を有するのか検討している。偶然の出会いに価値が置かれてきた従来の徒歩旅行から、そうした出会いも管理下に置かれるようになったICTサービスの進んだ状況に変化するなかで、観光者がいかに物事に出会い、それを偶然と捉えるのか、そのプロセスに注目する。
　第8章「「推し活」の光と闇——「推し活」に関する記事の内容分析」(市村美帆)は、「推し活」について探るため、「推し活」をキーワードとし該当した雑誌記事の内容分析を行っている。「推し」や「推し活」の定義、「推し活」の具体的な活動に加えて、「推し活」のポジティブ・ネガティブな側面を整理している。そして、「推し活」の光と闇、「推し活」を理解するために今後必要な検討事項を指摘している。
　第9章「生成AIや機械学習の発展は外国語学習を不要なものにするのか——機械翻訳の歴史的発展と外国語学習への応用に向けた検討」(内田翔大)は、機械翻訳が外国語学習者に欠かせないツールとなり、外国語教育においても、どのように機械翻訳を使用するのかの議論が必要となっている状況に着目する。機械翻訳の技術の進化を概説し、現在の機械翻訳が持つ特徴と、

そのメリット、デメリットを明らかにするとともに、機械翻訳の外国語学習への有効な利用方法について考察している。

第10章「ウェルビーイングに根差した大学英語教育——学生の積極的な学びを促すヒント」(山本貴恵)では、英語がグローバル社会における必須の外国語能力として認識される一方、その教育の議論において、学ぶ環境の重要性や学習者の内的要因が置きざりにされがちである状況を捉え返している。近年世界でも学びを構築する上で論点の一つとなっている「ウェルビーイング」の概念に視座を置き、実践例を挙げながら、学習者の成長を促す大学英語教育の在り方について論じている。

第11章「自律した英語学習者の育成を目指して——英語教育における内省活動とは」(辻るりこ)では、日本の英語教育における学習者の内省活動に注目する。英語教科書における内省活動に関する記載の分析及び、自身の英語教育実践に基づき、英語学習における内省活動の重要性を示唆している。

第12章「一人称複数we——複数のIを意味することはあるのか？」(松田麻子)は、通常、I（話し手）と話し手以外の人を含む集団を指示対象とする英語のweが、複数の犬を指すdogsといった複数形名詞と同様に、複数のIとして解釈されることがないのかを検討し、特定の文脈においてはそれが可能であることを提案している。

第3部「地域・交流」は、紛争・戦争の絶えない世界各国の流動的な状況を踏まえつつ、多様なフィールドを対象とし、人やモノや生物の変化や移動の力学をさまざまな手法で捉えようとする論考を集めた。

第13章「観光は地域をいかに変えるか——カンボジア・シアヌークビルにおける観光空間の素描」(板垣武尊)は、カンボジア・シアヌークビルの変化について、観光空間に焦点を当てて素描する。1993年以降、バックパッカー向けのリゾート地として開発が進むも、2016年頃から中国の一帯一路の拠点として中国人観光客向けのカジノが急増し、2020年以降のコロナ禍で観光開発が停滞したシアヌークビルが、一方でカンボジア国内観光客のナショナリズム生成の場となる状況を分析している。

第14章「無形文化遺産登録がもたらしたもの――中国・安徽省黄山市の『徽州祠祭』を事例に」（李岡）では、ユネスコの無形文化遺産というグローバルな概念や制度が、安徽省黄山市という中国の一地方において、観光開発の動きと絡み合いながら実践されるプロセスを明らかにし、新たな遺産制度の導入が地域の人々にもたらした不確実な状況の一端を分析している。取り上げる事例地では、遺産指定は一方で儀礼の再興を促したが、他方でその文化的価値の低下をもたらし、地域社会のなかで文化競争を引き起こす点を指摘している。

　第15章「あらゆるものとは「調和」できない――アメリカ先住民ナヴァホ保留地におけるもめごとの対処と風通しのよい他者」（渡辺浩平）は、思考や感情は世界に偏在する力である、とする考えをもつアメリカ先住民ナヴァホの人々に着目している。もめごとの対処過程における他者の怒りに対する応答の型を記述し、感情を自己の内的過程とすることでは取りこぼされてしまうような、「風通し」と呼びうるナヴァホの人々の生のあり方を示す。

　第16章「経済人類学を通じた人間性の探求――ミクロネシアのランク社会における存在承認の事例から」（河野正治）は、2010年代以降の経済人類学で注目される人間経済論の視点から、ミクロネシア連邦ポーンペイ島の事例を取り上げ、身分秩序の隙間にかけがえのない人格が承認される契機を見いだす。こうした経済人類学による人間性の探求は、他者理解の学としての人類学の今日的な意義の一端を示している。

　第17章「生物多様性の損失に立ち向かう――研究および地域住民それぞれの目線からの検討」（竹下和貴・石垣裕貴）では、生物多様性の保全に関する日本社会の現状について概説し、SDGsと生物多様性研究の関連性について、テキストマイニング等を用いた文献レビューの結果を紹介している。さらに、千葉県流山市でのアンケート調査による、私たちの生活に身近な小規模街区公園の特徴、公園利用のモチベーション、および利用者の生物への関心の相互関連性に関する研究事例を紹介している。

　第18章「Uターン者が紡ぐネットワーク――奄美大島瀬戸内町古仁屋における化粧まわし職人のライフストーリーを事例に」（山崎真之）は、一度島

を離れ十数年後に帰郷した化粧まわし職人のライフストーリーを提示している。Uターン者のプッシュ及びプル要因に加え、帰島後に携わるようになった化粧まわし・大島紬を契機にした地域社会との関わり方やUターン者が築くネットワークについて指摘する。

　以上の各論考は、先述した通り、それぞれ別個の対象と方法論を有しつつも、さまざまにつながりあっている。例えば、複数の論考がなんらかのかたちで「生のありかた」に着目していたり、もやは私たちの生活に欠くことのできないICTを議論の俎上に載せたり、フィールドワークに基づき現地の多様な声を収集する手法を共有していたりもする。そのように重なり合う領域にこそ、2020年代というひとつの時代を映し出す「知」のかたちが現れているといえるかもしれない。そして同時に、いかにそれぞれの論考が異なっているか、注目すべき事象も傾けるべき視線も多様であるかということにも、この時代の複雑さが象徴されているだろう。いずれにしろ、各論に触れていただいたあとの解釈は、読者一人ひとりに開かれている。何かひとつでも、この先行きのわからないダイナミックな世界を生きていくためのコンパスを見つけていただけたら、編者としてそれ以上の喜びはない。

第1部
健康・生活

第1章
コロナ禍、ヴィーガニズム、異星人
──マーガレット・アトウッド「わんぱくグリゼルダ」における食の問題

坪野圭介・今井祥子

1. アダプテーションという戦略──コロナ禍と「わんぱくグリゼルダ」

　新型コロナウイルスが未知の疫病として世界で猛威をふるっていた2020年、アメリカ合衆国をはじめとする複数の国の作家21人による短篇小説を収録したアンソロジー『デカメロン・プロジェクト』(*The Decameron Project*)が出版された。ニューヨーク・タイムズ・マガジン(*New York Times Magazine*)の呼びかけに応じた作家たちによって紡がれたこの企画は、タイトルからも明らかなように、14世紀後半にジョヴァンニ・ボッカッチョ(Giovanni Boccaccio)が書いた『デカメロン』(*Decameron*)を下敷きにしている。ペストのパンデミック下、フィレンツェ郊外に自主隔離中の人びとが語るさまざまな話をまとめた物語集という設定を持つ『デカメロン』にならって、新型コロナウイルスのパンデミックに関わる短篇を集めた『デカメロン・プロジェクト』は、ある物語を下敷きにして別のバージョンの物語を生みだす、アダプテーション（翻案）という性質をもった作品集だ。
　21の短編のうち、このアダプテーションという企図をもっとも直接的に

物語に反映させているのが、カナダの作家マーガレット・アトウッド（Margaret Atwood）の「わんぱくグリゼルダ」（"Impatient Griselda"）である。この短篇は、『デカメロン』最終話の「グリゼルダ」（"Griselda"）というエピソードの一種の翻案になっている――疫病によって隔離された人びとに、保護者を自任する異星人が「グリゼルダ」と似て非なる物語を語って聞かせるという奇妙なSF作品である。異星人の態度は高圧的であり、発言はしばしば脅迫めくため、人びとの不安と恐怖は次第に高まっていく。本章では、アダプテーションの働きを踏まえつつ、物語中の「食」の描き方に着目することで、一見すると荒唐無稽な設定を持つこの短編が、いかにしてその設定によって疫病流行下の社会のリアリティを照射しているかを考えたい。

　アダプテーションが、「他者のものとわかるひとつないし複数の作品を、創造的・解釈的に別の作品に置き換える過程」であるとすれば（Hutcheon 2006: 33）[1]、「わんぱくグリゼルダ」はアダプテーションの理論を何重にも利用した作品である。第一に、ボッカッチョの『デカメロン』全体の枠組み（疫病流行時に避難した人びとの不安や退屈を物語の力で癒そうとするという設定）を再利用しており、第二に『デカメロン』のなかのエピソード「グリゼルダ」を改変しながら利用している。さらに、物語の内部において、語りの手法や登場人物の描き方といった要素にも、〈オリジナルと改変を加えたバージョンとの関係を提示する〉というアダプテーションと同種の原理が見出せる。物語は異星人を語り手とし、その語りは「同時翻訳機」によって丁寧だがどこか歪な英語にたえず変換されていく。「翻訳」の不完全さを示す不自然な語彙や表現を文章にふくむことで、英語の背後に異星人の言語が透けて「見える」設定になっているのである。こうして作中にあらかじめ取り込まれた架空の「翻訳」もまた、オリジナルの改変を特徴とする「翻案」の一形態だといえるだろう（Walkowitz 2015）[2]。あるいは、異星人によって語られる「グリゼルダ」のエピソードには、ボッカッチョの原作にはない、グリゼルダが双子の姉妹だという設定が追加されている。原作では一人だったグリゼルダが、原作の従順なキャラクターを踏襲した「ていしゅくグリゼルダ」（Patient Griselda）と、正反対の性格の「わんぱくグリゼルダ」（Impatient Griselda）に

分裂しているのである。そのようにして、オリジナルの設定、物語、言語、登場人物に、それぞれ改変を加えたバージョンを覆い被せることで、この小説はアダプテーションの原理——すなわち二重性の原理——を、作品の形式・内容の双方に過剰なまでに適用しているのだ。

　それではなぜ、オリジナル／改変版の二重映しが執拗に作品に持ち込まれているのだろうか。そこには新型コロナウイルスの蔓延という社会状況との関係を読み込むべきだろう。つまり、私たちの生活に大きな変化をもたらしたウイルスの流行は、否応なく変化の前と後の社会状況の両方をつねに想起させる。例えば私たちはコロナ禍以降、電車や人混みのなかでマスクをつけるのが当たり前だと感じる生活を、そうではなかったコロナ禍以前の生活の記憶を保持しながら送ってきた。コロナ禍において文字通りの緊急事態を生きた私たちは、「オリジナル」にあたる元の生活に、「改変」された「異様」な生活が覆いかぶさった状態を過ごしてきたのである。「わんぱくグリゼルダ」という作品は、そのような疫病大流行時の認識の二重性を、アダプテーションの原理を通して表現しているのではないか。すなわち、「正常」なオリジナル要素と「異常」な改変要素を物語の形式・内容のなかでさまざまに重ねあわせることで、コロナ禍以前の「日常」の世界とコロナ禍以後の「非日常」の世界という二重性がもたらす価値観の混乱を、現実社会と別のかたちで経験しなおすこと、そうした経験の意味を問い返すことを、読者に要求しているのだといえる。

　そのように書くと、この短篇はきわめて抽象的・思弁的な操作によって組み立てられた物語に見えてくるかもしれない。たしかにプロットにたやすく没入できる物語ではないが、同時にその操作がきわめて切実な問いを投げかけているように感じられるのは、そこに生のあり方を根本的に問い返す主題がひそんでいるためである。「わんぱくグリゼルダ」は明らかに、人の生の根本を形づくる「食べる」という行為を問題化している。冒頭から、隔離室で人間に対してさまざまな説明を試みる異星人は、自分たちと人類の食文化の違いを強調する。人間たちのために食糧を用意しつつ、「調理」や「ヴィーガン」が自分たちの語彙にないことを説明し、そうした食習慣を否定してみ

せるのだ。あるいは、異星人が語る「グリゼルダ」のなかに、姉妹が公爵を殺して食べてしまうという、人間の食文化の禁忌を犯す結末をつけ加えている。さらに、物語を終えた異星人は、その衝撃的な結末に納得のいかない人間たちに対して、自らの食欲の対象であることを示唆して黙らせようとする。隔離下の人間は「食べられる」恐怖を味わうことになるのだ。

　すなわち、先に挙げたこの物語の「異常」な改変要素は、みな人間の食文化の構築性を突きくずす方向にむかっていく。それはおそらく、コロナ禍に生じた価値や生活習慣の変化の振れ幅のなかで、生きること＝食べることの意味が問いなおされていることを、この物語が不合理な設定を通して比喩的に表現しているためである。そこで次節ではまず、コロナ禍において現実の食文化にどのような変化が起きているのかを観察しておこう。そのうえで、具体的にこの短編の「食」の描き方にどのような企みがふくまれ、それがここまでに確認してきた、さまざまな位相における二重性とどのように関係しているのかを検討したい。

2. コロナとヴィーガン

　世界同時的な大流行がひとまず収まった2025年現在も、人類を悩ませている新型コロナウイルス感染症は、一般に動物原生感染病と定義される。人獣共通感染症とも呼ばれ、ウイルスが動物を介して人に広まっていく感染症を指す。2019年12月に中国湖北省武漢市で発表された感染は、1か月後には19か国に広がり、2024年9月時点で累計感染者数が全世界で7.7億人を突破し、日本国内においては3300万人を突破した（Our World in Data）。しかしながら人類にとって、新型コロナウイルス感染症が動物を介した感染症のはじめての事例というわけではない。1918年に流行したスペイン風邪をはじめとして、SARS（重症急性呼吸器症候群）、MERS（中東呼吸器症候群）、鳥インフルエンザ、BSE（牛海綿状脳症）、エボラ出血熱などもまた、動物の利用が人への感染の伝播の一因とされている感染症である。実に、新型あるいは突然変異による人の感染症の4分の3は動物由来であると推定されているの

である（Centers for Disease Control and Prevention（CDC）2020）。

　今回の新型コロナウイルス感染症の大流行のなか、ロックダウンや飲食制限などのために飲食産業は深刻な影響を受けた。それだけでなく、人びとは食の認識について大きな変化を迫られることとなった（Janssen et al. 2021: 1）。主要な学説において、ウイルスの起源と人類が現在のような形態で他の動物を利用すること、すなわち動物を支配し搾取することとの関連が明らかにされてきた。さらに、現在の動物利用の形態を続けていけば、今後も同様の動物原生感染症は増加し流行することが予想される。そのため、将来のパンデミックをどのように抑止するべきかという議論のなかで湧き上がってきたのが、人類は一刻も早く動物搾取をやめ、今後の感染症の蔓延を防止しようという「ヴィーガン（完全菜食主義者）になろう（go vegan）」運動である（Gough, Winters, and Greger 2020, Allen 2020）。

　もっとも、ヴィーガニズムは今回の感染症や公衆衛生の問題がきっかけで生まれた新しい生活様式というわけではない。菜食主義的食生活の概念は紀元前5世紀のギリシャとインドには存在していたとされる。あるいは、さらに時代をさかのぼった古代インド文明にすでに実践されていたという説もある（Alam 2020）。用語の出現について注目すると、菜食主義者を意味する「ヴェジタリアン（vegetarian）」という用語は1830年頃より出現した。しかしそれ以前、すでに菜食主義の食事形式を実践していた人物にイギリス・ロマン派詩人のパーシー・ビッシュ・シェリー（Percy Bysshe Shelley）がいたことはよく知られている（白石 2011: 21）。他方、「ヴィーガニズム（veganism）」という用語は1944年、イギリスの動物愛護運動家であるドナルド・ワトソン（Donald Watson）により生み出された造語である。当初はヴェジタリアンのより厳格な実践形式である、乳製品を食べない菜食主義者を区別するために使われた。その後、一切の動物由来の食事を避けるというより厳格な概念へと意味が変化していった。

　1960年代のアメリカ合衆国やイギリスにおいて、ヴィーガニズムはカウンターキュイジン（反体制的料理）のひとつの要素として取り込まれたり（Belasco 2006: 66）、80年代にはパンク文化などと結びついたりした。それで

もヴィーガニズムは社会的にはいわゆるラディカルな少数派であった。しかし、2000年代に入ると、食の汚染に関する事件や食肉産業の劣悪な実態が徐々にメディアに取り上げられるようになり、ヴィーガニズムは次第に市民権を得ていった。コロナ禍最中の2020年の最初の四半期では、インポッシブルフーズやビヨンドミートといった代替肉製造会社が過去最高の売上額を記録した（Anne 2020）。

　一口にヴィーガンといっても、動物愛護のみならず、生態系や環境の保護、自身の健康やライフスタイル、宗教の問題に至るまで、ヴィーガニズムの主張する論点は多様で複合的である。また動物由来の商品は、食品だけでなく生活のあらゆる面で広範囲に浸透しているため、突然ヴィーガンになるのは容易ではない。そのため、時間をかけて段階的にヴィーガンに移行していく人も少なくない。特にコロナ禍以前からヴィーガンであった人びとが、コロナ禍での公衆衛生的観点という、ある意味人間中心主義的な立場からのヴィーガニズムの急進的な隆盛の事態をどう受け止めるかについての反応には幅が見られる（Park and Kim 2022: 8）。しかしながら、感染症という、目には見えなくとも、痛みを伴った被害の原因が食肉にあると指摘されたことが、人びとにヴィーガニズムを広める大きな推進力となったことは間違いないといえるだろう。新型コロナウイルスの流行が、複合的なヴィーガニズムの歴史と文化が流れ込む、強力な結節点となったのである。

3. アトウッドと「食」という問題の射程

　「残念ながら、みなさんがヴィーガンと呼ぶような軽食はありません」（"Impatient Griselda": 69）と、異星人は言い放つ。疫病をひとつのきっかけとして盛り上がるヴィーガニズムが「わんぱくグリゼルダ」の冒頭であっさり否定され、人類が複雑に編みあげてきた食文化は丸ごと無効化されてしまう。アトウッドが「食」を作品のテーマとしたのは、この短編がはじめてのことではない。長編小説第一作である『食べられる女』（*The Edible Woman*, 1969）においてすでに、食べることは支配／被支配関係の中心的なイメージとして

用いられ、主題化されている。主人公のマリアン・マカルピン（Marian McAlpin）は拒食症を抱えており、結婚によって社会規範に嵌め込まれることへの恐怖が、恋人に自らが食べ尽くされるというカニバリズムのイメージを伴って想像されるのだ。『食べられる女』以来、アトウッドは登場人物が直面する「社会的現実」としても、より大きな問題を示すための「比喩」や「象徴」としても、「食」のテーマを作品に利用しつづけてきた（Sceats 2000: 4）。「わんぱくグリゼルダ」はまさに、前節で見たコロナ禍におけるヴィーガニズムなどの社会運動化と、より象徴的な次元での捕食関係の変容とを同時に視野におさめた物語であり、これまでくりかえし変奏されてきた「食」というテーマの最新形である。

　「食べること」がアトウッドにとってきわめて重要な問題であることは、1972年に発表された文学論のタイトルが『サバイバル──現代カナダ文学入門』（*Survival: A Thematic Guide to Canadian Literature*）だったことからもうかがえる。この本のなかでアトウッドは、カナダ文学の課題が、植民地支配の「犠牲者」からの脱却という「サバイバル」を描くことだと述べている。こうした考えの背景には、当時のカナダのナショナリズムの高まりと、第二波フェミニズムの高まりがあったことが指摘されている。アトウッドの意識のなかで、国家・共同体（カナダ）としてのサバイバルと個人（女性）としてのサバイバルが緊密に結びつけられていたのであり、やがてアトウッドは両者の土台となる地球環境全体のサバイバルをも重ねあわせるようになる（大塚 2011）。事実、アトウッドは1970年代から現在にいたるまで、代表作のひとつ『侍女の物語』（*The Handmaid's Tale*, 1985）をはじめとする多くの作品で、女性の抑圧と共同体による支配をいかに生き延びるかという問題に関連づけて環境汚染の危機を取り上げてきたし、しばしば環境問題と文学の役割について積極的な発言を行ってきた。こうした軌跡を考えると、個人・共同体・地球環境という複数の層をひとつに接着する要素として「食」のテーマが浮上してくることは、半ば必然だろう。食べることは個人が生き延びるもっとも直接的な手段であり、人びとに食べさせることは共同体の政治・経済・文化の力の発露であり、また何をどのように食べるかは食物連鎖という生態系

全体のバランスや環境倫理の問題でもある。異なる段階の「サバイバル」を結びつけるのに、「食」以上ふさわしい主題はないのである。

　食べること／食べられることの入り組んだ関係を扱いつつ、疫病からの人類のサバイバルを描く「わんぱくグリゼルダ」には、わずか8ページの小品でありながら、アトウッドが探究してきたテーマや手法が凝集している。1節で述べたアダプテーションの利用も、例えばギリシャ神話を巧みに書き換えた『ペネロピアド』（*The Penelopiad*, 2005）などで試されてきた手法であり、SF的設定やディストピア的世界観もまたアトウッドが得意とする手法である。物語内に利用されるボッカッチョの「グリゼルダ」は、貞淑な女性というジェンダー規範を問題化したエピソードだが、フェミニズム文学こそアトウッド作品をつねに貫いてきた最大の特徴だ（松田 2020: 11-12）。そして、新型コロナウイルスの大流行は、まさに個・共同体・地球環境のサバイバルを強烈に意識させ、古来からの疫病流行を想起させ、SF的・ディストピア的状況を現実に呼びこみ、医療へのアクセスや労働形態などに関わる人種・階級・ジェンダーの不均衡を浮き彫りにした点で、アトウッドが長年にわたって実践してきた創作原理にきわめてふさわしい「題材」となっているのである。そのうえ、感染症の流行と動物を食べることの因果関係、飲食店への影響、食習慣の変化など、さまざまな次元で、この疫病は「食」の問題でもあった。そうした事情が、食べることを主題とした「わんぱくグリゼルダ」の物語の背後には絡みあっている。あるいは、新型コロナウイスルによるパンデミックとアトウッドの物語との親和性の高さは、アトウッドがフィクションを通じて半世紀前から鳴らしていた警鐘の正当性と、「食」の問題化を重視したアプローチの先見性を裏書きしているといってもよいはずだ。

4. 反転の力学と文化の構築性

　疫病による感染とは、「境界が無化される事態」であり、「時間的な境界、身分的な境界、自己と他者の境界も侵食される」事態である（西山 2014: 239）。はじめに述べたように、いくつもの二重性を帯びた「わんぱくグリゼルダ」

は、重ねあわされるふたつのヴィジョンの境界を軸に展開する。疫病が流行した世界を舞台に据えた物語は、既存の物語の設定・形式や既存の社会の価値観をさまざまに反転させ、それらの境界を揺さぶりながら中心にある「食」の主題へ焦点化していく。アダプテーションの二重性の原理はそこで、対になる要素を揺さぶったり転覆させたりする力学として機能する。現実社会のコロナ禍における食文化の変化と、徹底して非現実的であるようにも思える「わんぱくグリゼルダ」との関係も、この反転の力学に注目することで見通しがよくなるはずである。

　例えば、この短編のなかで語られるバージョンの「グリゼルダ」には、ボカッチョのオリジナルにはない男女の反転が描かれている。「グリゼルダ」はもともと、侯爵が妻に選んだグリゼルダの愛情を試すために残酷な扱いをくりかえす物語だ。オリジナル版においても物語の最後には、女性にもっぱら従順と服従を求める男尊女卑的なジェンダー観に疑問が差し挟まれるのだが、異星人が語るバージョンは、別のかたちでジェンダー規範を反転させようとする。オリジナルには登場しないもうひとりのグリゼルダである「わんぱくグリゼルダ」は、「ていしゅくグリゼルダ」を救うために洗い場を手伝う少年を装う。すると、語り手である異星人は「わんぱくグリゼルダ」を「彼女もしくは彼」と呼ぶようになる（72）。この男女の入れ替えはさらに、姉妹の入れ替わりによって「ていしゅくグリゼルダ」の男装にも拡張する。この挿話は、異星人の視点からすれば、男女のジェンダーの違いが服装の違いによってしか判別できないことを示唆しているだろう。そのように男女の区分が曖昧にされたうえで、グリゼルダが侯爵やその親族を殺して食べるという衝撃的な結末が訪れる。この結末の行動は、男女の支配／被支配関係の反転（それはボッカッチョのオリジナルにおいても一応示唆されていた）をはるかに突き抜けた、いわばジェンダーという文化の範疇外にある振る舞いだ。男女の区別を不明瞭にする視点を導入しつつ相手を殺して食べるという究極の禁忌に至ることで、物語は男女の不均衡という問題のスケールを超越してしまうのである。

　その勢いはさらに、動物と人間の境界の侵蝕、両者の立場の反転にもつな

がっていく。エピソード中、調理場で「わんぱくグリゼルダ」が目にする動物の「皮」や「脚」や「骨」(72)と死んだ侯爵とは、「食べられる動物」としてまったく同じ視線で捉えられていた。種の違い、男女の違いなどの差異が、いずれも消し去られているのである。物語内物語の外側でも事態は変わらない。現実社会において、人間による動物の支配と搾取が問題視されてきていることを2節で述べたが、アトウッドの短編のなかでは、人間の側が異星人によって支配を受ける危機に立たされている――しかもその異星人は、人類が好んで食べてきたタコのような見た目をしていることがわざわざ語られるのだ（「ええ、知っていますよ、私はあなた方がタコと呼ぶものに似ているでしょう」[69-70]）。異星人の任務はあくまで疫病からの人類の保護だと説明されるが、隔離された無力な人間と衣食住をまるごと取り仕切る異星人との圧倒的な力関係の差は、「保護」と「支配」がほぼ同義であることを物語っている。事実、「芸人」を自称する異星人の指示は、しばしば脅迫的なトーンを帯び、人間が捕食対象になりうることを示唆する（「泣き言をいわれて大変いらつきましたし、むろん食べちゃいたくもなりました」[76]）。タコに似た異星人と人間のこうした力関係の表現は、人間と動物の支配／被支配関係を反転させたものだといえる。その反転は、支配対象・捕食対象としてきた動物に牙を剥かれるかのように、動物由来の疫病に苦しめられる現実の人間社会の風刺としても機能しているだろう。

　そして、男女の区別の無化から、人間と動物の逆転へと進んだ境界の破壊は、最終的に現実社会の食文化の反転に結びつく。人びとが動物の搾取をやめる手段のひとつがヴィーガニズムであるとするならば、「わんぱくグリゼルダ」はその運動を逆向きに利用している。物語の序盤で、異星人は「軽食」を人間に提供するが、「調理」という概念も「ヴィーガン」という概念も通じないことが宣言される。具体的にどのような食べ物が与えられたのかは直接描かれないが、「軽食をまるごと消化器官――あなた方が口と呼ぶもの――に放り込めば、床に血がこぼれることもありません」(69)という異星人の説明から考えられるのは「動物」の生肉である。つまり、コロナ禍に食肉を避けるヴィーガニズムが隆盛した現実を反転させたかのように、作中

の人間は生物をそのままの姿で食べることを突きつけられるのだ。

　では、その「生物」とはなにか。異星人が語って聞かせる「グリゼルダ」の結末で、姉妹が公爵と親戚たちを殺して食べてしまう展開の意味を考えてみよう。異星人は、侯爵たちを食べる行為が「自分自身も同じ立場であればするであろうこと」(76) だと語り、非常事態であればカニバリズムという禁忌も許されるという価値観を人間たちに受け入れさせようとする[3]。そこから翻って考えると、物語冒頭で異星人が人間に与えていた「軽食」も人肉だったのではないかと――あるいは少なくとも、人肉であってもなんら不思議はないはずだと――推測できる（だからこそ、物語の結末を聞いた人びとは絶句したのだろう[76]）。つまり、異星人が伝統的な物語「グリゼルダ」を改変して人びとに語りなおした意図は、物語の「教訓」を通して人間たちに共喰いを示唆するためだったと考えられるのだ。もちろん、異星人のメッセージは幾通りにも解釈できる。「軽食」として差し出された肉は、疫病が他の動物を食べる習慣に起因しているなら同じ種である人間を食べればよいという、ヴィーガニズムの論理の一部を利用しつつ反転させた皮肉な提案でもあり、自分の命令に従わなければ食べられる側になるのだという異星人から人間への警告でもあり、動物の捕食者として傲慢に振る舞ってきた人間が動物由来と考えられる新型コロナウイルスの「被食者」になった構図の象徴でもあるだろう。

　コロナ禍はたしかに人びとの食文化のあり方を変えた。その変化のなかには、2節で述べたような肉食の忌避もあれば、「黙食」や「孤食」の推奨による食を伴うコミュニケーションの制限、飲食店の開店時間の短縮、取り分けの禁止やアクリル板で仕切られた食卓のような、食事作法・人間関係の変容もある。アトウッドが作中に描くカニバリズムの推奨という食文化の変化は、やはり疫病が流行したことの帰結ではあるが、現実の変化とは正反対のものである。しかし、その反転の異様さによってあらためて認識させられるのは、食という行為が、異星人が推奨するように単に栄養を摂取するため、生き延びるため、本能的欲求を満たすためのものではなく、先に見たヴィーガニズムの歴史が示すように文化的・社会的な積み重ねのうえに構築されて

いるという事実だ。その事実は、男女のジェンダーやその不均衡が構築的に積みあげられてきたものであるゆえに、異星人からは正しく認識されないことと並行して理解される。アトウッドの短編は、そのような気づきを、現実をはるかに突き抜けた極端な変化に振り切ることで強調してみせている。

5. ウイルスと異星人——ディストピアの先に

　世界規模で人びとのそれまでの日常生活を丸ごとストップさせてしまった新型コロナウイルスは、例えば繊細さというイメージを付与された結核のような感染症と違い、かつてスーザン・ソンタグ（Susan Sontag）が「隠喩としての病」と呼んだような文化的意味づけが容易に成り立たないウイルスであることが指摘されている（福嶋 2021: 333–334）。このウイルスが破壊しようとしていた、あるいは再考を迫ろうとしていたものは、生物的な人間の健康や生命だけではなく、人類の長い歴史のなかで築かれてきた文化・社会の意味づけそのものなのだ。その点を踏まえると、作中で異星人の存在が何を表象しているのかも見えてくる。人間たちを支配に似たやり方で隔離し、あわよくば捕食しようとし、あらゆる境界を無化して文化や歴史的な価値づけをほどいてしまう異星人こそ、まさしく新型コロナウイルスの似姿＝翻案（アダプテーション）なのである。物語の最後で、ドアの下のわずかな隙間から流れるように脱出していく異星人は、目に見えない隙間からも侵入してくるウイルスの姿を思わせる。なにより、男女の区別ができないことを強調して人間を「淑女あるいは紳士」と呼び、動物の肉と人間の肉さえも区別せず捕食対象とする異星人の徹底した「無差別」あるいは「平等」は、宿主とする人を選ばないウイルスの「無差別」・「平等」とまったく同じ性質である。異星人が示す「無差別」と「平等」こそが、物語内でジェンダーの不均衡を破壊するかと思えば、肉を食べない（あるいは、肉は食べるが人間は食べない）といった食文化の境界をもことごとく破壊してしまう。ウイルスが人間の規範にとっての他者であるのと同様に、異星人も地球人の規範にとってまったくの他者であるからだ。

　現実においてきわめて身近な宿敵となった新型コロナウイルスと、非現実

の彼方にいて人類の庇護者を自任する異星人というかけ離れた存在とを結びつけることで、アトウッドはこれまでに見てきた二重性の原理、あるいは反転の力学を、もっとも大きな振幅で利用している。その反転は、人類が手懐けてきた（と思われた）動物やウイルスや自らの規範が、その実きわめて不安定かつ一時的な秩序のなかにかろうじて押しとどめられていたに過ぎないことを私たちに思い知らせるだろう。地球の保護者／支配者であったはずの人間も、簡単に被保護者／被支配者の立場に入れ替わってしまう。

　これまでの秩序が取り払われた状態に、何らかの救いがあるのか、禍いだけが残るのか、異星人が目の前の人間たちを置き去りにして別の隔離集団のもとへ去っていく結末からは見通せない。ただし、アダプテーションを利用して、二重のヴィジョンがたえず反転したり、浸透しあったりする運動のなかには、この物語が表現する強烈なディストピアとは異なる、解放の可能性のようなものがときおり垣間見えもする。境界の侵犯や無効化によって現前する光景の九割が異星人＝ウイルスがもたらす絶望であるとして、残りの一割は同じ異星人＝ウイルスが規範や抑圧を強制的に取り払うことであらわれる希望である。カリ・ニクソン（Kari Nixon）が述べているとおり、疫病の流行（アトウッドの物語のなかでは異星人の到来）は、「階級や人種、性的指向、国籍など、人が自分たちのあいだに築いてきた偽りの差異、自分と他人を隔てていると考え、しばしば他人の優位に立つことを正当化するのに使ってきた差異の嘘をすべて暴く」（ニクソン 2022: 209）からだ。その小さな希望のなかにこそ、読者はパンデミックからのサバイバルを、平等な社会への前進を、動物倫理のあるべき姿を、そして生態系との関係をより良く築く道を、かろうじて夢想する。換言すれば、この物語が提示する、「食」にかかわる二重のヴィジョン、すなわち食べること（捕食）／食べられること（被食）、あるいは食べること（カニバリズム）／食べないこと（ヴィーガニズム）の巨大なマトリクスのどこかに、より良く食べてより良く生きる道がかすかに見え隠れしているはずなのである。

付記

本章は、坪野圭介・今井祥子「食べること／食べられること——マーガレット・アトウッド「わんぱくグリゼルダ」の二重性」(『英文学会誌』58号、和洋女子大学、2023年3月) を改稿したものである。

注

〔1〕 翻訳は坪野・今井による。以下も同様。
〔2〕 ウォルコウィッツは、「生まれつき翻訳」(born translated) という概念を用いて、あらかじめ翻訳を見越して書かれる世界文学時代の現代小説を分析している。この概念のなかには、もともと「翻訳として」書かれた——すなわち、ほかの言語で書かれたことを装った——作品もふくまれ、「わんぱくグリゼルダ」もこの分類に当てはめられる。
〔3〕 厳密には、非常事態での食人はカニバリズムとはみなさない場合も多いが (高井 2000: 58)、本章では食習慣自体の変容 (の可能性) を論じているため、カニバリズムの語を用いることとする。

参考文献

大塚由美子 (2011)『マーガレット・アトウッド論——サバイバルの重層性「個人・国家・地球環境」』彩流社

白石治恵 (2011)「シェリーと食——「シェリー＝熱心な菜食主義者」への疑問」『酪農学園大学紀要』35 (2): 21–27

高井哲彦 (2000)「食の透視画法 (6): カニバリズム・文学・社会科学」『しゃりばり』(223): 58–59

ニクソン、カリ (2022)『パンデミックから何を学ぶか——子育て・仕事・コミュニティをめぐる医療人文学』(桐谷知未訳) みすず書房

西山けい子 (2014)「疫病のナラティヴ——ポー、ホーソーン、メルヴィル」中良子編『災害の物語学』世界思想社

福嶋亮大 (2021)『感染症としての文学と哲学』光文社

松田雅子 (2020)『マーガレット・アトウッドのサバイバル——ローカルからグローバルへの挑戦』小鳥遊書房

Alam, Anam. (2020) The History of Veganism: Know your Roots. https://theveganreview.com/the-history-of-veganism-know-your-roots/ (Accessed January 24, 2023)

Allen, Elisa. (2020) "The best way to prevent future pandemics like coronavirus? Stop eating meat and go vegan | View," Euronews, April 2. https://www.euronews.com/2020/04/01/the-best-way-prevent-future-pandemics-like-coronavirus-stop-eating-meat-and-go-vegan-view (Accessed September 28, 2022)

Anne, Marie. (2020) The COVID-19 pandemic: an opportunity to go vegan?. 10.13140/RG.2.2.14333.38885.

Atwood, Margaret. (1972) *Survival: A Thematic Guide to Canadian Literature*. Anansi.

———. (2020) "Impatient Griselda" In *The Decameron Project: 29 New Stories from the Pandemic Selected by the Editors of the New York Times Magazine*. New York: Scribner, 67–76.

———. 1969. *The Edible Woman*. McClelland & Stewart.

Belasco, Wallen J. (2006) *Appetite for Change: How the counterculture took on the food industry*. Ithaca: Cornell University Press.

CDC.gov. "Zoonotic Diseases." https://www.cdc.gov/onehealth/basics/zoonotic-diseases.html (Accessed September 28, 2022)

Frontiers in Nutrition, 8 (2021), Article 635859. https://doi.org/10.3389/fnut.2021.635859 (Accessed September 28, 2022)

Gough, Andrew, Winters, Ed & Greger, Michael (2020) "COVID-19 & animal exploitation: Preventing the next global pandemic. Surge. https://www.surgeactivism.org/covid19 (Accessed September 27, 2022)

Hutcheon, Linda. (2006) *A Theory of Adaptation*. London: Routledge.

Janssen, M, Chang, B.P.I., Hristov, H., Pravst I., Profeta, A., and Millard, J. Changes in food consumption during the COVID-19 pandemic: Analysis of consumer survey data from the first lockdown period in Denmark, Germany, and Slovenia.

Our World in Data. "Coronavirus /Pandemic (COVID-19). https://ourworldindata.org/coronavirus (Accessed September 19, 2024)

Park, Eunhue, and Sung-Bum Kim. (2022) "Veganism during the COVID-19 pandemic: vegans' and nonvegans' perspectives." *Appetite* 175, Article 106082. https://doi.org/10.1016/j.appet.2022.106082. (Accessed September 28, 2022)

Sceats, Sarah. (2000) *Food, Consumption and the Body in Contemporary Women's Fiction*. Cambridge: Cambridge University Press.

Walkowitz, Rebecca L. (2016) *Born Translated: The Contemporary Novel in an Age of World Literature*. New York: Columbia University Press.

第2章
ハイブリッドジャパニーズ
―― ノブレストランの料理とデザイン

今井祥子

1. ノブレストランとは

　COVID-19という壊滅的なパンデミックの収束宣言後も、世界における日本食の人気は高まりつづけている。2023年10月に発表された調査によると、コロナ禍の影響を直接受けた2019年から2021年にかけては15.9万店と微増だったものの、2023年には約2割増え、18.7万店舗となった（農林水産省2023）。この成長にとりわけ貢献してきた日本人シェフ、レストラン経営者の一人が、松久信幸シェフ（米国での通称はNobu）である。本章では、松久信幸シェフのケースに焦点を当てながら、アメリカをはじめとする世界における日本食人気の高まりが文化的・社会的に及ぼした影響について概説する。日本食は、世界の重要な場所での存在と実践を通して、世界的な影響力を発展させてきた独特の食文化の一つである。1980年代以降、日本食はアメリカでもそれ以外の国でも、影響力のあるシェフとそのレストランによって確立されたプラットフォームに基づいて発展してきた（Cwiertka 2006: 181; Farrer and Wank 2023）。こうした現象を牽引してきた人物の一人である松久は、

1987年にロサンゼルスに最初のレストラン「Matsuhisa（本章では以下この名称のついたレストランはマツヒサと記す）」をオープンした。1994年にニューヨークに「Nobu（以下、ノブと記す）」を開店し、それ以来、彼は大成功を収め、2024年8月現在、世界の主要都市を中心に60以上の店舗が存在している。ノブの例は、日本食の評価が高まる過程について興味深い洞察を与えてくれる。本章では、料理やレシピ、店舗のデザインなど、松久の店舗運営方法について考察し、ノブの料理におけるオーセンティシティ（本物と感じさせるもの、本章では以下、真正性と記す）がどのようにして確立されたのか、また、松久がアメリカ国内だけでなく、世界中に広がるレストランを経営する中で、それがどのように維持されてきたのかを探る。

　詳しくは別の場所で論じているが（Imai 2021; 今井 2022）、ノブの事例が重要なのは主に2つの理由による。第一に、松久のレストランの多くは、このグローバル社会において「ネットワークの結節点」となり、流通の中心として機能する世界都市と呼ばれる主要都市に位置していること（Taylor et al. 2002）。第二に、「ノブスタイル」と呼ばれる彼の料理へのアプローチは、日本での修業と南米や北米での実践との両方に基づいており、その結果、彼の高級料理（オートキュイジーヌ）はハイブリッド化された日本料理の一形態として特徴づけられること。この2点の特徴により、ノブの成功は、唯一無二の揺るぎないものとなっている。松久は、国境を越えたアーティスト／シェフであり、起業家であり、料理本の著者でもある。彼は店舗間の連携とネットワークを確立し、独自のノブスタイルのサービスの質を維持することに成功している。料理そのものだけでなく、特に店の内観や外観のデザインは、彼がビジネスを成功させながら、ノブというブランドとして認知・定着される空間を作り出し、品質を管理するという点で極めて重要である。本章ではまず、松久の料理本に掲載されているレシピを探り、彼がどのように自分の料理のスタイルを定義しているかについて分析する。次に、現地調査やインタビューを通じて収集したデータをもとに、彼のシェフとしてのパフォーマンスと、世界の主要店舗の内外装デザインを見ていくこととする。レストランの雰囲気づくりを通して、松久がどのように真正性を貫いてきたかを検証

する。ノブの真正性は、世界都市の空間における彼の料理ネットワークの中で確立されてきたものであり、特定の土地に根ざしている真正性の概念に依存しない。松久の料理と、インテリアデザインや身体化されたパフォーマンスを含むモノ、人、資本と情報の複数の流れこそが、独自のオーセンティックな感覚を維持する上で重要な役割を担っている。したがって、ノブの料理を最もよく理解するためには、場所に由来する真正性ではなく、エージェントに由来する真正性、つまり、関わるすべての人間やモノを担い手（アクター）として扱う、より包括的な概念で見る必要がある。

　松久は高度な訓練を受けたセレブリティシェフであり、これまでのレストランでの成功経験をもとに、近年ではパートナーとともにホテル事業も立ち上げている[1]。それでも、他の主要レストランチェーンと比べるとその数は限られているともいえる。ノブスタイルの料理は、すべてのレストランとホテルにおいて提供されている。松久は、いわゆる中産階級から上流階級の客に人気のある高級な料理を作り出した。ノブの真正性は、芸術家であり料理人である松久自身が、まったく新しい革新的なハイブリッド料理を創造していることに由来する。従来、多くのエスニック料理における真正性の概念は、原産地（あるいは原産国）の概念を持ち、異なる場所間のトランスナショナルなものとして語られることが多かった。しかし、ノブでは、グローバルなネットワークの中でエージェントまたはアクターが動き回る過程で、新しい種類の料理が生まれる。したがってノブの真正性は、もともと存在した料理が変化したのではなく、移動する人々によって文字通りネットワークの中で発明され、新たに創造された概念なのである。

2. フュージョンでない、ハイブリッドな日本料理——ノブスタイル

　ノブの成功の重要な要素の一つである独自のスタイルの創造は、種々の空間を媒介して行われてきた。松久によるノブの料理の根幹をなす調理法と技術は、日本での寿司職人としての専門的な修業に基づく、いわば日本的なものであった。しかし、彼の特徴的なスタイルが確立される上で最も重要だっ

たのは、彼の料理が日本料理、特に寿司を基礎としながら、南米と北米の料理から影響を受けたことである（松久 2003: 10）。彼の斬新で独創的な料理法は、ペルーとアルゼンチンでの3年半の重要な実務経験を通して培われた。松久は南米の手法を取り入れたスパイスの使い方と味つけ、また西洋料理の味つけや調理法を日本料理に組み込むことによって、独自の「ノブスタイル」を確立した。

　松久は、新鮮な魚介類や野菜に唐辛子、レモン、コリアンダーといった南米特有の風味を多用する。「セヴィーチェ（図1）」、「アンティクーチョ（図2）」、「ティラディート（図3）」は代表料理とされている[2]。料理本では、これら3つの料理はすべて日本料理や日本の食材と関連付けて紹介されている。セヴィーチェはもともとペルー発祥とされる伝統料理である。ノブでは、魚介や野菜に、日本料理の柚子果汁と醤油に、ペルー料理でよく使われるレモン果汁、にんにく、アヒアマリーヨのペーストを加えて和えており（松久 2003: 183）、日本とペルーの食材を文字通り混ぜ合わせて作られている。また、串に刺した肉を焼く料理は世界中にみられるが、南米のアンティクーチョについて、松久は日本料理の焼き鳥を引き合いに出して説明する（同上: 78）。さらに、ティラディートについての説明でも、「刺身を、レモンと柚子の酸味

　　図1　セヴィーチェ　　　図2　アンティクーチョ　　　図3　ティラディート

（Nobu Restaurants）

と天然塩で」食べる料理と紹介している（同上: 122）。この3つの料理は、松久が北米という土地で、日本料理の知識と技術を基盤として、ペルー料理をアレンジし、ノブの名物料理に変身させ、ノブスタイル料理として紹介した最も典型的な例であるといえるだろう。

ノブスタイル料理は、日本料理を基礎とし南米と北米のアクセントを加えた料理と定義されるが、同時にその定義は非常に柔軟で、松久がビジネスを展開しているさまざまな場所に合わせて自由に適用できる。松久は、ノブスタイルの料理というアプローチが成功したのは、「グローバルに受け入れられる和食」にしたからだと説明する（松久 2014: 139）。ただし、近年のグローバル化した外食産業にみられる、特定の料理の実践に、確固たる基礎を持たずに作られた料理はフュージョンではなく「コンフュージョン」（融合ではなく混乱）（松久 2014: 140）になっていると憂い、ノブスタイルは巷のフュージョン料理とは似て非なるものと認識しているようである。

松久は、日本料理の実践を通じて革新と伝統のバランスを実現してきた。料理人の器量とセンスは、「新しい食材や技術が手に入ったとき、それをどのように自分の料理に取り入れていくことができるか」（松久2014: 136）によって示されると考えているからだ。彼が日本の伝統的な食文化から新しい食材を再発見した一例として、自宅の冷蔵庫で乾燥して固まっていた味噌を粉末にすることで完成させた「ドライ味噌」がある。これらをノブのサラダや刺身の味つけに使い、現在では定番メニューとなっている。

各地で自分の「シグネチャー」とよばれる看板メニューを確立し、グローバルなレストランネットワークを築く一方で、松久は常に各店舗のローカルの客たちと交流してきた。彼らの意見や好みに熱心に耳を傾け、可能であれば地元の特産品を使いたいと考えてきた。松久はインタビューで、すべての食材は地元の最高の市場や業者から仕入れた「新鮮で季節感のある」ものでなければならないと説明している。そのためメニューは店舗ごとに少しずつ異なり、それぞれの場所で手に入る最高の食材を反映して構成されている（Sharp 2013）。

地元の顧客との交流は、彼らが日本料理を食べる上で何を好み、何を恐れ

ているかを理解するのにも役立つ。ある客から、脱皮したての柔らかいソフトシェルクラブを揚げたものを入れた巻き寿司を作ってほしいと頼まれたことから誕生したソフトシェルクラブロール（同上: 15–16; 松久 2014: 54–56）は、その典型的な料理である。こうして生まれたローカルな料理が他のレストランに模倣されてグローバルに独り歩きし、アメリカ国内だけでなく、当時ノブ店舗のなかった南アフリカでも提供されていたのは興味深い（Matsuhisa & Buckley 2008: 9）。さらに、ニュースタイルサシミも、常連客を喜ばせようとする挑戦から生まれた。生食が苦手な客から戻された刺身料理を救済するため、柚子醬油をかけ、熱いオリーブオイルを注いで少し火を通したところ、客に受け入れてもらえた（松久 2003: 116）。料理本でのこうしたエピソードの語り方は、松久が多文化的な環境のレストランの中で斬新な料理を考案し、日本料理の知識と技術を使い、顧客の要望に柔軟に対応できるシェフであると読者を説得するのに効果的であるといえよう。

　上記にあげたような顧客との交流のほか、チャリティディナーや国際的な料理イベントなどを通じて、松久は他のシェフたちと積極的に協同し、世界中から新しい技術や食材、製品に関するインスピレーションを常に得ている。例えば、海老の調理に中華の技法を使ったり（松久 2003: 54–55）、イタリアのパスタに見立てて烏賊に切込みを入れ、シェルパスタ風に調理する料理がある（松久 2003: 82–83）。

　ノブでの食のスタイルは、高級食材を使ったいわゆるオートキュイジーヌに分類される。同時に、アメリカナイズされた日本料理とも言える。しかし、より正確には、ノブスタイルの日本料理は、日本料理を確固たる基礎としながらハイブリッド化されていると表現されるべきだろう。そしてそれを支えるのは、松久自身が作り上げた料理ネットワークの中での流動性と、北米や南米の影響を強く受けた調理技法や食材から導き出される料理の革新性と柔軟性によるものである。松久は伝統的な日本料理にスパイスや味つけを加えることで、日本の食文化がよりグローバルに受け入れられる手助けをしたのである（松久 2014: 139）。

3. ノブの世界都市ネットワーク

ノブスタイルは、地域性を意識しながらも、本質的には都市部で起きている現象であり、レストランが世界の主要都市の繁華街に位置していることは注目に値する。多くのノブの店舗は、ロサンゼルス、ニューヨーク、ロンドン、パリ、東京などといった都市にある。これらの都市は「世界都市」(Friedmann 1986; Knox & Taylor 1995) と呼ばれ、社会学者サスキア・サッセンによってグローバル都市とも定義される（Sassen 1991）[3]。松久は徐々にビジネスを拡大し、2024年8月現在、世界中で54のノブ（パートナーとの共同経営）と13のマツヒサ（松久の個人経営）を経営している[4]。北米では22店舗、アジア太平洋ではシンガポール、香港、メルボルンに店舗があり、メキシコシティ、バハマにも所在する。また、ヨーロッパにはミラノやブダペストなどに15店舗あり、中東・アフリカ地域ではケープタウン、ドバイなどに店舗がある。2013年、松久は共同経営者たちとラスベガスに最初のノブホテルをオープンした。フィリピンのマニラやスペインのバルセロナなど、現在19軒のホテルが営業中で、2026年にはベトナムのダナンにもオープンする予定である[5]。ホテルの所在地は、上記の世界都市とは重ならない場所も多いが、世界の著名なリゾート地ばかりであり、その客層の階級や嗜好は都市での消費行動と紐づけられている。世界中に展開しているにもかかわらず、ノブは提供する料理とサービスにおいて品質を保たなければならない。それと同時に、店舗によって立地も違えば、経営陣やパートナーも異なり、コンセプトやデザインも異なっているのである。これはどのようにして実現されているのだろうか。

サッセンが論じているように、グローバル経済に携わる人々には特定のグループが存在する（Sassen 1991; 2005）。松久は、この特別なグループ、つまりグローバルエリートにサービスを提供し、あるいは一緒に仕事をしてきた。ノブの料理が持つ経済的ニッチは、中華料理に代表されるように、移民とともにもたらされた他のエスニック料理とは大きく異なっている。ノブの料理

は、地元だけでなく世界的に供給される新鮮で高級な食材を使っているため、価格帯も高く、高級志向である。ターゲットとする客層は、松久自身と個人的なつながりの深いハリウッドセレブや、高所得で流動性の高い上流階級のエリートなどである[6]。マニュエル・カステルは、都市をネットワークの「結節点」とし、人・カネ・モノ・情報の流れを利用したネットワークの形態を確立する過程を説明しているが（Castells 2009）、類似性と個性のバランスを実現するために、ノブは世界都市にあるこれらの店舗をノブの料理ネットワークの「結節点」として機能させるのに成功したのである。彼のネットワークに基づくレストラン事業は「ノブ帝国」と表現されることもある（Lo 2018）。

4. 国境を越える文化現象としての真正性の創造

それでは、世界中にレストランを展開する松久は、どのようにして料理に本物らしさを与えているのだろうか。従来の定義によれば、エスニック料理はある特定の場所で生まれ、母国から移民によってもたらされたものである（Gabaccia 1998; Levenstein 1988）。地元の顧客は、料理人の民族性、秘伝のレシピや技術、特別な調理器具、食材の産地、料理やレストランの内装といったさまざまな観点から、エスニック料理の真正性を体験し、認識している（石毛他 1985; Cook, Crang & Thorpe 2000）。また、中華料理チャプスイの事例にみられるように、料理が実際にその土地に存在しなくても、その料理が本格的であるという感覚の捻出には起源の場所のイメージが重要とされる（Liu 2009）。

しかし、ノブスタイル料理の真正性は、これをもう一段階昇華させているように思われる。松久は、ネットワークでつながれた移動可能なフロー空間の中で、世界共通の料理を提供すると同時に、特定の店舗の地域の状況や嗜好にも適応している。ノブに最もコミットしている顧客は、1つの場所、あるいは2つの場所（起源の土地と新しい土地）の概念やイメージに固定されているわけではない。むしろ、旅行先でもノブのさまざまな店舗を訪れたいとい

う動機があるのだ。各店舗で提供されるのは、場所に限定されないノブスタイルの料理である。そのため、ノブの真正性という感覚は、ネットワークを形成し、フロー空間の中で行動するエージェントに注目して考察する必要がある（Latour 2007; Castells 2009）[7]。

　ノブの料理ネットワークには、実際さまざまな担い手としてのエージェントとフローが働いている。食材や資本を含むモノの流れのほかに、情報の流れがある。ノブの場合、調理や顧客へのサービス提供に関する物理的、実践的な技術や方法に関する知識の流れだけでなく、松久が「心」と呼ぶ、料理の実践や料理人としてのアイデンティティに関する信念や哲学といった精神的な要素の流れも含まれる。次に、ノブスタイルの真正性を維持するために重要な役割を果たすのが、ノブ自身、スタッフ、そして顧客を含む人々である。松久は、すべての店舗のスタッフに、自らの哲学と調理法を紹介している（松久 2003: 10; Matsuhisa & Buckley 2008: 9; 松久 2014: 134）。料理についての真正性は松久自身からもたらされる。松久は固定された場所の概念にとらわれず、どこでもオリジナルのハイブリッド料理を創造する。つまりノブの真正性は、空間ネットワークの中を動き回る過程で生み出される。次に、移動する客たちが、ノブスタイルの料理に対する価値観や真正性への思いを、彼らのネットワークを通じて広めていく。こうして移動する人々の流れや、ノブの料理本の読者もまた、ノブの本物の感覚を運ぶエージェントとして働き、ノブのレストランビジネスを世界中で維持するために極めて重要な役割を担っている。さらに、情報の流れのひとつとして、レストランの雰囲気作りもまた、顧客がそこで食事をする際に心地よさを感じ、本物を志向するための主要な要素である。

5. レストランデザインの地理学

　レストランの外観や内観の装飾は、レストランの雰囲気を大きく左右する。レストラン空間を設計する際、シェフやレストラン経営者は、さまざまな「エスニック料理」の起源の土地と、彼らが働き、レストランを経営する新

しい場所との間にある、距離感や近似性を考慮することが多い。このような視点は、食事の美しい盛りつけだけでなく、レストランという客に料理を提供する空間を創り出すスタイルや哲学全体にも影響を与える。シェフはしばしば、料理の創造性やレストランのセッティング、その料理芸術や技術を通じて（Cook et al. 2008）、国全体、人口、文化を代表することを期待されるからである（Cook et al. 2013: 346）。

　60以上の店舗において、料理やサービス、パフォーマンスを通して、松久は地理的、物理的、仮想的な文化的距離と近接性を巧みに操り、実践している。客や多くの有名人と交流し、社会階級の概念を利用し、日本の文化的表象の解釈を世界に示している。いわば松久は、シェフつまり料理芸術のパフォーマーとして、レストラン経営者として、世界のどこかで常にステージに立っているのである。次の節では、拙稿（2022）で取り上げたロサンゼルス、ニューヨーク、東京の店舗については、各地の最初の店舗の内装に注目して考察し、さらにロンドンにあるノブの店舗についても見ていくこととする。

5.1. マツヒサ・ビバリーヒルズ——原点

　松久の舞台はそれぞれ異なる。ロサンゼルスにある「マツヒサ・ビバリーヒルズ」は、アラスカの店が開店前に火事で焼失した後の最初の成功店である。ひときわ印象的なのは、壁に大きくプリントされた松久のシルエットに基づいたイラストであり、現在もノブのロゴとしても使用されている。筆者が2004年にはじめて店舗を訪れた時は、松久やレストランに関する初期の新聞や雑誌の記事が展示されていた。また壁には、ジャッキー・チェンの『ラッシュアワー』など、ノブの常連客や友人たちが登場するハリウッド映画のポスターが貼られていた。テニスプレーヤーのアンドレ・アガシのラケットや、映画出演の際に使用された松久のレザージャケットなどが飾られていた[8]。壁には、1993年にゴールデンディッシュアワードのベスト10に「ブラックコッド西京焼」が選ばれた際の受賞記念の皿などもあった。店では開店当初から同じ店名の入った食器が使用され、開店当初から働いている

スタッフが何人もいる。松久はインタビューで、すべての始まりの試金石であるロサンゼルスが自分のホームであり、一番居心地がいいと話してくれた[9]。そこにいる人、モノ、情報は、ノブスタイルの真正性を象徴する基本的な要素になる。マツヒサにおいて、スタッフ、食器やレストランの装飾品は、客が本物のノブスタイルの料理を体験しているという象徴的な意味を持つ。松久もまた、この店の伝統的な雰囲気にノスタルジーを感じ、そこに感情的な愛着を抱くことで、ビジネスを維持し、既存客と新規客を継続的に惹きつけているのである[10]。

5.2. ノブ・ニューヨーク──より現代的な日本のデザインへ

ノブの各店舗の外観と内観は、入念にデザインされている。例えば、マンハッタン南部のトライベッカ地区において1994年にオープンした「ノブ・ニューヨーク」では、伝統的なデザインに北米の影響を受けたモダンな和の要素が組み込まれた。設計したのは著名な建築家デイヴィッド・ロックウェルであり、松久は自ら、日本文化の象徴として、床に桜のつぼみから満開まで花の咲く段階を表現するよう依頼した（松久 2014: 112）。当時のニューヨークの多くの日本食レストランが、欧米人に伝統的な日本様式を想起させるデザインを採用する中、ノブのデザインは日本食レストランのイメージを現代的で上品なものに変えた。スタイリッシュな内装デザインの影響もあってか、ドレスアップして来店する客が多かったという。もともとマツヒサ（ロサンゼルス）で考案された看板料理の盛りつけも、本店舗の開店以来、より洗練されたものになった。つまり、ニューヨーク店は、松久のノブスタイルへのアプローチをアップグレードしたものとなったのである（同上）。また、ノ

図4 マツヒサのシルエット（2004年10月17日筆者撮影）

ブ・ニューヨークの隣に建てられた、「ノブ・ネクストドア」では、より若い客層がターゲットとされたため、カジュアルなデザインが採用された。海藻が壁紙代わりに貼られた壁や、日本酒瓶が並べられた壁があった。これらの内装デザインの特徴はオープン当初、多くの料理評論家の注目を集めた（Reichl 1998)。背景音楽も大音量でアップビートのものが選ばれた。

マンハッタンのミッドタウン中心部に位置するニューヨーク3号店「ノブ・フィフティーセブン」は、トライベッカ店とは異なる客層を取り込むため、2005年にさまざまな工夫が施されてオープンした[11]。まず、天井から設置された日本酒樽を使った巨大なオーナメントが客を出迎える。壁は黒く塗られ、ダイニングチェアやソファのクッションも雰囲気に合わせて黒が選ばれた。広々とした店内は暗く、大音量の音楽が流れ、まるで上流ナイトクラブのような雰囲気となっている。

さらに、2017年4月には、上述したトライベッカの店舗が金融街のAT&T本社跡の商業ビルに移転することが発表された（ネクストドアは閉店）。「ノブ・ニューヨーク・ダウンタウン」と名付けられたレストランは、もと

図5　ノブ・ニューヨーク・ダウンタウンバーとダイニングルーム（Nobu Restaurants）

図6・7　ノブ・ニューヨーク・ダウンタウンバーとダイニングルーム（Nobu Restaurants）

もとビルのロビーエリアにあった大理石の柱を生かした2階建てになった。広々としたラウンジの中央にあるバーカウンターの上の黒いリボンのような木製のモビールは、日本の書道美術を表現したものである。ニューヨーク市の公式シティガイドサイトでは、最初の店舗も手掛けたロックウェルによるデザインは「自然の質感、白樺の木、木の床、川石でできた壁など、日本の田舎の美しさを思い起こさせる」[12]と述べられており、トライベッカ店の内装を想起させる。一方で、ソファに使われているファブリックは、日本のものだけでなくペルーの織物も使われている（Fabricant 2017）。

5.3. 起源でないノブ・トウキョウ

　ロサンゼルスのマツヒサとは対照的に、当初東京の青山に1997年に開店した「ノブ・トウキョウ」は、料理だけでなく内装や雰囲気も含めて、伝統的な日本料理店というよりは、ニューヨークスタイルの日本料理店だと評されることが多かった。例えば、張り生地に、ニューヨーク州の州花である大きな赤いバラがプリントされたソファが使われていた。『ザガットサーベイ』では、ノブ・トウキョウは1980年代のバブル時代を彷彿とさせる、ニューヨークにあるようなラグジュアリーな雰囲気のレストランと紹介されていた（Zagat 2003: 148）。また、食材を入れるショーケースはあったが、その前に客が座る椅子は用意されていなかった。当初ここを訪れる客は伝統的な寿司ではなく、斬新な料理を期待していると考えていたからであろう。

図8　ノブ・トウキョウ　(Nobu Restaurants)　　　　図9　Nobu: The Cookbook表紙

　ところが、2007年に現在の虎ノ門に移転した際には、寿司カウンターが設置された。オークラ東京の向かい側という立地を生かし、外国人観光客にとって店へのアクセスが容易になったことも要因だろう。また、虎ノ門店は欧米スタイルに倣って、照明が暗く、天井が高い一方で、壁には日本の伝統的な波型をモチーフとした文様である青海波が描かれている。最新のレストラン評価では、ニューヨーク風の内装について指摘されることは少なくなり、虎ノ門店は「ファッショナブル」で日本の「伝統的な」インテリアのある、「ユニークな」空間と描写されている（ザガットサーベイ 2013）[13]。

　東京店のフロアに現れて客と接するとき、松久は料理本の表紙と同じようにシェフコートを着用する（図9）。まるで舞台衣装のように、「制服」を着ることが客への特別なサービスとしてのパフォーマンスやエンターテイメントの一部であることを示唆している。ノブという特別な舞台で中心的な役割を担っている身体としての松久にとって、通常の寿司職人とは異なるファッションスタイルは、彼の存在をより影響力のあるものにするのに一役買っているといえよう。以上のように、東京店は、内装デザインや欧米流のサービスを通じて、伝統的な日本料理店のイメージにとらわれない独自の空間を演出している。

5.4. ノブ・ロンドン──見る／見られる場所

　ロンドンのパークレーンホテル内にある「ノブ・ロンドン」は白を基調とした内装で、現代的で上品な「ミニマリスト」の空間を提供している。エントランスホールに入り、階段を上って1階（日本風に言えば2階）にあるメインフロアに到着すると、窓からの眺めが良い。メインホールへのアプローチに高さと距離を使うことで、客は特別な空間に入ったような気分になる。壁やパーテーションで仕切られたテーブルもあり、プライバシーも保たれている。この店舗は特に有名人に会える確率が高い場所として有名であり、「見ること／見られること」が、ノブの重要かつ暗黙のコンセプトとなっている。

　ロンドン店はニューヨーク店に続く3店舗目で、最も成功している店舗のひとつである。ノブの常連客の一人であるポップスターのマドンナが、料理本に「ノブのレストランがある街なら、行く楽しみができる」とコメントを寄せたことがきっかけとなり（Matsuhisa 2003: 206, 裏表紙）、ノブができるとその街の様相が変化していくと松久も自負している。すでにふれたニューヨーク店の他にもロンドン、ミラノ、バハマなどがそういった場所であるとされ（松久 2014: 168-169）、インタビューでもこのマドンナの発言は繰り返し言及されている。例えば『インディペンデント』紙のロンドン店についてのインタビューに答えた際、松久は「初めてここに来たとき、日本食レストランは古くて伝統的なタイプだけで、他には何もなかった」とし、地元の魚市場には新鮮な魚がなかったと振り返っている。それが、店舗がオープンする

図10　ノブ・ロンドン　（Nobu Restaurants）

頃になると、ロサンゼルスで提供していたのと同じクオリティの料理をロンドンでも提供できるのが嬉しかったと回想するまでに変化していた（松久 2014: 129）。同記事は、ノブがイギリスの日本料理に「クールさ」をもたらし、日本食産業の状況とイメージを向上させるきっかけとなったと指摘している（Blackall 2012）。

インテリア、背景音楽、サービス、オリジナルの食器、そしてどの店舗でも変わらぬノブスタイルの看板料理と地元の特色を生かした料理、上質な日本酒やオリジナルカクテルなど、松久の人物の気配がある場所であればどこでも「ノブで食事をしている」ということを意識させ、人々の食体験を特別なものにするノブの雰囲気が創成されていることがわかる。

一方で、顧客にとって、ノブを訪れる、つまり食事をする経済的余裕があるということは、グローバルな消費文化のコンテクストのなかで、自己の「顕示的消費」（Veblen 2005 [1899]）についての能力を示唆する。さらに、ノブの常連になるということは、自分自身が違いの分かる味覚を持つ特別な存在であり、自己表現する手段を持つセレブリティ階級あるいはエリートの一員であることの証となる。このように、ノブの真正性は、ピエール・ブルデューらが議論する社会的地位についての顧客の意識（ブルデュー 2020; Grazian 2005; Castells 2009; Johnston & Baumann 2010）と明確な関係があるといえよう。松久自身も、ハリウッドセレブを顧客に持つことの重要性を認識しており（Sharp 2013）、提供する一連のパフォーマンスを通して、松久はレストラン空間における客と彼自身との間の社会的距離を戦略的に操作しているのである。

6. ネットワーク化されたレストラン空間におけるノブの真正性

以上のことから、世界都市に所在する店舗間の物理的な距離、各店舗の空間やスタッフの多様性にもかかわらず、ノブの真正性は維持されていることがわかる。それは、世界都市に所在する店舗を結節点として構築されたネットワークに依存しているからである。ノブのネットワークは、食材の流れ、

レシピや経営理念、料理人としての哲学といった情報の流れ、そして松久本人以外にも、多くの人々、例えばセレブリティ、ビジネスエリートを含む顧客、スタッフ、料理本の読者などの流れから成り立っている。そして松久は最も重要なエージェントとして、新しい料理や食材を生み出し、店舗間を物理的に移動しながら、スタッフを育成し、緻密なパフォーマンスを反復することによってネットワークを組織し、ネットワーク空間における店舗間、スタッフ間、顧客間との近似性を自在に操りながら、ノブの真正性あるいはそのブランド価値を確立し、維持してきた。したがって、世界中に展開する日本食レストランノブの事例を理解するためには、従来の場所をベースとした真正性ではなく、より包括的なコンセプトであるエージェントベースの真正性の概念を導入する必要がある。ノブの料理ネットワークにおけるエージェントは、ノブ自身、スタッフ、顧客、料理、建築デザイン、顧客や新しいレシピに関する情報などで構成され、これらすべてが自由に流れ、動き回っているのである。

　ノブの事例は、世界において日本食文化に対する評価が著しいものとなった過程について興味深い洞察を与えてくれる。グローバルで高度にネットワーク化された現代社会において、料理に対する真正性の感覚をどのように創造し、実践し、維持しているのかを示し、松久がシェフやレストラン経営者たちを牽引し続けているのはいうまでもない。

本章の執筆にあたって、Nobu Restaurants に店舗装飾ならびに料理の写真をご提供頂いた。掲載をご快諾くださった松久信幸シェフならびにノブ・トウキョウゼネラル・マネージャー小林一麦氏に心より感謝申し上げたい。

注

[1] 彼のビジネスパートナーの一人に、映画俳優、プロデューサー、監督として著名なロバート・デ・ニーロがいる。マツヒサの常連客であった彼は松久にニューヨークで一緒にレストランを開くことを打診した。彼の存在はノブの名声を確立する宣

　　　　　伝塔としての役割としても非常に重要である。
〔2〕　メニューやノブレストラン全般に関する情報は、ノブレストラングループのウェブサイトを参照した（2024年8月31日アクセス）[https://noburestaurants.com/]。同サイトには、店舗の内装や外観のデザインがわかる写真が豊富に掲載されている。
〔3〕　世界都市論は、ジョン・フリードマンや研究グループ「グローバリゼーションと世界都市（GaWC）」（2021年6月21日アクセス、2024年現在は存在しない）など、地理学者や社会科学者によって広く議論されてきた [http://www.lboro.ac.uk/gawc/couro1.html]。
〔4〕　2024年8月31日現在の店舗数67店舗についてはトウキョウ店に確認した。これらの店舗以外にすでに閉店した店舗もある。また臨時店舗が期間限定で開店することもある。
〔5〕　最近の発表については、ノブホテルのウェブサイトを参照した（2024年8月8日アクセス）[https://www.nobuhotels.com/]。
〔6〕　有名人との交際については、例えば、Fabricant, F.（1994）"De Niro Shares Bill With a Sushi Chef," *The New York Times*, August 10 を参照。
〔7〕　社会構造におけるエージェントの概念については、ブルーノ・ラトゥールのアクターネットワーク理論などがある。
〔8〕　松久は、ロバート・デ・ニーロのおかげで『カジノ』（1995年）などのハリウッド映画に出演する機会を得た（松久 2014: 119–121）。
〔9〕　筆者によるインタビュー、2012年7月9日。
〔10〕　マツヒサの店舗は2023年に改装を行った。今後新しい店舗での現地調査も行っていきたい。
〔11〕　ザガットは現在紙媒体では出版されていないため、ザガットのウェブサイトを参照した [https://www.zagat.com/r/nobu-fifty-seven-new-york]。
〔12〕　New York City Tourism + Conventions. "Nobu Downtown." 2024年3月28日アクセス。[https://business.nycgo.com/members/listing/nobu-downtown/58352/]. 現在は存在しない。
〔13〕　この批評が掲載されたザガットサーベイのウェブサイトは現存しない。

参考文献

石毛直道・小山修三・山口昌伴・栄久庵祥二（1985）『ロスアンジェルスの日本料理店——その文化人類学的研究』ドメス出版

今井祥子（2022）「高級日本食レストランNobuのネットワーク形成と真正性の構築」『農学集報』67（3）: 100–110

農林水産省（2023）「海外の日本食レストラン数」2024年2月22日アクセス https://www.maff.go.jp/j/press/yusyutu_kokusai/kikaku/attach/pdf/231013_12-3.pdf

ブルデュー、ピエール（2020）『ディスタンクシオン〈普及版〉I ［社会的判断力批判］（ブルデュー・ライブラリー）』（石井洋次郎訳）藤原書店

松久信幸（2003）『Nobu――ザ・クックブック』（関川朋子訳）講談社インターナショナル

松久信幸（2014）『お客さんの笑顔が、僕のすべて！』ダイヤモンド社

ザガットサーベイ（2003）『ザガットサーベイ2004 東京のレストラン』賃貸住宅ニュース社

Blackall, L. (2012) "Luke Blackall: Fifteen Years of Sushi and Cod from the Codfather—an Offer We Haven't Refused," The Independent. Accessed March 28, 2024. http://www.independent.co.uk/news/people/diary/luke-blackall-fifteen-years-of-sushi-and-cod-from-the-codfather--an-offer-we-havent-refused-7552041.html.

Castells, M. (2009) *The Rise of the Network Society (Information Age Series)*. 2nd ed. London: Blackwell.

Cook, I. et al. (2008) "Geographies of Food: Mixing," *Progress in Human Geography* 32 (6): 821–833.

Cook, I., Crang, P., Thorpe, M. (2000) "Regions to Be Cheerful: Culinary Authenticity and Its Geography." in I. Cook, D. Crouchi, S. Naylor, J. Ryan (ed.) *Cultural Turns/ Geographical Turns: Perspectives on Cultural Geography*: 109–139. Harlow: Longman.

Cook, I., Jackson, P., Hayes-Conroy, A., Abrahamsson, S., Sandover, R., Sheller, M., Henderson, H., Hallett, L., Imai, S., Maye, D., Hill, A. (2013) "Food's cultural geographies: texture, creativity & publics," in N. Johnson, R. Schein, J. Winders (ed.) *The Wiley-Blackwell Companion to Cultural Geography*: 343–354. Oxford: Blackwell.

Cwiertka, K. (2006). *Modern Japanese Cuisine: Food, Power and National Identity*. London: Reaktion Books.

Fabricant, F. (2017) "A Glimpse Inside Nobu Downtown," *The New York Times*, March 28.

Farrer, J., and Wank D., ed (2023). *The Global Japanese Restaurant: Mobilities, Imaginaries, and Politics*. Honolulu: Univeristy of Hawai'I Press.

Friedmann, J. (1986) "The World City Hypothesis," *Development and Change* 17 (1): 69–83.

Imai S. (2021) "Nobu and After: Westernized Japanese Food and Globalization." in J. Farrer (ed.) *Globalization, Food and Social Identities in the Asia Pacific Region*. Tokyo: Sophia University Institute of Comparative Culture. Accessed March 28, 2024. https://7b912aaa-2400-46c3-9847-666028c2ab29.filesusr.com/ugd/2edff9_0462677e8db944fe847160f3c

6c30793.pdf.

Johnston, J. & Baumann, S. (2010) *Foodies: Democracy and Distinction in the Gourmet Foodscape*. New York: Routledge.

Gabaccia, D R. (1998) *We Are What We Eat: Ethnic Food and the Making of Americans*. Cambridge: Harvard University Press.

Grazian, D. (2005) *Blue Chicago: The Search for Authenticity in Urban Blues Clubs*. Reprint. Chicago: University of Chicago Press.

Knox, P L. & Taylor, P J. (1995) *World Cities in a World-System*. Cambridge: Cambridge University Press.

Latour, B. (2007) *Reassembling the Social: An Introduction to Actor-Network Theory* New York: Oxford University Press.

Levenstein, H. (1988) *Revolution at the Table: The Transformation of the American Diet*. New York: Oxford University Press.

Liu, H. (2009) "Chop Suey as Imagined Authentic Chinese Food: The Culinary Identity of Chinese Restaurants in the United States," *Journal of Transnational American Studies* 1 (1). Accessed March 28, 2024. http://escholarship.org/uc/item/2bc4k55r.

Lo, A. (2018) "Behind Robert De Niro's Nobu Empire," *CNN Business* 28 September. Accessed March 28, 2024. https://edition.cnn.com/2018/09/28/business/robert-de-niro-nobu/index.html.

Matsuhisa, N. (2001) *Nobu: The Cookbook*. Translated by Laura Holland. Tokyo: Kodansha International.

———. (2012) Interview by author, July 9.

Matsuhisa N. & Buckley, T. (2008) *Nobu Miami: The Party Cookbook*. Tokyo: Kodansha International.

Matsuhisa Restaurants. n.d. "Restaurants." Accessed March 28, 2024. https://www.matsuhisarestaurants.com/denver/locations/.

NYC & Company. n.d. "Nobu Downtown." Accessed March 28, 2024. https://business.nycgo.com/members/listing/nobu-downtown/58352/.

Nobu Hotels. n.d. "Hotel Collection." Accessed March 28, 2024. https://www.nobuhotels.com/hotel-collection/.

Nobu Tokyo. n.d. "Menus." Accessed on March 28, 2024. https://www.noburestaurants.com/assets/Menus/Tokyo/4fca74f8ad/Nobu-Tokyo-Dinner- Menu.pdf.

Reichl, R. (1998) "Restaurants: A Nobu Where You Can Just Drop In," *The New York Times*, 23 December.

Sassen, S. (1991) *The Global City: New York, London, Tokyo*. Princeton: Princeton UP.

———. (2005) "The Global City: Introducing a Concept," *Brown Journal of World Affairs* 6.2 (Winter/Spring): 27–43.

Sharp. J. (2013) "Black Cod and Hollywood Gold: An Interview with Nobu," Civilian. Accessed March 28, 2024. http://civilianglobal.com/features/nobu-tokyo-nobu-london-nobu-beverly-hills-an-interview-with-nobu-nobu-hotel-london-nobu-hotel-las-vegas/.

Taylor, P J., Walker, D.R.F., Beaverstock, J.V. (2002) "Firms and Their Global Service Network," in Sassen, S. (ed.) *Global Networks, Linked Cities*: 93–115. London: Routledge.

Veblen, T. (2005 [1899]) *Conspicuous Consumption: Unproductive Consumption of Good is Honourable*. London: Penguin Books.

Zagat. n.d. "Nobu Fifty Seven." Accessed March 1, 2019. https://www.zagat.com/r/nobu-fifty-seven-new-york.

Zagat Survey. (2013) "Nobu Tokyo." Accessed September 19, 2013. https://plus.google.com/u/0/112504084542343170813/about.

第3章
生活に根ざした健康情報を共に作る
―― 災害公衆衛生と認知症の事例から

黒田佑次郎

1. 2つの壁の主題化：健康リテラシーと実装科学

　筆者は東日本大震災発災の翌年（2012年）に、科学技術振興機構（Japan Science and Technology Agency: JST）で組織されたプロジェクトの一員として、被災地域に派遣された。それから足掛け8年間、基盤とする臨床心理学の技術に加えて、疫学・公衆衛生――臨床医学が個人を対象とするのに対し、集団を対象に地域診断と地域介入を行う領域――を新たに身につけ、1）心理士としての個別相談、2）研究者としてのデータ解析、3）コミュニケーターとして健康と放射線の情報発信を行ってきた。原子力災害により、福島第一原発周辺は避難指示区域に指定され、居住していた人々は、福島県内外への避難を余儀なくされた。また、避難指示区域以外に居住していた人々においても、放射線量の問題などさまざまな理由で自主的に県内外へ避難した人もいる。2012年5月には、約16万人（うち県内10万人）が県内外に避難をした。著者が派遣された地域は、全域が避難区域に指定されていたため、派遣先は避難先の役場と仮設住宅であった。避難期間中の健康維持・除染・故郷との

つながり、(帰還困難区域を除く)避難指示解除を受けた意思決定・生活再建・社会的つながり等、時宜によって健康・生活面での課題は変容する。そこで、ニーズに即した支援をするためには、専門家・支援者側も知識と技術の更新、あるいは多領域の専門家との連携が必要であった。私たちは「健康」を足がかりに、従来は連携の乏しかった「環境」や「農業」の専門家との連携を模索した。それは異なる専門分野でも同様だったのではないだろうか。

著者は現在「認知症」という分野を新たな研究活動のフィールドとしている。2022年に443万人だった認知症の高齢者は2030年には523万人(有病率14.2%)、2060年には645万人に達し、65歳以上の17.7%を占める。その一歩手前の軽度認知障害(MCI)の人も632万人(17.4%)に上ることが、最新の厚生労働省の研究班によって推計されている(二宮, 2023)。日本の人口が減少する一方、認知症の人は確実に増える。認知症は本人のみならず、その家族や介護者の生活面にも深刻な影響を及ぼし、医療介護費の上昇や機会喪失を含む社会課題として顕在化している(Sado, 2018)。今後、独り暮らしの高齢者も増え、認知症は本人や家族だけでなく、社会全体に関わる課題となり、長生きをすれば誰もがなり得る、あるいは地域社会として関わるという共通認識のもと、認知症の「予防」と、発症しても前向きに暮らせる「共生」の視点からの社会や地域づくりを進める必要がある。

本章でとりあげるのは、科学的エビデンスと生活の間に潜む「2つの壁」である。災害の文脈(特に福島での原子力災害事故)では、事故早期に住民の専門家に対する信頼が失われたことで、科学的な専門知識の住民への「知識移転(Knowledge transfer)」が機能しなかった。認知症の文脈では、認知症の病態解明や予防のエビデンスが得られているものの、日常の診療やケアに取り入れられにくい「エビデンス・プラクティスギャップ」が生じていることである(本章第3節を参照)。これらの壁は、災害や認知症に特化したことではない。むしろ、広く保健医療の実践で生じている課題と考える。

本章では、ここ20年で発展してきた新しい研究領域である、健康リテラシー(Health Literacy)と実装科学(Implementation Science)を課題解決の糸口とし、2つの壁に対処した事例を提供する。

2. 被災地で新聞をつくる──住民と専門家を結びつける健康リテラシー

2.1. 震災および避難生活による影響

　飯舘村は、阿武隈山系北部の高原にひらけた豊かな自然に恵まれた人口6,000人規模の農村である。ブランドである飯舘牛やトルコキキョウ・リンドウ等の花卉栽培が盛んであり、1989年（平成元年）には、20-30代の女性たちを海外に派遣する「若妻の翼」の事業を手がけ、女性や若者が積極的に村づくりに関わる土台をつくった村として知られる（千葉, 2012）。

　しかしながら、2011年（平成23年）3月11日の東日本大震災に伴う原子力発電所事故による放射性物質の飛散に伴い、村全域が放射性物質に汚染され、計画的避難区域に指定された。村は当初、飯舘村役場から1時間圏内で、かつコミュニティ単位で避難できる場所を探したが、他の被災自治体に比べて後発の避難であったため、実現は難しかった。結果として、飯舘村の西側（福島市や伊達市）と東側（相馬市）の仮設住宅に分散して避難することになり、コミュニティ単位にまとまっての避難は部分的にしか達成できなかった。二世代・三世代同居の多い村の暮らしは、就労・子どもの教育・狭い居住環境等の理由で世帯分離せざるを得なく、世帯数は避難前の約1,700から3,300に増加した。また、仮設住宅や公的宿舎に集団で避難をする世帯は3割に留まり、多くはアパートやマンション等の借り上げ住宅に分散して避難し、県外避難をした者も1割程度であった。著者らは、全村避難から半年後に行われた全村民調査を仔細に分析し、特に借り上げ住宅や県外避難者において精神的健康が悪化しやすい状況を明らかにした（Kuroda, 2017）。その要因として、震災以前に築かれていたコミュニティが、避難に伴い希薄になり、ソーシャルネットワークが失われた状態で生活が営まれていることが挙げられた。

2.2. 生活者と専門家の協働による情報発信

　被災地の暮らしでは、耳慣れない「放射線」という言葉が日常生活に染み込むこととなり、これまで放射線や放射線教育についての情報発信はほとん

どなされていなかったため、事故後の福島県で生活をするために、基本から知ることが必要となった。放射線リスクコミュニケーションには、大きく二点の困難があると考えられる。ひとつは、放射線の専門知識を持たない「非専門家」が、放射線そのものを理解することの難しさを抱えていること、もうひとつは「放射線」という言葉に対するさまざまな立場を含めた印象の濃淡である。「放射線」に対する人々の認識や反応は一様ではなく、個々の経験やどの情報源を信頼するかといった要素が大きいことが知られている（Perko, 2014）。科学的な知識が少ない人は、情報を得る過程で不安が増大することが研究で明らかにされている一方で、経験や情報収集の過程が冷静な視点を育むとは限らず、過剰な情報や不正確な情報に接することで、逆に恐怖心が増すこともある。このように、放射線に対する印象や反応は、個々の情報や得られた情報の質によって大きくことなるため、統一した対応が難しいという特徴がある。村では、2012年10月に、子どもを持つ母親、村の議員、放射線防護の専門家、医師、そして役場職員による「健康リスクコミュニケーション推進委員会」を立ち上げ、車座での対話集会、誌面によるリスクコミュニケーション、そして学校での放射線教育を行うこととした。

　まず、「放射線」という村民にとって未知であるリスクについて、放射線防護の専門家を交えた車座の対話集会を行った。これは、仮設住宅に入居する高齢者や小さい子どもを持つ母親が、放射線について特に心配をする傾向にあるため、2012年度にすべての仮設住宅と保育所で、車座の対話集会を行った。また、2013年度には対象を広げて、学校の教員や職域での対話集会を行った。これらの対話集会は、放射線防護の専門家が講師となり、村の保健師がモデレーターとなり実施した。専門家の一方向の講和形式は避け、住民の質問にひとつずつ答えていく双方向の形式をとった。留意した点としては、1）少人数で車座形式をとったこと、2）住民に顔が知れたモデレーター（保健師）がいること、3）質問者の発言を否定しないこと等であった。
（表1 住民からの質問のリスト）

　また、放射線と健康の情報誌「かわら版 道しるべ」を2012年10月から2016年3月まで19号まで発行し、県内外のすべての世帯に配布した。車座

表1 対話集会における住民からの質問・懸念事項
・隣近所からうるさいと言われるので、子どもを外で遊ばせられない
・福島県産の食品を避けている
・何か身体的に異変があったら放射能による影響と考えてしまう
・大人はよいけど、子どもはどうなのか
・帰られるのはまだまだ先、そもそも1人では帰村できない
・専門家は一人ひとり言うことが違う
・最初は大丈夫と言われたのに、結局避難させられた。だから、信用ならない
・測るのはセシウムだけでよいのか
・放射線の影響を少なくするにはどうすればよいのか
・どこまで線量を下げれば帰れるのか

での対話集会は顔が見える関係のもと、講師に直接質問できるメリットがあるが、基本的に平日の昼間に行われ、参加できる村民が限定的であった。そのため、平日働く人や遠方（県外含む）に避難する村民にも情報提供をすることがひとつの目的であった。「道しるべ」の編集チームは、小さい子どもをもつ母親、役場職員、編集者、専門家によって構成された。留意した点としては、1）住民が知りたいことを記事にする、2）自分たちで測定することを重視する、3）村としての取り組みも紹介することであった。扱ったテーマは、「座談会：子育て世代のお母さんたちの不安や心配ごと」「放射線の基礎知識」「子どもたちの体力低下」「村民の被災前後の健康状態」「避難中の健康維持・ラジオ体操」「家屋の健康度」「除染のいま」等であった。ここでは住民の委員が主体的に参加することにより、当事者から当事者への情報提供が可能となったこと、また、時宜にかなった情報提供も可能となったことが強みである。具体的には、全村避難後にはじめて一時帰宅が認められた2012年暮れから新年3日に向けて、「一時帰宅目前！わが家の線量はどのくらい？」という特集を組み、掃除の注意から寝室の再チェックまで、一時帰宅の役にたつ放射線防護の注意点・豆知識を専門家とともにまとめるといったことが可能になった。一方で、役場から発行する情報誌という特性上、行政と意見を異にする個人が大学・研究者と共同で行う自主的な活動は、その重要性や知見とは独立して、取り上げることができなかった。

避難生活が長期化する中で、住民の懸念は、単に「放射線」のみならず、

図2-A 飯舘村で発行した「かわら版 道しるべ」
第3号（2012年12月）

図2-B 飯舘村で発行した「かわら版 道しるべ」
第9号（2013年11月）

※第6号（2013年5月）で、タブロイド版（左）からA4版に変更

　除染の進捗や生活再建、賠償、子どもの教育等に多様化し、それぞれが複雑に絡み合っている。しかし、それらすべての課題に対応できる単一の専門家はおらず、住民のニーズや懸念を丁寧に聞き取り、適切な専門家につなぐ「つなぎの役割」が必要となる。それには、地域のことに熟知し、平時から住民の多様な懸念に対して信頼関係を構築している支援者、具体的には地域のキーパーソンや専門職の役割が大きくなる（佐倉，2014）。このような役割を効果的に果たすためには、支援者自身の健康リテラシー（Health Literacy）の育成が不可欠である。健康リテラシーとは、住民が自らの健康や生活に関連する情報を理解し、適切な意思決定を行う能力を指し、避難生活における多様な懸念に対処するための重要なキーワードとなる（Nutbeam, 2008）。近年、健康リテラシーの概念が拡大解釈されるようになり、支援者/専門家の

健康リテラシーの充実も求められる双方向のプロセスと考えられるようになった。健康リテラシーが高い支援者は、住民の懸念を把握し、的確な情報提供や専門家との調整を行うことができる。専門家も住民の多様な懸念を理解し、その上で生活に根ざしたアドバイスが可能となり、結果として、住民との信頼関係の強化につながるのである。

2.3. 情報発信の広域展開に向けた協働

2017年3月末に飯舘村、川俣町、浪江町、富岡町の広域の避難指示が解除されるに伴い、こうした支援者が、放射線と暮らしについて情報発信や相談をする場面が多くなることが想定され、「暮らしの手引き」というハンドブックを環境省の委員として作成した (Kuroda, 2020)。手引きの作成委員には、放射線防護、環境リスク評価、農業、健康リテラシーの専門家に、医師や心理士といった幅広い学術分野から、震災後の福島で長期的な実地経験をもつ専門家が選出された。手引きの作成の複数のプロセスの中で、健康リテラシーの考え方を参照し、コンセプトの作成の段階から、さまざまな立場の市民や支援者へのインタビュー調査を重ね、懸念事項や求める支援、情報伝達の方法についての情報を集約した。上述したように、住民の懸念は放射線のみならず、帰還後の生活インフラや医療・介護等の生活のさまざまな側面に及び、それらすべてに回答をすることはできないが、少なくとも、帰還するか否かを迷っている人がよりよい判断ができるような章立てを委員と支援者で話し合って決定をした。委員間で共通していたのは、一般的な知識ではなく「生活に根ざした」アドバイスで、実用的であることである。子育て編では「通学路や学校の線量が不安です」や「給食は安心して食べられますか？」等、家庭・家事編では「洗濯物や布団、外に干しても良いの？」や「置きっぱなしだった家財、そのまま使えますか？」、農業編では「除染した田んぼに水を引くとまた汚染されませんか？」や「原木シイタケを作っても大丈夫ですか？」「落ち葉を堆肥にしても問題ないでしょうか？」等、ふるさとに帰る・暮らす・将来の暮らしといったストーリー形式の構成とした。もうひとつ健康リテラシーの観点から、冊子にフリースペースを設けて、支

図3-A　支援者を対象の作成した「暮らしの手引き」の表紙と目次

図3-B　支援者を対象の作成した「暮らしの手引き」の内容（コミュニケーションページ）

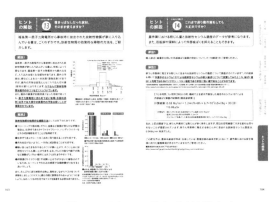

図3-C　「暮らしの手引き」の詳細解説（支援者向け）

援者が書き込むことで自分なりの冊子に仕上げていくこととした。

　毎月の全体会議と、頻繁な部会を設けて、作成に半年間を費やした。完成した冊子は、単に配布するだけではなく、コンセプトや想定する利用方法を伝えるため、研修をした上で、支援者に配布をした。この手引きの作成過程は、多分野の学術専門家と生活者・支援者の往復によって行われ、福島事故後に専門家らが集積したエビデンスを、生活レベルに翻訳し、相互の理解を深める重要な共同作業であったと思われる。

3. 科学的知見と実践を結びつけるハンドブックの開発

3.1. 認知症予防における実装科学への着目

　世界有数の長寿国である日本は、世界でもっとも高齢者の割合が高く、21世紀半ばには国際社会として経験したことのない超高齢化社会に直面する。なかでも、認知症は今後30年の間に大幅に増加すると予測され、高齢者の誰もが経験する可能性のある重要な公衆衛生上の課題である。認知症と認知機能正常の間には、軽度認知障害（MCI）という中間の状態があり、認知機能正常との間には可逆性があることから、軽度の状態を早期発見し、効果のある予防活動を実践することが認知症予防に効果的と考えられている。認知症の発症には多くの危険因子が関与していることが明らかとなっており、認知症予防の先駆けとなったフィンランドのFINGER研究では、複数の危険因子（運動、栄養指導、認知トレーニング、生活習慣病の管理）に対して総合的な介入を行う多因子介入研究が行われた（Kivipelto, 2020）。FINGERのネットワークは国際的に広がり、現在60か国以上で多因子介入の実践がされている。日本国内でも、日本人のライフスタイルに応じた（食生活や医療システムが異なるため）、大規模な無作為化比較試験が行われ、一定の有効性が確認されたところである（Sakurai, 2024）。

　認知症予防のエビデンスが蓄積されているにもかかわらず、自治体での介護予防施策や標準的な保健医療の実践には十分に反映されていない。このように、研究によって得られたエビデンスが現場で実際の診療や予防活動に十

分に活用されていない状態を「エビデンス・プラクティスギャップ」と呼ぶ（図4）。このギャップを埋めるためには、エビデンスを効果的かつ迅速に日常の医療や保健活動に取り入れるためのフレームワークが求められる。近年、実装科学（Implementation Science）という学問領域が注目され、このギャップを埋めるための方法論の開発が進んでいる。実装科学は、科学的エビデンスを現場に適応させ、持続的に実施するためのプロセスに焦点を当てた研究分野である。特に、介入や治療法を単に導入するだけでなく、現場の状況に応じて適応させ、関係者との協力を通じてその効果を最大限に引き出すための手法を提供する。この分野の重要性が高まる中、実装科学の専門誌も発行され、エビデンスに基づく介入を全国的に確実かつ迅速に普及させるための取り組みが進展している。

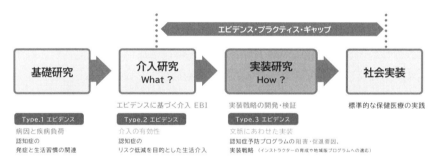

図4 臨床研究から社会実装の流れ：実装研究の位置付け

3.2. 手引きの設計と生活者の経験の統合

前述したように、認知症予防には軽度認知障害（MCI）の時点で効果のある予防活動を実践することが効果的であることは、専門家間で共通認識がある。しかし、医療の場面（外来）や自治体の事業（介護予防事業）で十分な指導や介入はされていない。私たちの研究グループは、2021年度より厚生労働科学研究費による補助を受け、「軽度認知障害の人における進行予防と精神心理的支援のための手引作成と介入研究（代表者：櫻井孝）」を立ち上げ、認知症診療に関わる幅広い専門家、具体的には、ライフスタイル、生活習慣

病、運動、栄養、社会参加、認知機能訓練、心理的支援、ソーシャルワーク関わる医師・理学療法士、心理士、そしてコミュニケーションの専門家による学際的なチームにて、軽度認知障害の人を継続的に支援することを目的としたハンドブックの作成に着手した（Kuroda, 2023）。

作成のプロセスは、福島での事例と健康リテラシーの考え方を参照し、作成段階から継続的に当事者（軽度認知障害人とその家族）とステークホルダー（支援者や専門職）の意見を集約する参加型研究手法をとることで、読者目線の情報提供と関係者との対話を促進することを基本コンセプトとし、つぎの6つのステップで開発した。

Step1. 文献調査およびPatient Question（PQ）の設定：世界保健機関（WHO）やランセット委員会レポートで示された認知症の危険因子を参考に、以降に出版された文献をレビュー（エビデンス・ベイスト）。同時に当事者（軽度認知障害の人とその家族、それぞれ5名）へのインタビューを行い、当事者として必要な情報や認知症に関する情報の収集方法についての知見を得た（ナラティブ・ベイスト）。これらの情報をもとに、当事者がしばしば直面する疑問であるPatient Questionを選定。Patient Questionが網羅的であることを確認するために、外部専門家を交えた会議を行うとともに、再度の当事者へのインタビューも行った。

インタビュー内容は文字起こしをし、簡易的なコーディグを行った上で、研究チーム内で共有。Patient Questionの項目の選定や問いの立て方の参考とした。

Step2. 選定したPatient Questionに対し専門家チームが解説ドラフトを執筆した。留意点として、1）エビデンスに基づく解説とすること、2）専門用語を多用せずわかりやすい表現とすること、3）図表やイラストをコミュニケーションの手段とすることとした。

Step3. 解説ドラフトに対し、一般目線に近い大学院生（地域保健を専門とする5名）が健康リテラシーの評価ツールであるClear Communication Index（CCI）[1]を用いて、資料のわかりやすさを評価した。また「わかりにくい点」について自由記載で回答を得た。

Step4. 得られた意見をもとに執筆責任者が改訂を重ねるとともに、デザイナー・編集者が必要に応じたリライトの作業を行った。その後、執筆担当者全員と外部の専門家による委員会を開催し、内容の妥当性を吟味した上で「MCIハンドブック初版」を作成した。

　Step5. 軽度認知障害の人に対し、ハンドブックを用いた1年間の介入研究を行い、ハンドブックのユーザビリティや、健康アウトカムへの介入効果を評価した。介入研究への参加者は、神奈川県川崎市と愛知県大府市の地域在住高齢者とし、認知機能が低下している軽度認知障害の人30名とした。参加者は月に2回の教室に参加するとともに（60分の運動と30分のグループワーク）、MCIハンドブック（初版）の内容をインストラクターとともにグループワークで学ぶ形式とした。グループワークで扱ったテーマについて、スタッフが意見の聞き取りを行い、改定のための情報を日々集約した。また、教室の終盤に、MCIハンドブックの理解度やユーザビリティについて話し合いをするフォーカスグループインタビューを行った。調査項目はヘルスリテラ

図5　MCIハンドブック開発の流れ

図6-A　MCIハンドブックの表紙

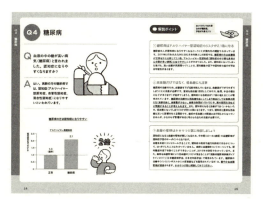

図6-B　MCIハンドブックの解説ページ

図6-C　MCIハンドブックのコラム

図6-D　MCIハンドブック付属版「生活ノート」

第3章　生活に根ざした健康情報を共に作る

シーの先行研究に基づき、MCIハンドブックの「わかりやすさ」「レイアウトの評価」「情報の適切性」「日常生活での実用性」「参照頻度の価値」「検索の容易性」「周囲への推奨」とした。

Step6. 介入研究で得られたフィードバックと、ユーザビリティの評価結果をもとに、改定を重ね、MCIハンドブック第二版を作成した。

3.3. 参加者からのフィードバックと手引きの改訂

ユーザビリティ評価の結果、MCIハンドブックは概ね肯定的な評価が得られた。「情報の適切性（ハンドブックには必要な情報が適切に含まれていましたか？）」については、多くの参加者がハンドブックに必要な情報が網羅されていると感じた一方で、実例の追加や解説ページの字数削減などの改善提案も含まれた。興味深かったのは「周囲への推奨（ハンドブックを友人や知人に推奨したいと思いますか？）」であり、中立的または否定的な反応が半数を占めた。この項目は、健康リテラシーの観点から重要な指標であるものの、認知症に関わる内容のため、セルフスティグマによる情報共有への抵抗感が影響している可能性がある。つまり、MCIや認知症に関する内容であることから、参加者が自己の状態や関連情報を公にすることへの潜在的な抵抗感が、この結果に影響を与える可能性がある。

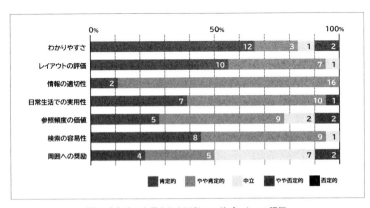

図7 参加者から得られたMCIハンドブックへの評価

形成的評価[2]の結果を受けて、開発に関わったメンバー間で、つぎの改訂を行った。1）わかりやすい説明の導入：高齢者の多い当事者が読む部分は、本文の文字を大きくし、Patient Questionの核となる部分は文章を極力平易にした。イラストも重要なコミュニケーションとして多用した。2）コラムの作成：「同じような症状や境遇の人の経験が知りたい」というインタビューで得られた意見を踏まえ、経験談や運動インストラクター、管理栄養士のリアルな声を反映させたコラムを作成した。3）生活ノートの作成：「運動教室を通じたコミュニケーションが重要」という声に応じ、目標設定や記録の習慣化、グループワークでの共有を可能にする書き込み形式の日記帳を制作した。4）デザインの工夫：認知負荷を軽減するために、ガイドブックを3色で構成、表紙に「認知症」などの手に取りにくい文字を省き、興味を引くための漫画調のコラムを作成し、ガイドブックの案内役としてゾウのキャラクターを導入した。さらに、インタビューで「相談先の情報が必要」との声も受け、ガイドブックには適切な相談先の情報を掲載した。

　MCIハンドブックは厚生労働省の認知症対策のホームページで紹介され、自治体の広報誌や介護予防事業で幅広く活用されている。集約された最新のエビデンスを当事者の声を反映しながら編集し、標準的な保健医療の実践に部分的ではあるが反映され、エビデンス・プラクティスギャップを埋める役割を担うことができた。また、本取組みは、認知症領域の参加型研究のひとつとして位置付けることも可能である。参加型アプローチをとることで、健康リテラシーの指標が向上したというポジティブな結果は、研究者が患者の視点を含める動機付けにつながる。認知症領域の参加型アプローチは限定的であるため、このアプローチのポジティブな影響に関する知見を提供できたことは、さらなる当該領域における参加型アプローチの推進につながるだろう。

4. 生活に根ざした健康情報を共につくるために

　本章では、「2つの壁」すなわち、災害の文脈において、科学的な専門知

識の住民への「知識移転（Knowledge transfer）」が機能しなかったこと、そして、認知症の文脈において、認知症の病態解明や予防のエビデンスが、日常の診療やケアに取り入れられにくい「エビデンス・プラクティスギャップ」が生じていることを取り上げ、健康リテラシーと実装科学という領域の知見を用いて対処した事例を紹介した。これらの取り組みは、科学的な知見を生活場面に反映するために、当事者参画をとったという意味では大きく重なる。一方で、認知症の事例では開発プロセスの段階から「活用する場」を考慮していたかどうかが異なる。災害の事例では、生活者と支援者（保健医療従事者、行政の担当者や相談員等）が対話をするなかでよりよい答えを探るための手引きを想定したものの、十分に活用されたとは言い難い。第2節でも述べたように、放射線そのものに語りにくい性質があり、支援者自身が冊子から学ぶことがあれども、実際の相談には活用しにくいとのフィードバックがあった。認知症の事例では、「認知症」というスティグマ（例として、軽度認知障害や認知症の書籍を手に取ることや――書籍を異なる地域の書店で求めることもある――、予防活動に参加をすることで、地域コミュニティのなかで「認知症ではないか」と疑われることもある）に伴い、他者と語りにくい性質は放射線と変わらない。しかし、高齢者として共通の健康課題であるという意味で共有が可能である点が異なる。

　認知症予防の事例では、開発の時点から「活用する場面」を想定し、当事者への個別インタビューやフォーカスグループインタビューでも、活用する場面について継続的に検討をした。その結果が、集団と個別レベルでのアプローチであり、1）厚生労働省のホームページへの掲載（自治体関係者に届き、自治体から住民に情報提供）、2）人が集まる健康教室の教材としての活用（共通の関心で集まった人たちへの情報提供）、3）ウェブ版の作成（比較的年齢の若い家族や周囲への情報提供）、その他、外来での活用（医師や看護師が患者への説明に利用したり、外来のスタッフが情報提供）や、企業や自治体が認知機能テストを行った後の情報提供として広く活用されるに至った。

　本章は、主に本人と支援者を有機的につなげるための実用的な冊子のあり方を検討してきた。一方で、認知症はその本質において、家族や地域社会と

深く関連する疾患であり、その予防や共生などの解決策は、それらとのつながりや関係性の中にこそ見出されるべきである。家族形態は多様化し、高齢者への非同居家族や地域社会によるソーシャルサポートが重視されている。近年ではSNSの活用が高齢者の孤立感を軽減し、精神的な支えとなる知見もある。つぎのプロジェクトは、本人と家族・地域社会をつなげる取り組みが必要と考え、家族やインフォーマルな支援者に向けた冊子づくりも検討している。とりわけ、認知症予防で重要な因子のうち、食生活は家庭全体の理解と協力が必要であるし、社会参加は地域のなかに見出されるものである。

　結びとして理論的な考察で本章を締めたい。医療社会科学者のNettletonは「生活者の健康や疾病観は、専門家の知識を単に薄めたものではなく、その人の社会的立場、文化的背景、個人史に根ざした独自の認識体系である」と指摘し、医学的知識と同様に、治療の意思決定において重要な役割を果たすと位置付けている（Netteleton, 2020）。災害と認知症の事例を通じて、生活者の知がもたらす価値について取り上げたが、実際には専門家側の障壁があったことも事実である。しかし、当事者との協働作業を進めるなかで得られた多くの発見や洞察は、従来の専門家主導のアプローチでは見過ごされがちな価値のあるものであった。最終的に作成された手引きやハンドブックは、当事者にとって納得のいく内容であるという評価であり、これが専門家側の認識の変化に大きく貢献したと考えられる。この往復プロセスの経験は、医療現場における知識と実践の間のギャップを埋める上で極めて重要であることを示している。当事者の声を直接反映させることで、より実践的で生活者中心の医療方針や介入が可能となり、専門家の視野を拡げ、患者や公衆の経験と知識が医療の質を向上させるための重要な資源であることを再認識させるものである。

注
〔1〕　Clear Communication Index（CCI）は、米国疾病予防管理センター（CDC）が開発した効果的なコミュニケーションを判断するための資料であり、日本語版へも

翻訳がなされている。資料の内容、言葉、デザイン、科学的側面、行動変容の19項目から構成され、評価項目ごとに0または1で評価し（1が良好な状態）、合計点を、その資料が獲得し得る合計点数で割り、100を乗じた値で得点（割合）を算出する。最高得点は100％であり、得点が高いほど、より理解しやすい資料であることを示す。CDCによるマニュアルでは、90％以上が望ましい資料とされる。

〔2〕　形成的評価とは、開発のプロセス中に行われる評価のことで、プロジェクトが進行する段階で適宜フィードバックを得て、改善を行うための方法である。これにより、実際の利用者のニーズに沿った修正を行うことが可能となる。

参考文献

佐倉統（2015）特集「3・11後の科学と生活」5 : designing media ecology 第3号
千葉悦子（2012）『飯舘村は負けない──土と人の未来のために』岩波書店
二宮利治「認知症及び軽度認知障害の有病率調査並びに将来推計に関する研究」（令和5年度老人保健事業推進費等補助金）
Kuroda Y, Iwasa H, Goto A, Yoshida K, Matsuda K, Iwamitsu Y, Yasumura S.(2017) Occurrence of depressive tendency and associated social factors among elderly persons forced by the Great East Japan Earthquake and nuclear disaster to live as long-term evacuees: a prospective cohort study. *BMJ Open*. 7(9): e014339.
Kuroda Y, Goto A, Sugimoto T, Fujita K, Uchida K, Matsumoto N, Shimada H, Ohtsuka R, Yamada M, Fujiwara Y, Seike A, Hattori M, Ito G, Arai H, Sakurai T. (2023) Participatory approaches for developing a practical handbook integrating health information for supporting individuals with mild cognitive impairment and their families. *Health Expect*. 27(1): e13870.
Nettleton, S. (2020). *The sociology of health and illness*. John Wiley & Sons.
Nutbeam D. The evolving concept of health literacy. *Soc Sci Med*. 67(12): 2072–8.
Sado M, Ninomiya A, Shikimoto R, Ikeda B, Baba T, Yoshimura K, Mimura M. (2018) The estimated cost of dementia in Japan, the most aged society in the world. *PLoS One*. 13(11): e0206508. doi: 10.1371/journal.pone.0206508.
Perko T, Radiation risk perception: a discrepancy between the experts and the general population (2014). *J Environ Radioact*. 133: 86–91.
国立研究開発法人国立長寿医療研究センター『あたまとからだを元気にするMCIハンドブック 第2版』https://www.ncgg.go.jp/ncgg-overview/pamphlet/p-mci-v2.html
国立研究開発法人国立長寿医療研究センター『あたまとからだを元気にするMCIハン

ブック別冊 生活ノート』https://www.ncgg.go.jp/ncgg-overview/pamphlet/p-lifenote.html
生活関連の放射線に関する疑問への助言作成委員会『暮らしの手引き――専門家に聞いた放射線30のヒント――相談員・支援の方用』https://www.env.go.jp/chemi/rhm/shiencenter/pdf/kurashinotebiki.pdf

第4章
ギャンブル行動症に対する心理学的支援の現状と今後の課題
―― エビデンス・ベイスト・プラクティスの展開のために

田中佑樹

1. ギャンブル行動症の概要と本章の目的

　ギャンブル行動症（Gambling disorder）[1] は、精神疾患に関する国際的な診断基準であるDiagnostic and Statistical Manual of Mental Disorders. Fifth Edition Text Revision（DSM-5-TR）において「本人、家族、または職務の遂行を破壊する、持続的で反復的な不適応賭博行動を基本的特徴とする」とされている（米国精神医学会 2023）。具体的な診断基準として、「苦痛の気分のときに、賭博をすることが多い」、「賭博で金をすった後、別の日にそれを取り戻しに帰ってくることが多い」、「賭博へののめり込みを隠すために、嘘をつく」などが含まれる。過去には、病的賭博（Pathological gambling）と呼ばれ、アルコールや薬物への依存とは違う診断のカテゴリに含められていたが、DSM-5-TRにおいては、「物質関連症および嗜癖症群」として同じカテゴリに分類されている。これは、ギャンブル行動が乱用薬物によって活性されるのと類似の報酬系を活性させ、物質使用症と同等にみえる行動上の症状が現れることを反映しているとされる。

ギャンブル行動症を呈する者は、資産の喪失や借金といった金銭面の問題が生じること（Grant et al. 2010）のみならず、二次障害として抑うつ症状や自殺念慮といった精神的健康にかかわる問題が生じること（Blaszczynski & Farrell 1998）、家庭内暴力や関係性の破たんといった家族との間の対人関係上の問題が生じること（Dowling et al. 2016）などが報告されている。以上のことを踏まえると、ギャンブル行動症は、当該個人の生活全般に支障を生じるという点において問題性を有するといえる。

このように、ギャンブル行動症は人間の「健康」を害しうる精神疾患の1つであり、適切な支援の提供が社会から求められている現状にある。そこで本章においては、近年の臨床心理学において重視されている「エビデンス・ベイスト・プラクティス（EBP）」の観点から、ギャンブル行動症に対する心理学的支援の現状、そして今後の課題と展望について論じることを目的とする。

2. 諸外国との比較における日本のギャンブル行動症の特徴

DSM-5-TRによると、一般人口における過去1年以内のギャンブル行動症の国際的な有病率は0.1〜0.7%とされている（米国精神医学会 2023）。一方で、日本においては、South Oaks Gambling Screenというスクリーニングテストを用いた調査の結果ではあるものの、過去1年以内においてギャンブル行動症の疑いがある者の割合は2.2%と推計されており（松下他 2021）、諸外国と比較して高い値にあると考えられる。ギャンブル行動症の有病率は、ギャンブルへのアクセスが容易であるほど高い傾向にあることが指摘されており（Jacques et al. 2000）、日本はこの指摘に合致した特徴を有しているといえる。

まず、日本においてギャンブルは「賭博及び富くじに関する罪」として禁じられているが、「競馬」、「競輪」、「競艇」、「オートレース」、「宝くじ」、「スポーツ振興くじ」はそれぞれ合法とする法律が定められており、公的機関によって開催されている。これらのギャンブルは、全国各地に競技場や券売所が存在するだけではなく、インターネットを通して投票を行うことも可

能であり、アクセス性が高いと考えられる。

　また、法律上はギャンブルに含まれないが、当該領域において一般的にギャンブルとして扱われているものとして「パチンコ」および「パチスロ」があげられる（「風俗営業等の規制及び業務の適正化等に関する法律」によって、法律上は「風俗営業」とされている）。全国いたるところに遊技場（パチンコ店）が存在することから、一般市民にとって極めてアクセス性の高いギャンブルであるといえる。このような背景から、日本におけるギャンブル行動症患者の約8割はパチンコまたはパチスロの問題を主訴とするとされている（田辺 2022）。

　この他にも、外国為替証拠金取引（FX）をはじめとしたハイリスク・ハイリターンの投機もギャンブルとみなされる場合があり、実際にFXの問題を主訴として医療機関を受診する者も見受けられる（蒲生 2017）。また、違法なギャンブルに従事する者も報告されており（野村他 2017）、最近は海外の事業者が運営するオンラインカジノに従事する者もいる（海外で合法的に運営されていたとしても、日本からの接続は違法となる）。

3. ギャンブル行動症に対する心理学的支援

　ギャンブル行動症に対する心理学的支援として、これまでにさまざまな方法が用いられてきた。ここでは、日本において実践されてきたアプローチを中心に概観し、概要を述べる。

3.1. 認知行動療法

　ギャンブル行動症に対する心理学的支援に関する文献レビューを概観すると、現状では認知行動療法が最も代表的なアプローチであるとされている（Eriksen et al. 2023; Rash & Petry 2014）。ギャンブル行動症に対する認知行動療法では、個人にとってギャンブル行動の再発に至りやすい「リスク状況」の回避と対処法の獲得（リラプス・プリベンション）を軸として、さまざまな技法を組み合わせたパッケージが主に用いられる（Carlbring et al. 2010; Dowling et al. 2007）。具体的には、リスク状況を回避するために環境調整を行う「刺激

統制」や、リスク状況に置かれた際の対処法の獲得を行う「コーピングスキル訓練」、家族や共にギャンブルをする仲間との適切なかかわりの形成を目指す「社会的スキル訓練」、ギャンブルに対する偏ったとらえ方（認知バイアス）の修正を試みる「認知再構成法」などがあげられる。

日本においては、これまでに海外において開発された認知行動療法プログラムが日本語に翻訳されて活用されてきた（レイルー＆ウィー 2015; ラドスー＆ラシャンス 2015）。2020年からは、依存症専門医療機関において実施されるギャンブル行動症患者を対象とした認知行動療法に基づくグループ療法（依存症集団療法）には診療報酬が加算されるようになり、その際には日本医療研究開発機構（AMED）の研究班によって開発された標準的治療プログラム（STEP-G：樋口他 2021）に沿って行うことと定められている。

3.2. 動機づけ面接

動機づけ面接は、アルコール使用症に対するアプローチとして開発され、協働的なスタイルの会話によって、変化への動機づけを支援対象者の中から引き出し、行動変容を促す方法とされている（ミラー＆ロルニック 2019）。支援対象者の自律性を重んじる支持的な側面と、行動変容に指向させる指示的な側面を併せ持ち、支援対象者の矛盾した行動に寄り添いつつ、隠れた感情や背景を探り、矛盾の解消と前進を促すという特徴を有する（原井 2020）。「開かれた質問」、「是認」、「聞き返し」、「要約」という4つの基本的スキルが動機づけ面接の基本的な技法であるが、心理療法として体系化されたアプローチではないために、認知行動療法などの他のアプローチと併用が可能である（例えば、認知行動療法を動機づけ面接のスタイルで実施する）。

3.3. 集団精神療法

日本において実践報告が多いアプローチの1つとして、ギャンブルにのめり込んでいた当時の状況や感情、過去から現在にかけての自身の変化、再発防止のための対策などを当事者同士で共有する集団精神療法があげられ、精神保健福祉センターや医療機関における実践が報告されている（例えば、田辺

2011)。支援対象者にとって集団精神療法が役に立つ理由として、「他の人の体験が聞けること」、「自分の気持ちを吐き出せること」、「自分の問題を理解して対処法が学べること」、「自分だけではなく仲間がいること」などがあげられ、このようなグループでの相互作用プロセスを通して、自身の問題を理解し、自分自身を受け入れていくとされる（田辺 2013）。

3.4. 内観療法

　日本において開発された技法であり、近親者に対して「してもらったこと」、「してかえしたこと」、「迷惑をかけたこと」を幼少期から現在まで3歳刻みで想起させる技法である内観療法もギャンブル行動症に対する支援として実践されている（Komoto 2015）。このような内観療法の作用機序としては、「迷惑をかけたこと」の想起によって罪悪感が増大し、さらに「してもらったこと」を想起することによって、「すまなかった」という感謝を伴う罪悪感に転化することで、安定してギャンブルをやめることができるとされている（河本 2013）。

3.5. ピアサポート

　日本においては、心理専門職による支援ではない点において上述のアプローチとは異なるピアサポートがこれまでのギャンブル行動症に対する支援の中核を担ってきた歴史がある（佐藤 2011）。その代表格は、「ギャンブラーズ・アノニマス（GA）」であり、同じ問題を抱えるメンバー同士で「12ステップ」と呼ばれる回復の指針に基づくミーティングを続けることによって、自身の問題にまつわる気づきを深めていくことが目指される（佐藤 2013）。また、ギャンブル行動症の当事者が入所する民間の回復施設も存在し、施設ごとに特色を有する支援が展開されている（中村 2013）。このようなピアサポートは、メンバー各自の体験を共有することによって、当該個人の生活全般におけるサポート資源として機能しうるという利点を有する。

4. エビデンス・ベイスト・プラクティス（EBP）

　このように、ギャンブル行動症に対する心理学的支援の方法は多岐にわたるが、十分な効果検証が行われないままに経験的に適用されてきたものもある。しかしながら、近年の臨床心理学の領域においては、EBPという考え方が欧米を中心に浸透してきており、介入効果が認められた支援方法を適切に用いることが求められている（原田 2015）。

　臨床心理学におけるEBPとは、「患者の特性、文化、好みに照らし合わせて、活用できる最善の研究成果を臨床技能と統合すること」とされている（American Psychological Association Presidential Task Force on Evidence-Based Practice 2006; 原田 2015）。この定義には、「エビデンス」、「臨床技能」、「患者の特性」という3つの重要な要素が含まれており、介入効果が認められた方法をやみくもに用いればよいということではないという点に留意が必要であるといえる。そこで、これらの観点からギャンブル行動症に対する心理学的支援の現状について整理を試みる。

4.1. エビデンス

　EBPにおける「エビデンス」は、データに基づいていれば何でも良いというわけではなく、その質によって6段階のランクが存在し、一般にそのうちの上位2つのことを指すとされる（原田 2015）。具体的には、ランダム化比較試験（RCT）[2]による効果検証研究、およびRCTの系統的レビュー（メタアナリシス）[3]が該当する。なお、反対に最もエビデンスとしてのランクが低いのは、専門家の意見（データに基づかない、経験のみに基づく主観的な意見）であるとされる。

　ギャンブル行動症に対する心理学的支援の効果に関するメタアナリシスを概観すると、現時点で一定の介入効果が認められているのは認知行動療法のみであるといえる。具体的には、認知行動療法は介入終了時点でのギャンブル行動症の重症度の低減や、ギャンブル行動の減少に有効であることが示さ

れている（Cowlishaw et al. 2012; Eriksen et al. 2023）。また、抑うつや不安といった精神的健康を効果指標として用いている研究は限られているものの、これらの改善にも一定の効果が認められている（Eriksen et al. 2023）。ただし、介入終了から6か月後以降の長期にわたってこれらの効果が維持するかどうかは十分なデータが得られていないとされている。

　また、介入の有効性の評価に際して、ドロップアウトした者のデータが含まれていない場合が多く、効果が過大評価されている可能性も指摘されている（Echeburua et al 2017）。ギャンブル行動症における支援からのドロップアウト率は、メタアナリシスによると、対面による心理学的支援全般で39.1％（認知行動療法に限定すると37.4％）と推定されることが報告されており（Pfund et al. 2021）、決して低くない値にあるといえる。

　以上のことから、ギャンブル行動症に対する認知行動療法は、所定のプログラムを完遂した場合には、少なくとも短期的には一定の効果が期待されるものの、実際には4割程度の者は支援からドロップアウトしている現状にあると考えられる。ただし、支援の形式（個人療法か、あるいは集団療法か）や方法（認知行動療法単独か、あるいは動機づけ面接との組み合わせか）によるドロップアウト率の有意な差は認められないものの、研究が実施された国の違いによる差異が大きいことが報告されており（Pfund et al. 2021）、日本においても同様の割合となるかどうかは現時点では不明であることに留意が必要であると考えられる。

　なお、認知行動療法以外のアプローチは、RCTによる効果検証がほとんど実施されていない現状にあり[4]、動機づけ面接（動機づけ面接を基盤とする動機づけ強化療法を含む）の効果検証が少数の研究によって実施されるにとどまっている。これらの結果から、動機づけ面接は、介入終了時点におけるギャンブル行動の減少に有効であることは示唆されている（Cowlishaw et al. 2012）が、ギャンブル行動症の重症度の低減には効果が認められない（Eriksen et al. 2023）とされている。

4.2. 臨床技能

EBPにおける「臨床技能」に含まれる主たる要素として、「アセスメント、臨床判断、ケースフォーミュレーションおよび治療計画を行う能力」や、「臨床的意思決定、治療遂行、患者の変化をモニタリングする能力」などが含まれるとされている（American Psychological Association Presidential Task Force on Evidence-Based Practice 2006; 原田 2015）。このような観点を踏まえて、ギャンブル行動症に対する心理学的支援において必要となる臨床技能としては、次の2点がとくに重要であると考えられる。

4.2.1. 認知行動療法の理論に基づくアセスメントの能力

ギャンブル行動症に対する認知行動療法では、先述の通り、一般にさまざまな技法を組み合わせたパッケージが用いられるがゆえに、個々の技法の効果が必ずしも明らかにされているわけではないことが指摘されている（横光他 2013）。したがって、実際の支援においては、ギャンブル行動症を呈する個人の状態像のアセスメントに応じて、効果が期待される技法を選択して適用する観点が重要になると考えられている（田中・嶋田 2019）。

そのために必要となるアセスメントの観点として、ギャンブル行動症に対する認知行動療法では、ギャンブル行動がどのような状況下において、結果としてどのような環境変化をもたらしているかという点に着目する。具体的には、行動が維持する仕組みを「先行事象」、「行動」、「結果（環境の変化）」の連鎖（三項随伴性）から理解するオペラント条件づけという原理に基づいて、結果として当該個人にとって望ましい環境変化が生じた場合には行動の頻度が増加し、反対に、望ましくない環境変化が生じた場合には行動の頻度は減少すると理解する。とくに、行動が増加・維持するメカニズムには大きく2つのパターンがあり、行動の結果として当該個人にとって望ましい結果が得られるパターンを「正の強化」、嫌悪的な状況下から回避できるパターンを「負の強化」と呼ぶ。

実際の支援においては、ギャンブル行動によって当該個人にどのような望

ましい結果が生じているのか、すなわち当該の行動がどのような「機能」を有しているのかについてのアセスメントが不可欠であり、これを「機能分析」と呼ぶ。ギャンブル行動の場合、その機能は1つではなく、多くの場合に複合的であることに注意が必要である。例えば、ギャンブル行動によって楽しく、金銭も得られる（正の強化）だけではなく、日ごろのストレスも発散できる（負の強化）など、正の強化と負の強化の両面を有している場合も多い。なお、ギャンブル行動の場合は、行動の結果として一貫して報酬が得られるわけではなく、報酬が得られるかどうかが変動的であるがゆえに行動が消去されにくい（頻度が減少しにくい）と考えられている（蒲生 2017）。

このような機能分析の枠組みから、ギャンブル行動症の状態像を分類してその特徴の比較を試みた研究においては、正の強化の側面が優位である「正の強化優位群」と、正の強化の側面に加えて負の強化の側面も強い「正負両高群」の2つに大別可能であり、正負両高群の方がより重症度が高いことが示されている（田中他 2020）。すなわち、快を得るための手段としてギャンブルをしている者よりも、快を得つつも不快な状態の解消のためにギャンブルをしている者の方がギャンブル行動症の重症度が高いと理解が可能である。ただし、ギャンブル行動の機能は、借金の有無といった生活全般の状況など（マクロ要因）の影響を受けて、経時的に変化しうる点に留意が必要であると考えられる。例えば、ギャンブルを始めた当初は楽しい正の強化によって維持されていたものの、次第にのめり込んで家族に隠して借金ができると、その状況から逃れるための負の強化によるギャンブルへと変化し、その後、借金がなくなるとまた正の強化によって維持されるようになるという変遷をたどる場合も見受けられる（図1）。

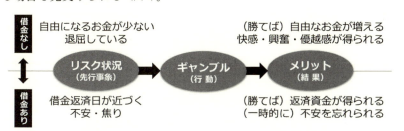

図1 借金の有無によるギャンブル行動の機能の変遷の例

また、ある「出来事」を個人がどのように「認知」する（とらえる）かによって、結果として引き起こされる行動が異なる点にも着目する。これは認知理論として体系化された枠組みに基づく理解であり、ギャンブル行動を促進する「認知バイアス」の存在が指摘されている（Fortune & Goodie 2012）。その代表格としては、期待されるギャンブルの結果に対する自身の選択の影響を過度に高く見積もる傾向である「illusion of control（誤った統制感）」があげられる（Goodie & Fortune 2013）。具体例としては、「私はこのギャンブルの優れたスキルがあるから、賭けに勝つことができるはずだ」といった認知があげられる。また、ギャンブルのランダム性に対する誤った信念である「gambler's fallacy（ギャンブラーの錯誤）」も代表的な認知バイアスの1つとされている（Goodie & Fortune 2013）。具体的には、「負けが続いているが、今後も負け続けるはずはないため、次の賭けでは勝てるはずだ」といった客観的な確率よりも確からしさを高く見積もる認知がこれに相当する。なお、これらの認知バイアスは、認知の「内容」そのものが問題なのではなく、ギャンブル行動のトリガーとして「機能」している場合に問題となりうる点に留意が必要であるとされている（田中他 2018）。

4.2.2. 支援対象者と協同的な関係を構築して精神的健康やQOLの改善を目指す視座

　認知行動療法の効果が十分に発揮されるためには、まずは支援からのドロップアウトを可能な限り防いでいくことが求められる。ギャンブル行動症は「否認の病」ともいわれ、当事者が自身の問題を認めない（病気として認識することが難しい）場合が多いとされる（樋口他 2021）。このような背景から、ギャンブル行動症を呈する者が自ら支援を求めることは少なく、さまざまな困難を乗り越えて支援につながったとしても、行動変容に対する動機づけは低い場合が多いといえる。したがって、まずは「何に困って来ようと思ったのか」、「どのような気持ちで来たのか」などを丁寧に聞き、来談したことを受容的な言葉で支持すること、そして、限られた時間の中で丁寧に傾聴し、本人にとっての困りごとや葛藤の気持ちを正直に語ってもらい共感することが重要であると指摘されている（河西 2021）。支援の初期には、このような

支持的な対応を通して、支援対象者の「そうせざるを得ない背景」の理解に努めることが協同的な関係の構築に寄与し、ドロップアウトを防ぐことにつながると考えられる。

　また、ギャンブル行動症に対する支援においては、一般に「ギャンブルをやめる」ことが目標とされる場合が多い。しかしながら、QOLの低さはギャンブル行動の促進要因となること（Oei & Raylu 2015）や、認知行動療法の適用後に心理的ストレス反応が高いほどQOLが低くなり、結果としてギャンブルの再発が生じやすいこと（Sander & Peters 2009）が示されている。以上のことから、ギャンブルをやめることのみならず、支援対象者の精神的健康を改善し、QOLを高めていく視座が重要になると考えられる。具体的には、ギャンブルをやめたその先にどのような生活を送りたいか、どのようなことを大切にしたいかを見据えて、その方向に向かうことに寄与しうる適応的行動（ギャンブル行動以外の正の強化で維持される行動）を広げていくことが有益であるといえる。

4.3. 患者の特性

　EBPにおいて考慮すべき「患者の特性」としては、症状のバリエーション、年齢、発達段階やライフステージ、現在置かれた環境要因、ストレッサー、個人的嗜好、価値観など、多岐にわたる要素が挙げられている（原田 2015）。ギャンブル行動症に対する心理学的支援に際して留意が必要となる観点として、次の2点はとくに重要であると考えられる。

4.3.1. サブタイプ

　ギャンブル行動症を呈する者は、均質な集団ではなく、いくつかの異なるサブタイプに分かれると考えられている。最も代表的な分類としては、①「行動的条件づけタイプ」、②「情動的脆弱性タイプ」、③「反社会的衝動性タイプ」の3タイプであり（Blaszczynski & Nower 2002）、それぞれギャンブル行動症の発症に至る経路が異なるとされ（ゆえにこれらのサブタイプは「パスウェイ・モデル」と呼ばれる）、その前提に基づく研究知見が蓄積されてきている

（Nower et al. 2022）。まず、行動的条件づけタイプは、ギャンブル行動症の発症以前の精神病理は少なく、条件づけや認知バイアスによってギャンブル行動が頻回になり、意思決定能力が低下している状態にある者とされる。また、情緒的脆弱性タイプは、ギャンブル行動症の発症以前から抑うつや不安といった情動的問題を有し、コーピングスキルや問題解決能力が乏しいために、ギャンブル行動によって不快な気分を和らげた経験を繰り返してきた者とされる。そして、反社会的衝動性タイプは、生得的な衝動性が高く、反社会性があり、ギャンブル行動がリスクのある興奮する活動として機能している者とされる。なお、先述した田中他（2020）による分類の「正の強化優位群」は行動的条件づけタイプに、「正負両高群」は情動的脆弱性タイプにおおよそ対応すると考えられる。

　これらのサブタイプごとにギャンブル行動の維持要因が異なることから、有効となる支援方法も異なると考えられる。しかしながら、これまでの介入効果の検証においては、このようなサブタイプによる効果の差異はほとんど加味されていない現状にある。

4.3.2. 併存疾患

　ギャンブル行動症を呈する者には、他の精神疾患を併存している者も多いことが知られており、先述のサブタイプとも潜在的に関連していると推測される。具体的には、メタアナリシスの結果から、タバコ使用症（56.4％）とうつ病（29.9％）の併存率がとくに高いことが示されている（Dowling et al. 2015）。次いで、アルコール使用症（15.2％）、社交不安症（14.9％）、全般性不安症（14.4％）、パニック症（13.7％）、心的外傷後ストレス症（PTSD：12.3％）、大麻使用症（11.5％）、注意欠陥・多動症（ADHD：9.3％）、適応反応症（9.2％）も一定の割合で併存するとされている。ただし、ADHDに関しては、別のメタアナリシスにおいて、ギャンブル行動症を有する者におけるADHDの併存率は18.5％であり、さらに、ギャンブル行動症の者は健常者に比べてADHDを有している可能性が4.18倍高いことが報告されている（Theule et al. 2019）。

ギャンブル行動症とこれらの併存疾患のどちらがその発症において時間的に先行するか、あるいはいずれの症状が前景に立つかなどによって、ギャンブルの問題の改善が優先されるのか、あるいは併存疾患の治療が優先されるのかは一様ではないと考えられる。したがって、実際の臨床場面においては、医師による医学的診断を仰ぎ、その指示に従うことが重要であるといえる。

5. 今後の課題と展望

最後に、ギャンブル行動症に対する心理学的支援に関する今後の課題と展望について、次の3点から論じる。

5.1. 日本におけるエビデンスの蓄積

先述したエビデンスは、基本的に欧米において実施された研究の結果であった。しかしながら、心理学的支援の効果は文化・社会的な影響を受けやすく、欧米のエビデンスをそのまま日本に適用すれば良いというものではないことも指摘されている（原田 2015）。とくに、パチンコやパチスロといった独自のギャンブルを問題とする者が大多数を占め、ギャンブルへのアクセス性も高いという環境的特徴を有するという日本のギャンブル行動症の背景事情を踏まえると、日本において介入効果の検証を実施し、そのエビデンスを蓄積していくことも重要であると考えられる。

その一環の取り組みとして、日本においてリスク状況の回避と対処法の獲得を軸とするリラプス・プリベンションに基づく集団認知行動療法プログラムによる介入効果の検証を実施した研究においては、ギャンブル行動症患者のQOLや心理的ストレス反応に十分な改善が認められなかった（田中他 2021）。この研究は、比較対照群のないオープントライアルであったことから、得られた結果をエビデンスとして位置づけることはできないものの、ギャンブルへのアクセス性が高い環境であるといえる日本においては、欧米とは異なる介入方略が必要になる可能性が示唆されたといえる。

5.2. ドロップアウト率の改善

　先述の通り、約4割の者が支援からドロップアウトするという現状を踏まえて、ドロップアウト率の低減を目指すことも今後の重要な課題であると考えられる。ギャンブル行動症における支援からのドロップアウトの関連要因としては、現状では既婚者であることがドロップアウト率の減少と有意に関連していることが示されているにすぎず、さらなる検討の必要性が指摘されている（Pfund et al. 2021）。具体的には、物質使用症に関する研究において明らかにされている要因（例えば、低所得者の割合や物質の使用量: Lappan et al. 2020）を参照することや、セラピスト側の要因（例えば、協同関係の構築のスキル: Roos & Werbart 2013）に着目することも有用であると考えられており、これらを含めた検討が求められる。

5.3. 支援におけるサブタイプの考慮

　これまでの研究においては、（先述したパスウェイ・モデルが示す3つの分類などの）ギャンブル行動症の発症や維持にかかわる背景要因が異なるサブタイプによる介入効果の差異は十分に検討されてこなかった。したがって、サブタイプごとに効果的な支援方法を確立していくことも今後の重要な課題となると考えられる。このような取り組みによって、結果的にギャンブル行動症に対する介入効果を全体的に底上げすることが可能になると推察される。

　なお、欧米においては、支援対象となる個人がどのサブタイプに相当するのかをアセスメントするためのツールが開発されている（例えば、Gambling Pathways Questionnaire: Nower & Blaszczynski 2017）が、日本語では利用できない現状にある。したがって、日本においてもこのようなアセスメントツールを整備することも重要であると考えられる。

注

〔1〕　改訂前のDSM-5の日本語訳版では、gambling disorderに「ギャンブル障害」とい

う訳語が用いられていた。
〔2〕 RCTとは、研究参加者をランダムに2群に割り付け、一方に評価対象の介入を行い、他方には何もしないか、別の比較対照とする介入を行い、両群の変化を比較する研究方法である。結果として有意な差があった場合には、それは介入の結果であると高い確信をもって考えることができるとされている（原田 2015）。
〔3〕 系統的レビューとは、あらかじめ定められた手続きを用いて既存の研究を抽出、選択、統合し、新たな知見を提供する研究方法である。また、メタアナリシスとは、レビューの対象となる一次研究の結果を統合するための統計的手法のことを指す（原田 2015）。
〔4〕 認知行動療法以外のアプローチは、介入効果がないことが示されているわけではなく、介入効果があるかどうか結論を出すことができない現状にあるといえる。

参考文献

蒲生裕司（2017）『よくわかるギャンブル障害――本人のせいにしない回復・支援』星和書店

河西有奈（2021）「7 保健医療分野におけるアディクション」津川律子・信田さよ子編『シリーズ〈公認心理師の向き合う精神障害〉3 心理学からみたアディクション』朝倉書店：105–124

河本泰信（2013）「4. 病的ギャンブリングに対する内観療法の使い方」『精神科治療学』28：317–319

佐藤拓（2011）「病的ギャンブリング（いわゆるギャンブル依存症）の回復支援の現状」『病院・地域精神医学』53（4）：368–370

佐藤拓（2013）「1. 病的ギャンブリング――総論と今後への展望」『精神科治療学』28：302–306

田中佑樹・野村和孝・嶋田洋徳（2018）「ギャンブル障害に対する認知行動療法の研究と実践に関する今後の展望――合法的に営まれるギャンブルに焦点を当てて」『Journal of Health Psychology Research』30（Special issue）：179–186

田中佑樹・野村和孝・嶋田洋徳・中川桂子・小柴梓・菅野真由香・大石泰史・大石裕代・大石雅之（2021）「ギャンブル障害患者に対するリラプス・プリベンションに基づく集団認知行動療法の効果――ギャンブル行動と適応状態を指標とした検討」『認知行動療法研究』47（3）：319–329

田中佑樹・野村和孝・嶋田洋徳・大石裕代・大石雅之（2020）「ギャンブル障害における問題行動の維持メカニズムの差異に基づく状態像の分類――通院患者とコミュニティサンプルを対象とした重症度の連続性に基づく検討」『行動科学』58（2）：105–117

田中佑樹・嶋田洋徳（2019）「ギャンブル障害」日本認知・行動療法学会編『認知行動療法事典』丸善出版：548–549

田辺等（2011）「ギャンブル依存症（病的賭博）の治療的アプローチ——臨床経験から」『アルコール関連問題学会誌』13：24–28

田辺等（2013）「3. 病的ギャンブリングの集団療法」『精神科治療学』28：311–315

田辺等（2022）『ギャンブル症の回復支援——アディクションへのグループの活用』日本評論社

中村努（2013）「5. 民間回復施設における病的ギャンブリングの支援①——ワンデーポートの活動」『精神科治療学』28：320–322

野村和孝・浅見祐香・嶋田洋徳（2018）「違法性を伴うギャンブルの問題への心理学的アプローチに関する今後の展望」『Journal of Health Psychology Research』30（Special issue）：211–216

原井宏明（2020）『認知行動療法実践のコツ——臨床家の治療パフォーマンスをあげるための技術』金剛出版

原田隆之（2015）『心理職のためのエビデンス・ベイスト・プラクティス入門——エビデンスを「まなぶ」「つくる」「つかう」』金剛出版

樋口進・松下幸生・古野悟志（2021）『ギャンブル障害STEP-G回復支援マニュアル』法研

米国精神医学会（2023）『DSM-5-TR 精神疾患の診断・統計マニュアル』（髙橋三郎・大野裕監訳）医学書院

松下幸生・新田千枝・遠山朋海（2021）『令和2年度 依存症に関する調査研究事業「ギャンブル障害およびギャンブル関連問題の実態調査」報告書』独立行政法人国立病院機構久里浜医療センター

ミラー，ウイリアム＆ロルニック，ステファン（2019）『動機づけ面接〈第3版〉上』（原井宏明監訳）星和書店

横光健吾・入江智也・坂野雄二（2013）「病的ギャンブリングに対する認知行動療法の治療構成要素の検討」『アディクションと家族』29（2）：142–148

ラドスー，ロバート＆ラシャンス，ステラ（2015）『ギャンブル障害の治療：治療者向けガイド——認知行動療法によるアプローチ』（椎名明大・長谷川直・伊豫雅臣訳）星和書店

レイルー，ナムラタ＆ウィー，ティアン・ポー（2015）『ギャンブル依存のための認知行動療法ワークブック』（原田隆之監訳）金剛出版

American Psychological Association Presidential Task Force on Evidence-Based Practice (2006) Evidence-based practice in psychology. *American Psychologist* 61(4): 271–285.

Blaszczynski, A., Farrell, E. (1998) A case series of 44 completed gambling-related suicides. *Journal of Gambling Studies* 14(2): 93–109.

Blaszczynski, A., & Nower, L. (2002). A pathways model of problem and pathological gambling. *Addiction* 97(5): 487–499.

Carlbring, P., Jonsson, J., Josephson, H., Forsberg, L. (2010) Motivational interviewing versus cognitive behavioral group therapy in the treatment of problem and pathological gambling: A randomized controlled trial. *Cognitive Behaviour Therapy* 39(2): 92–103.

Cowlishaw, S., Merkouris, S., Dowling, N., Anderson, C., Jackson, A., Thomas, S. (2012) Psychological therapies for pathological and problem gambling. *Cochrane Database of Systematic Reviews* No. 11: CD008937. doi: 10.1002/14651858. CD008937.pub2.

Dowling, N. A., Cowlishaw, S., Jackson, A. C., Merkouris, S. S., Francis, K. L., Christensen, D. R. (2015) Prevalence of psychiatric co-morbidity in treatment-seeking problem gamblers: A systematic review and meta-analysis. *Australian and New Zealand Journal of Psychiatry* 49(6): 519–539.

Dowling, N., Smith, D., Thomas, T. (2007) A comparison of individual and group cognitive-behavioural treatment for female pathological gambling. *Behaviour Research and Therapy* 45(9): 2192–2202.

Dowling, N., Suomi, A., Jackson, A., Lavis, T., Patford, J., Cockman, S., Thomas, S., Bellringer, M., Koziol-Mclain, J., Battersby, M., Harvey, P., Abbott, M. (2016) Problem gambling and intimate partner violence: A systematic review and meta-analysis. *Trauma, Violence, & Abuse* 17(1): 43–61.

Echeburúa, E., Gómez, M., Freixa, M. (2017) Prediction of relapse after cognitive-behavioral treatment of gambling disorder in individuals with chronic schizophrenia: A survival analysis. *Behavior Therapy* 48(1): 69–75.

Eriksen, J. W., Fiskaali, A., Zachariae, R., Wellnitz, K. B., Oernboel, E., Stenbro, A. W., Marcussen, T., Petersen, M. W. (2023) Psychological intervention for gambling disorder: A systematic review and meta-analysis. *Journal of Behavioral Addictions* 12(3): 613–630.

Fortune, E. E., Goodie, A. S. (2012) Cognitive distortions as a component and treatment focus of pathological gambling: A review. *Psychology of Addictive Behaviors* 26(2): 298–310.

Goodie, A. S., Fortune, E. E. (2013) Measuring cognitive distortions in pathological gambling: Review and meta-analyses. *Psychology of Addictive Behaviors* 27(3): 730–743.

Grant, J. E., Schreiber, L., Odlaug, B. L., Kim, S. W. (2010) Pathological gambling and bankruptcy. *Comprehensive Psychiatry* 51(2): 303–312.

Jacques, C., Ladouceur, R., Ferland, F. (2000) Impact of availability on gambling: A longitudinal study. *Canadian Journal of Psychiatry* 45(9): 810–815.

Komoto, Y. (2015) Brief intervention based on Naikan therapy for a severe pathological gambler with a family history of addiction: Emphasis on guilt and forgiveness. *Asian Journal of Gambling Issues and Public Health* 5: 2. doi: 10.1186/s40405-015-0007-3

Lappan, S. N., Brown, A. W., Hendricks, P. S. (2020). Dropout rates of in-person psychosocial substance use disorder treatments: A systematic review and meta-analysis. *Addiction* 115(2): 201–217.

Nower, L., Blaszczynski, A. (2017) Development and validation of the Gambling Pathways Questionnaire (GPQ). *Psychology of Addictive Behaviors* 31(1): 95–109.

Nower, L., Blaszczynski, A., Anthony, W. L. (2022) Clarifying gambling subtypes: The revised pathways model of problem gambling. *Addiction* 117(7): 2000–2008.

Oei, T. P. S., Raylu, N. (2015) Cognitive and psychosocial variables predicting gambling behavior in a clinical sample. *International Journal of Mental Health and Addiction* 13: 520–535.

Pfund, R. A., Peter, S. C., McAfee, N. W., Ginley, M. K., Whelan, J. P., Meyers, A. W. (2021) Dropout from face-to-face, multi-session psychological treatments for problem and disordered gambling: A systematic review and meta-analysis. *Psychology of Addictive Behaviors* 35(8): 901–913.

Rash, C. J., Petry, N. M. (2014) Psychological treatments for gambling disorder. *Psychology Research and Behavior Management* 7: 285–295.

Roos, J., Werbart, A. (2013). Therapist and relationship factors influencing dropout from individual psychotherapy: A literature review. *Psychotherapy Research* 23(4): 394–418.

Sander, W., Peters, A. (2009) Pathological gambling: Influence of quality of life and psychological distress on abstinence after cognitive-behavioral inpatient treatment. *Journal of Gambling Studies* 25(2): 253–262.

Theule, J., Hurl, K. E., Cheung, K., Ward, M., Henrikson, B. (2019) Exploring the relationships between problem gambling and ADHD: A meta-analysis. *Journal of Attention Disorders* 23(12): 1427–1437.

第5章
発達段階に応じた
子どもと支援者・養育者との良循環の形成
――行動論的アプローチの立場から

堀川柚

1. 子どもに対する心理的支援の必要性

1.1. 学校などの集団場面における子どもの不適応と心理的支援の現状

　文部科学省初等中等教育局児童生徒課（2024）の調査によると、2023年度の小・中・高・特別支援学校におけるいじめの認知件数は732,568件であり、2022年度の681,948件、2021年度の615,351件を大きく上回っており、過去最多の件数であると報告されている（文部科学省 2024）。加えて、2023年度の小中学校の不登校児童生徒数は346,482名であり、前年度の299,048名を上回り、不登校児童生徒数も過去最多人数となっている（文部科学省初等中等教育局児童生徒課 2024、文部科学省 2024）。このように、いじめや不登校といった子どもの学校などの集団場面での不適応は増加しており、それらに対する対応（心理的支援）が社会から求められているといえる。その具体的な支援方法として、近年では、認知行動療法に代表される心理学的アプローチの1つであり、「環境（周囲の人や物など）」と「個体（子どもなど）」とが互いに関係

（相互作用）し合い、行動が発現すると考える「行動論的アプローチ」に基づく支援が注目をされている（例えば、竹村 2011）。そこで本章においては、子どもの学校などの集団場面における適応の向上を目指す一環として、各発達段階に応じた子どもと支援者・養育者との相互作用の良循環の形成について行動論的アプローチの立場から整理することを目的とする。

1.2. 行動論的アプローチに基づく支援の効果と現状

　行動論的アプローチに基づく支援は、幅広い発達段階において実施され、その有効性が十分に知られている。例えば、幼児に対するソーシャルスキルトレーニング（岡村・杉山 2007）や、児童に対する抑うつ改善プログラム（髙橋他 2014）、中学生を対象としたストレスマネジメント教育（野中他 2019）、高校生に対する問題解決訓練（杉山他 2022）などがあげられる。このように、幼児および児童生徒という子ども[1]に対する直接的な行動論的アプローチに基づく支援が実施されており、学校適応の向上などの効果が十分に認められている（石川・小野 2020）。

2. 子どもへの支援における行動論的アプローチのポイント

2.1. 行動論的アプローチにおける「環境要因」とは？

　行動論的アプローチに基づく支援においては、子どもにとっての重要な「環境要因」として、教師などの支援者の存在が強く想定されている（大対他 2007）。発達段階に沿って子どもの主たる支援者を考えると、幼児期においては保育所や幼稚園における保育士や幼稚園教諭、児童生徒においては教師が想定できる。加えて、各発達段階に共通する「環境要因」として、養育者が存在する。

　このような保育士や幼稚園教諭、教師という主たる支援者、あるいは養育者を対象とした行動論的アプローチに基づく支援として、行動コンサルテーション[2]（半田他 2017）や、ティーチャー・トレーニング（大西他 2015）、ペアレント・トレーニング（本山他 2012）などが実施されている。その効果と

して、例えば、教師に対して行動コンサルテーションを適用した結果、教師の指導行動の変化が確認され、結果的に児童の問題行動が減少し、適応的行動に代替されたことが示されている（森・岡村 2018）など、一定の効果が認められているといえる。つまり、教師の指導行動が変化することによって、児童の行動が変化することが理論的にも実証的にも想定することができる。

2.2. 子どもと支援者・養育者との相互作用における良循環とは？

以上のような子どもに対する間接的支援が重要視される背景には、子どもにとっての重要な「環境要因」である支援者および養育者のかかわりが子どもの適応的行動の形成に大きく影響することがあげられる。具体的には、子どもの適応的行動を形成するためには、子どもの適応的行動に強化子[3]が随伴する必要があり、支援者および養育者のかかわりが子どもにとって大いに強化子になりうると理解される。一方で、支援者の指導（または養育者の子育て）行動においても強化子が随伴する必要があり、子どもと支援者あるいは養育者との相互作用が良循環になることが重要であるといえる。

行動論的アプローチにおける基本的な問題理解の枠組みであり、「状況→行動→結果」の連鎖である「三項随伴性」に基づく良循環の具体例を図1に示した。まず、児童は授業中という「状況」において、着席するという「行動」によって、褒められるという「結果」が得られていると整理できる。同時に、この場面を教師側から整理すると、児童が座っているという「状況」

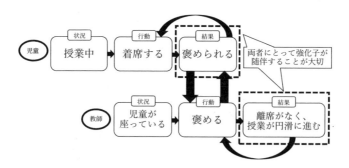

図1 児童と支援者（教師）との相互作用の良循環の例

において、褒めるという「行動」によって、児童が離席せずに授業が円滑に進むという「結果」を得られているといえる。このように、一方の「行動」が他方の「状況」となり、一方の「結果」が他方の「行動」によって形成されていると理解可能であり、結果的にお互いの行動が増加する、すなわち「強化」されている状況が良循環が形成されている状況であるといえる。

2.3. 支援者および養育者の「結果」の重要性とは？

図1にも示した通り、行動論的アプローチにおける相互作用の重要な視点の1つとして、支援者および養育者の「結果」がある。相互作用を考える際には、子ども側の「結果」に目が行きがちであるが、支援を長期的に実施するには、支援者および養育者側の「結果」が支援者および養育者にとって十分に強化子になっている必要がある。この観点が抜けてしまうと、長期的な支援には結びつかず、「実施しにくい」支援になってしまう可能性が高いと推測される。

図2に示した例においては、児童は授業中という「状況」において、私語をするという「行動」によって、叱られるという「結果」が伴っており、これによって、私語は減っていくと理論的に想定される。一方で、この場面を教師側から整理すると、児童の私語があるという「状況」において、「静かにしなさい！」と叱るという「行動」をしているが、毎回の注意は骨が折れる、厳しく指導することに対して負担感を感じる教師の場合には、嫌悪的な

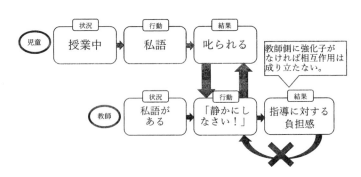

図2　相互作用における支援者の「結果」が強化子になっていない例

「結果」が伴っているといえる。このような場合は、私語は減っていくと考えられるものの、教師側の強化子が十分に随伴せず、叱るという「行動」が強化されにくい状況になる。したがって、この例では叱るという「行動」は有効ではあるものの、教師にとっては強化子が随伴しない、すなわち「実施しにくい」支援であることが分かる。

このように、子どもと支援者・養育者との相互作用を分析することによって、子どもの学校などの集団場面における適応の向上をより促進しうるだけでなく、支援者および養育者にとっても実施しやすく、指導（または子育て）上の困り感の解消やメンタルヘルスの向上につながることも想定される。

3. 主たる支援者（保育士や幼稚園教諭、教師）との相互作用

前章において示した良循環の形成においては、子ども側の発達段階や支援者の専門性が大きく関わっていることが予想される。そこで、この章では、子どもを「幼児」と「児童生徒」という2つの区分に分けて論じる。

3.1. 幼児の場合

幼児の場合、相互作用を用いて理解をするという枠組み自体は共通であるものの、幼児側の発達の特性として、適応的行動が未学習[4]である状態像が多いと推測される（例えば、おもちゃを貸してほしい時に、「貸して」というスキルが未学習であるため、無理やり取ってしまうなど：図3）。このことから、適応的行動（例えば、ターゲットスキルとして「貸して」と言うことなど）を教示し（「貸してほしい時は『貸して』って言葉で言うよ」などと言語を用いて教示することや、「一緒に言ってみよう、せーの、貸して」と適応的行動を体験的に理解させることなど）、適応的行動の獲得を促し、それに対して強化子（「良く言えたね」などの言語的賞賛やハイタッチなど）を与えることが有効であると考えられる。

また、幼児への支援者としては、保育士および幼稚園教諭が想定されるが、保育士の専門性は「保育」であり、その一方で、幼稚園教諭の専門性は「教育」であることから、実際のかかわりや、支援における価値観が異なってい

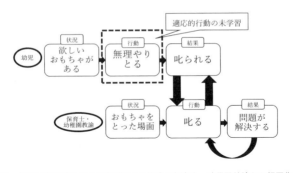

図3　幼児が適応的行動を未学習である場合の保育士・幼稚園教諭との相互作用

ることが推測される。実際に、保育士と幼稚園教諭の保育者ストレスを比較検討した研究においては、子ども対応・理解のストレスなどにおいて幼稚園教諭より保育士の方が有意に高いことが示されている（渡邉・青山 2018）。また、「子ども分析」などの下位尺度から構成される質問紙によって測定した保育者としての専門性は、保育士よりも幼稚園教諭の方が有意に高かったことが報告されている（渡邉・青山 2018）。このような支援者のストレス状態や保育者としての専門性の程度によって、保育者の状態像が異なり、相互作用における「結果」も変わってくることが想定される。例えば、平素は「子どもの笑顔がかわいい」ということが強化子になり得る保育者においても、ストレスが高すぎる場合には、子どもの表情に目を向ける余裕がなくなってしまい、強化子になりにくいことが想定される。保育者としての専門性においても同様に、子どもの分析力が高い保育者であれば、子どもの表情や日常の細かな成長が強化子になると想定されるものの、子どもの分析力がまだ十分ではない初任者などの場合は、強化子にはなりにくいことが考えられる。これらのことから、保育士と幼稚園教諭は、子どもとの相互作用でとらえるという枠組み自体は変わらないものの、支援者のストレス状態や保育者としての専門性の程度を考慮した上で、相互作用でとらえることが必要であると考えられる（図4）。

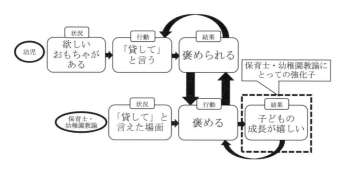

図4　幼児と保育士・幼稚園教諭との相互作用の良循環

3.2. 児童生徒の場合

　小学生から高校生までの児童生徒の場合、特に学年が上がるにつれて、状態像の幅が広くなり、個別化された支援が必要であることが示唆されている（尾棹他 2020）。幼児の場合は未学習な状態像が多くの場合を占めていたが、児童生徒の場合は、誤学習[5]をしている状態像であることも多いと推測される。また、適応的行動（コーピングスキル）は知識として知っていても、適応的行動を遂行できると感じる程度が低い場合や、「行動」の「結果」をモニタリングする能力が不足している場合においては、スキル実行に至らない状態像も指摘されている（森田他 2019）。すなわち、幼児の場合よりも、学年が上がるにつれて個々のアセスメントが、非常に重要になってくるといえる。したがって、どのような状態像にも共通して、行動論的アプローチにおける「状況→行動→結果」という三項随伴性に基づく分析を行い、それぞれが得ている「結果」に対応した支援を実施していくことが望ましいと考えられる。

　さらに、児童（小学校）の場合は学級担任制、生徒（中学校・高校）の場合は教科担任制が多いという制度上の区別が存在する。その一方で、小学校高学年からは教科担任制を積極的に導入する動きもあり（文部科学省 2021）、より柔軟な「チーム学校[6]」（文部科学省中央教育審議会 2015）としての支援が求められている。

　これらのことを踏まえると、教師やその働きかけ（行動）が当該の児童生

徒にとってどのような刺激となっているかを理解し、かかわりを変化させたり、役割分担をしたりする必要があると推測される。例えば、引っ込み思案傾向が高く、なかなか授業中に発言ができない生徒に対して、年配で大らかな雰囲気のある教師Aが優しく「ゆっくりでいいので言ってください」とうながす指導を実施したところ発言行動は促進されなかった一方で、他の場面において比較的若い教師Bがフランクに「どうかな？」と発言できない生徒に話をふると「はい、そう思います」と意見を言うことができたとする。さらに、その報告を受けた教師Aも教師Bのやり方を模倣したところ、結果的に生徒から同様の反応を得ることができた場合には、当該生徒にとっては教師Bの対応の方が反応しやすかったと理解が可能である。このように、行動論的アプローチでは、どちらの支援が（教師の振る舞いとして）「正しいか」ということではなく、生徒にとって「適応的行動をもたらしたか」を重視しており、この観点から教師側のかかわりを変化させ、適応的行動をうながすということが重要であるといえる。

4. 養育者との相互作用

　養育者は、子どもにとって多くの時間を共有する主たる「環境要因」として位置づけられる（大対他 2007）。このことから、前述の支援者と同様に、養育者においても行動論的アプローチにおける「状況→行動→結果」という三項随伴性の枠組みを用いて、子どもとの相互作用をとらえることが可能であると考えられる。
　その一方で、上記の支援者と異なり、専門職ではないことを踏まえると、養育者自身の価値観や育児信念が子どもへのかかわりに大きく影響されていることが従来から想定されている。実際に、ペアレント・トレーニングを実施した温泉・小野寺（2022）は、養育者の価値観や信念といった認知的要因の変容（認知再構成）を試みたものの、1セッションで扱われたのみであったことにも起因して、期待していた認知再構成には至らなかった。したがって、価値観や育児信念を変えることを支援の短期的な目標とするのではなく、そ

の価値観や育児信念の中でもできている適応的な子育てを強化していくことが必要であると考えられる。そのような支援の中において、自身の子育てについて体験的に理解することや周囲からフィードバックを受けることによって、ゆくゆくは価値観や育児信念にこだわりすぎることなく、柔軟に対応することが可能になると想定される。

　また、養育者は子どもとともに過ごす時間が長く、かつ乳幼児期から学齢期、思春期、それ以降も子どもへの支援を継続していくことが前提となるといえる。このような背景から、育児ストレスについても研究がなされており、例えば、吉次他（2023）の報告においては、育児ストレスが高い場合には、否定的な養育行動に結びつきやすいことが示されている。このことから、養育者の育児ストレスの高低をアセスメントすることを前提としながら、養育者自身の価値観や育児信念などを丁寧にアセスメントし、子どもとの相互作用の良循環を形成できるよう、支援することが必要であると考えられる。特に、子どもとともに過ごす時間が長い養育者にとっては、相互作用における養育者の「結果」が強化子になっているか、という視点が非常に重要であるといえる（図5）。

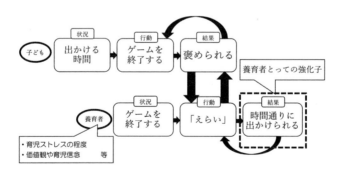

図5　子どもと養育者との相互作用の良循環

5. 今後の課題と展望

　本章においては、子どもの学校などの集団場面における適応の向上を目指

す一環として、各発達段階に応じた子どもと支援者・養育者との相互作用の良循環の形成について行動論的アプローチの立場から整理した。具体的には、「環境要因（支援者なのか養育者なのか）」や子どもの発達段階が変わっても、相互作用でとらえるという理解の枠組み自体は変わらないといえる。そして、相互作用を考える際には、子ども側の「結果」だけでなく、支援者および養育者側の「結果」が支援者および養育者にとって十分に強化子になっているかを確認する必要があると考えられる。

最後に、子どもと支援者および養育者との良循環の形成をするうえでの課題点と今後の展望を次の3点から論じる。

5.1. 発達障害や知的障害などを有する子どもへの対応

現在の保育や教育現場において、発達障害や知的障害などを有する子どもへの対応が強く求められている。このような発達障害や知的障害などを有する子どもへの対応においても、行動論的アプローチに基づく支援が有効であることは、従来から知られている。例えば、西村他（2022）は自閉スペクトラム症・注意欠如多動症のいずれか、もしくは両方の診断を受けた子どもの親グループに対するペアレント・トレーニングを実施し、子育てストレスが有意に低下し、子どもの行動にも一定程度の変化が見られたことを報告している。また、幼稚園教諭、保育士などにティーチャー・トレーニングを実施した岩永他（2020）は、幼稚園教諭、保育士などの発達障害に関する知識、自閉スペクトラム症児などへの支援などに関する項目のスコアが改善したことを示している。このように、幼稚園、小中学校、高等学校という教育現場での実践が数多く報告されてきた。

一方で、障害のある子どもに対する支援として、障害や発達の状況、障害の特性などに応じて、就学前の子どもに支援を提供する「児童発達支援事業」（こども家庭庁 2024a）や、学齢期の子どもに対して支援を提供する「放課後等デイサービス」（こども家庭庁 2024b）という障害児の福祉領域における行動論的アプローチに基づく支援の実践報告はごく限られている現状にある。このような福祉の現場においても教育現場と同様に、行動論的アプローチに

基づく相互作用の観点を組み込んだ支援を実施することは大いに有効であると想定される。しかしながら、児童発達支援事業や放課後等デイサービスにおいては、必ずしも障害児への支援を専門とする職員だけが支援を提供しているわけではなく、行動論的アプローチに基づく相互作用の観点が広く知られているとはいいがたい。

5.2. 部活動指導者による支援の拡大への対応

　また、今後は、現在よりも教育や福祉、保育の専門職ではない支援者が子どもにかかわる機会も増えることが予想される。具体的には、部活動指導者という教師以外の支援者が積極的に導入される中で、従来の外部指導者と比較してその活動の幅が広がり（宮古 2017）、子どもへの影響もより大きくなると予測される。このような教育や子どもにかかわる支援者にも行動論的アプローチに基づく支援を広げていくことも今後の課題となると考えられる。

5.3. 支援者および養育者が行動論的アプローチを学ぶ機会の提供

　今後は、先述した放課後等デイサービス職員や部活動指導者などの子どもにかかわる支援者および養育者に、広く行動論的アプローチに基づく相互作用の観点を身につけてもらうことが求められる。そのための方略として、研修やコンサルテーションがあげられる。例えば、松下（2020）は、行動論的アプローチに基づく研修を実施することによって、研修を受けた教員がより多面的に具体策を検討できるようになったことを報告している。このような研修機会の提供やコンサルテーションの実施などを積極的に行うことを通して、子どもにとって重要な「環境要因」である支援者が行動論的アプローチに基づく相互作用の観点を理解し、実際の支援を実施できるようになれば、子どもに対してより有効な支援が広く提供されると推察される。

注

[1]　本章においては、1歳から小学校就学前までの者を幼児、小学生を児童、中学生お

よび高校生を生徒、小学生・中学生・高校生を合わせて児童生徒と定義する。これらの幼児、児童生徒を包括して子どもと表記する。
〔2〕　行動論的アプローチ（「状況→行動→結果」の三項随伴性に基づく分析）に基づくコンサルテーションのことをいう。
〔3〕　「状況→行動→結果」の三項随伴性に基づく分析での「結果」において、「行動」の「結果」として「快（ご褒美）」が随伴している際に、この「快（ご褒美）」のことをいう。
〔4〕　学習をしたことがない状態のこと。例えば、貸してほしいものがある時に、なんと声をかけていいか知らないという学習をしていない場合などをいう。
〔5〕　誤った学習をしている状態のこと。例えば、貸してほしいものがある時に「貸して」と言えば良いことを知ってはいるものの、奪い取った方が確実に借りられるため、奪い取る行動をする場合などをいう。
〔6〕　生徒指導や特別支援教育などの充実を図るために、学校が心理や福祉などの専門家や専門機関と連携、分担する体制のことをいう（文部科学省中央教育審議会2015）。

参考文献

石川信一・小野昌彦（2020）「教育分野への認知行動療法の適用と課題」『認知行動療法研究』46（2）：99–110

岩永竜一郎・德永瑛子・吉田ゆり・田山淳・田中悟郎・今村明・調漸（2020）「ティーチャートレーニングをベースとしたワークショップによる保育士・幼稚園教諭の子どもの問題への対応に関する悩み等の変化」『日本発達系作業療法学会誌』7（1）：10–18

大対香奈子・大竹恵子・松見淳子（2007）「学校適応アセスメントのための三水準モデル構築の試み」『教育心理学研究』55（1）：135–151

大西貴子・武藤葉子・岩坂英巳（2015）「ティーチャー・トレーニング・プログラムによる保育者支援に関する研究　第一報――評価尺度の分析を中心に」『次世代教員養成センター研究紀要』1：83–90

岡村寿代・杉山雅彦（2007）「引っ込み思案幼児への社会的スキル訓練――相互作用の促進と問題行動の改善」『行動療法研究』33（1）：75–87

尾棹万純・田中佑樹・小宮山尚・嶋田洋徳（2020）「児童生徒へのストレスマネジメント教育における発達段階と技法の適合性の検討」『Journal of Health Psychology Research』32（Special issue）：173–183

温泉美雪・小野寺敦子（2022）「自閉スペクトラム症の青年の親を対象としたペアレント・トレーニング──親子関係の補強に主眼を置いたアプローチの試行」『田園調布学園大学紀要』17：17–40

こども家庭庁（2024a）「児童発達支援ガイドライン」https://www.cfa.go.jp/assets/contents/node/basic_page/field_ref_resources/32675809-3f98-486b-9c03-efc695ede0bb/4727f8f6/20240710_policies_shougaijishien_shisaku_07.pdf（2024年8月26日閲覧）

こども家庭庁（2024b）「放課後等デイサービスガイドライン」https://www.cfa.go.jp/assets/contents/node/basic_page/field_ref_resources/32675809-3f98-486b-9c03-efc695ede0bb/7d644e16/20240710_policies_shougaijishien_shisaku_11.pdf（2024年8月26日閲覧）

杉山智風・髙田久美子・伊藤大輔・大谷哲弘・高橋史・石川利江・小関俊祐（2022）「高校生を対象とした問題解決訓練における抑うつ低減効果の検討──活性化と回避の機能的変容に焦点を当てて」『認知行動療法研究』48（3）：285–295

髙橋高人・岡島義・シールズ久美・大藪由利枝・坂野雄二（2014）「児童に対する抑うつ改善プログラムの効果──多様性のあるコーピングとリラクセーションの習得」『行動療法研究』40（3）：189–200

竹村洋子（2011）「通常学級における「問題行動」をめぐる児童と環境との相互作用の分析と行動論的介入──わが国における発達障害児への教育的対応の現状と課題」『特殊教育学研究』49（4）：415–424

西川勇人・橋本桂奈・水野舞・佐藤充咲（2022）「自閉スペクトラム症・注意欠如多動症の混合グループに対する短縮版ペアレントトレーニングの有効性に関する研究」『認知行動療法研究』48（2）：217–224

野中俊介・原剛・尾棹万純・森田典子・嶋田洋徳（2019）「セルフ・モニタリングがストレスマネジメント教育におけるコーピングレパートリーの獲得に及ぼす影響」『Journal of Health Psychology Research』31（2）：113–121

半田健・平嶋みちる・野呂文行（2017）「行動問題を示す発達障害児童の特別支援学級担任を対象とした行動コンサルテーション──望ましい行動に対する行動契約の効果」『障害科学研究』41（1）：183–194

松下浩之（2020）「小学校教師を対象とした機能的アセスメントにもとづく行動支援計画立案の研修効果の検討」『障害科学研究』44（1）：75-86

宮古紀宏（2017）「学校における働き方改革と部活動指導員の展望」『教育制度学研究』2017（24）：182-191

本山和徳・松坂哲應・長岡珠緒・松尾光弘（2012）「発達障害児の養育に困難感を抱く母親に対するペアレントトレーニングの効果」『脳と発達』44（4）：289–294

森一晃・岡村章司（2018）「通常の学級担任に対するクラスワイドな支援を用いた行動コンサルテーションの効果の検討──教師の支援行動の評価を含めて」『特殊教育学研究』

56（3）：169–182

森田典子・野中俊介・尾棹万純・嶋田洋徳（2019）「ストレスマネジメント教育における児童生徒の認知行動的特徴に応じたアセスメント方法と介入方法の検討」『早稲田大学臨床心理学研究』16（1）：175–189

文部科学省（2021）「義務教育9年間を見通した教科担任制の在り方について（報告）」https://www.mext.go.jp/content/20210729-mxt_zaimu-000015519_1.pdf（2024年2月27日閲覧）

文部科学省（2024）「令和5年度　児童生徒の問題行動・不登校等生徒指導上の諸課題に関する調査結果の概要」https://www.mext.go.jp/content/20241031-mxt_jidou02-100002753_2_2.pdf（2024年11月21日閲覧）

文部科学省初等中等教育局児童生徒課（2024）「令和5年度　児童生徒の問題行動・不登校等生徒指導上の諸課題に関する調査結果について」https://www.mext.go.jp/content/20241031-mxt_jidou02-100002753_1_2.pdf（2024年11月4日閲覧）

文部科学省中央教育審議会（2015）「チームとしての学校の在り方と今後の改善方策について（答申）」https://www.mext.go.jp/b_menu/shingi/chukyo/chukyo0/toushin/__icsFiles/afieldfile/2016/02/05/1365657_00.pdf（2024年8月26日閲覧）

吉次遥菜・野中俊介・齋藤彩乃・嶋田洋徳（2023）「親の育児ストレスと随伴性知覚および育児信念が機能的な養育行動に及ぼす影響」『ストレスマネジメント研究』19（1）：24-31

渡邉賢二・青山奈央（2018）「保育者のストレスと専門性との関連——幼稚園教諭と保育士との比較より」『皇學館大学紀要』56：208–192

第6章
社会人生活の適応を促進する大学生の職業選択行動とは
―― 支援のあり方についての考察

軽部雄輝

1. 日本の大学生の職業選択行動を取り巻く環境

　日本の大学生における就職率は98.1％を数え、就職を希望する者のほぼ全員が就職を果たしている現状である（厚生労働省 2024）。一見すると就職そのものが容易な課題であるかのように思われるが、職業選択の意思決定の実際はそうではない。就職を希望する大学生の多くが経験する「一般企業に対する就職活動」を例に挙げれば、職業選択の意思決定過程において、選択肢の膨大さ、選択基準の不明瞭さ、新奇で不慣れな課題であること、情報処理能力の限界、時間的制約といった多くの困難さがあることが示されている（若松・下村 2012）。
　加えて、少子高齢化等にみられる日本としての先行きの不透明さも相まって、こうした時代に職業選択を行うことには一定の不安が伴うことが予測される。就職活動を行う個人は、自身での取り組みはもちろんのこと、家族、友人といったインフォーマルなサポート資源、種々の就職支援サービス等のフォーマルなサポート資源を駆使して、就職活動を行っている。しかしなが

ら就職先を最後に決めるのは自身であり、自律的な進路選択がその後の動機づけや適応に影響を及ぼすことは先行研究からも見て取れる（永作 2005）。

このような社会的状況の中で、就職活動を通して職業選択を果たそうとする大学生に対して、どのような支援ができるのだろうか。本章では、一般企業への就職活動に臨む大学生を取り巻く心理的課題を整理したうえで、有用となる心理的支援について考えたい。

1.1. 大学生の就職活動の困難さ

日本の大学生における一般企業に対する就職活動では、一般に、新卒者一括採用という形態で人材の獲得が行われている。この制度下では、活動主体である個人は、基本的に当該採用スケジュールに合わせて活動していかなければ就職することが難しい（下村・木村 1997; 安達 2003）。言い換えれば、日本の大学生は進路決定行動である就職活動を一斉に開始し、限られた時間内で内定を獲得する必要に迫られているといえる。

加えて、大学生の就職活動の過程において、企業からの不採用やそれに伴うストレスフルな体験は不可避なものであると考えられている（軽部他 2014; 北見他 2009 など）。実際に、2024 年 3 月卒業の大学生の就職活動においては、一人あたりの平均エントリー社数が 25.4 社に対して平均獲得内定社数が 2.5 社と報告されており（株式会社ディスコキャリタスリサーチ 2023）、宮川・谷口（2017）は、調査に協力した一般企業に対する就職活動を経験した大学生 50 名の不採用経験数の平均が 8.42 社であったことを示している。

以上を踏まえると、就職活動を行う個人は、新卒者一括採用制度下における決められたスケジュールや枠組みのなかで、企業からの不採用を経験しながらもその活動を離脱することなく継続し、限られた期間内で内定獲得および就職達成を果たさなければならない。そうした観点からみれば、日本の大学生の就職活動は、個人に相応の心的負担を強いるものであることがうかがえよう。

1.2. 大学生の就職活動におけるサポート資源と支援の実際

　就職活動を通して職業選択を行う大学生は、どのようなサポートを得ながら、自身の就職活動に従事しているのだろうか。周囲の人々との社会的関係からもたらされるソーシャルサポート[1]の研究において、大学生の進路選択にかかわる場面では友人や家族といったインフォーマルな資源が頻回に利用されていることが示されている（木村・水野 2004）。一方、大学に附設されている就職支援室のようなフォーマルな資源も利用されている。就職支援室を例に挙げれば、そこでは学生の就職活動を支援するための就職ガイダンスや個別相談が実施されており、就職ガイダンスでは、就職活動スケジュールに対応できるように就職活動に必要な情報の提供や面接での応対、エントリーシートの書き方などについて具体的な助言が行われ、個別相談では、学生各自のキャリア選択に関する相談や就職活動に際しての情緒的側面への支援が行われている（中川・原口 2011）。また、個人の描くキャリアが多種多様になってきていること、学生によって困難を感じるポイントが違うことなどを考慮したときには、型どおりの支援のみでは対応できない（松田 2013）点も指摘されている。以上を踏まえると、従来から行われている画一的な技術面での指導に加えて、個別性の視点をもった支援のあり方が肝要であり、その際に心理学的観点が役立てられるものと考えられる。以降では、心理学の観点から大学生の職業選択という課題をとらえ、それに基づく支援のあり方を考察していく。

2. 心理学の観点からみた大学生の職業選択

　職業選択は、生涯発達心理学の観点から見て、青年期における重要な発達課題[2]の1つである。ニューマン（1988）は、職業選択を「就職を前にし、迷いながらも職業を選んでいくこと」ととらえ、この過程を自らの職業観や能力、適性を吟味する、就職のための準備期間であるとした。さらに、個人が職業を選択するために自らに困難な問いかけを課したとしても、自分の技

能や気質、価値観や将来の目的などについて個人的評価をした後でその決定がなされるならば、自分の職業について十分に統合された個人的アイデンティティの一部としてとらえることができるとしている（ニューマン 1988）。

　また、職業選択の結果として達成される就職は、発達心理学の観点から見て、生涯を通じて見られる数々の移行（transition）の1つである。その中でも、学生から社会人への移行は人生周期上大きな転換期として位置づけられており（山本・ワップナー 1992）、特に大学生における就職は、それまでの16年間の学校教育と人格形成の総決算として、1人の人間が今後の生活の安定と社会への参加を通じて生きていくうえで重要な意義をもつとも言われている（木谷 2005）。青年期に自分の将来について考え進路を決断することは、誰しもが経験する人生の大きな節目であるといえるが、特に青年後期に当たる大学生の進路選択がその時点での適応やその後の生き方を左右する重要課題であることは先行研究からも明白である（エリクソン 1973; スーパー 1960）。

2.1. 職業選択行動としての大学生の一般企業に対する就職活動に影響を与える心理的要因

　進路選択や職業意思決定は、大学生にとって学生生活上の1、2位に挙げられる課題や悩みであることが指摘されており（西山 2003）、Gati（1986）は、職業選択を「実際にその職業について職場で働くまで自分が選択した職業の良否がわからない"最終決定の曖昧な意思決定"」であると述べている。このことから、大学生の職業選択の過程では、個人にさまざまな心理的な動揺や葛藤が生じることが想定される。以下、大学生における一般企業に対する就職活動の進行に影響を与えると考えられる心理的要因について取り上げる。

2.1.1. 不安

　大学生の就職活動に伴う不安については、これまで数多くの実証的検討がなされてきた。藤井（1999）は、「職業決定および就職活動段階において生じる心配や戸惑い、ならびに就職決定後における否定的な見通しや絶望感」を「就職不安」と定義し、就職活動そのものに関する「就職活動不安」、自

らの職業に対する適性に関する「職業適性不安」、将来の職場に対する不安である「職場不安」の3つの要因から構成されるとした。そのなかでも、就職活動不安については、過度になるとストレスやうつ等、就職活動中の個人の精神的健康を低める（藤井1999）一方で、職業適性不安や職場不安については、就職活動の結果として果たされる就職への満足感や入職後のストレスに対して負の影響を与える（中島2013）、すなわち就職活動後に至るまで悪影響を及ぼし続けることが指摘されている。したがって、就職活動においては、自身の職業適性ならびに職場についての理解や検討が一定に進んだ結果として職業選択を果たせることが重要であると考えられる。

松田他（2010）は、特に就職活動中に生じる不安を「就職活動不安」と定義し、就職活動中に自分をアピールしていくことに関する「アピール不安」、就職活動中に周囲からサポートを得ることができるかどうかに関する「サポート不安」、就職活動を継続していくことに関する「活動継続不安」、就職試験に関する不安である「試験不安」、就職活動の準備に関する不安である「準備不足不安」の5つの要因から構成されるとした。就職活動不安が実際の就職活動の遂行に及ぼす影響を検討したこれまでの研究では、不安が活動の遂行を抑制するとする報告（藤井1999; 松田他2010など）が存在する一方で、活動の遂行をむしろ促進させるという知見（Blustein & Phillips 1988；加藤・柴田2005など）も報告されている。就職活動前後の大学生を対象とした調査（輕部他2018）によれば、大学3年生においては周囲を基準に行動選択する傾向（以下、外的要因によるコントロール傾向）が、「サポート不安」を介して情報収集行動を抑制させる方向に関与し、「活動継続不安」を介して行動遂行に対するエフィカシーを低める方向に関与することが示された。一方で、大学4年生においては外的要因によるコントロール傾向が、「サポート不安」を介して進路探索行動を促進させる方向に関与し、「試験不安」を介して情報収集行動を広く促進させる方向に関与することが示された。このように学年の要因、言い換えれば個人の就職活動の段階や時期によって、不安が行動に与える影響が変動しうることが示唆されている。その一方で、「長期的な結果を見通して行動選択する傾向」については、大学3・4年生ともに、つまり

学年に関係なく、直接的に就職活動に対する遂行を促進させる方向に関与することが示されている。

　以上のことから、支援者としては、就職活動の時期等個人が置かれている状況や個人の抱く不安の程度に応じた関わりを実践することに加えて、眼前の内定の獲得といった短期的な結果だけではなく、自身の職業適性の把握やそれに即した就職先の検討等を踏まえた将来的な適応を維持しうる長期的な観点を備えた働きかけが、進路選択のどの段階にある個人においても有効となると考えられる。

2.1.2. ストレス

　大学生の就職活動がストレスフルなイベントであることは経験的にも学術的にもよく知られているところであり（松田 2014）、就職活動を継続する過程での強いストレスが個人の心身の健康に悪影響を及ぼしうることは繰り返し報告されている（北見他 2009; 船津 2004 など）。特に、複数回にわたる企業からの不採用経験が不可避であることで、活動長期化への不安の亢進や選考への過緊張に伴う不眠・無気力等の抑うつ状態（船津 2004）、自分の能力・人格が否定されたと受け取ってしまう挫折感（嶋 2000）等につながりうることも示されている。

　下村・木村（1997）は、大学生が就職活動で経験するストレスについて、疲れや時間的制約といった「物理・身体的ストレス」、企業の採用プロセスそのものに対する「企業関連ストレス」、自分の適性や興味など自分に関することが未知であることへの「適性・興味関連ストレス」の3つの要因から構成されているとした。また、北見他（2009）は、下村・木村（1997）の知見を踏まえつつ近年の状況に即した検討を行い、自分のやりたいことや適性がわからない「就労目標不確定」、不合格になることや内定が得られない「採用未決」、周囲の人を気にして自分と比較してしまう「他者比較」、日時が決められ自由な時間が取れない「時間的制約」の4つの要因から就職活動のストレスを理解しうるとしている。

　ここで北見他（2009）では、希望企業からの「内定あり群」と「内定なし

群」にわけた検討も行われており、個人の不採用経験の有無に関連すると考えられる「採用未決」および「他者比較」は、特に「内定なし群」において精神的健康を低めるが、一方で自分の適性や興味についての理解が乏しく目標が定まっていない「就労目標不確定」は、希望企業からの内定の有無を問わず精神的健康を低めることを明らかにした。西村・種市（2011）においても、個人が「就職観・就職活動観」を発見できて以降は、たとえ就職活動において選考の停滞や企業からの不採用体験があったとしても、感情の変動が抑えられ、心理的プロセスの安定につながることが示されている。以上のことを踏まえると、就職活動そのものや就職後に向けた適応の維持という観点からは、「採用が決まる、内定を得る」ことと同等かそれ以上に、「就労する目標、就職観・就職活動観を発見し、確定させる」ことが重要な要因となると考えられる。

2.1.3. 進路選択に対する自己効力

これまで、進路選択行動としての大学生の就職活動を支える肯定的資源として重要視されてきたのは、進路選択に対する自己効力（Taylor & Betz 1983）であった。これは「進路を選択・決定する過程で必要な行動に対する遂行可能感」を表すが、当該自己効力が強い者は進路選択活動を活発に行い努力もするためその行動は効果的なものとなる一方で、それが弱い者は進路選択行動を回避したり不十分な活動に終始してしまったりすることが指摘されている（浦上 1995）。また佐藤（2016）によれば、就職活動開始時点で特性的自己効力の水準が高いことが進路選択過程に対する自己効力の高さにも影響し、結果的に就職活動の取り組みそのものや志望の明確化の円滑さ、加えて決定進路に対する満足度の高さにつながり、特性的自己効力が高い状態で就職活動の終了を迎えることが可能になることを示している。したがって、可能な限り就職活動が本格化する前から個人の特性的自己効力や進路選択に対する自己効力を高めておくことが肝要であると考えられる。

自己効力を高める要素として、Bandura（2013）は、実際に行動達成が導かれるプロセスを自身が経験する「直接体験」、他者の成功体験を見本とす

る「代理経験」、他者から自身が成功に至ると思えるような説明を受ける「言語的説得」、生理的情動的体験をする「情緒的喚起」を挙げている。このことを踏まえると、就職活動の場面では、「直接体験」においては自分のこれまでの成功体験を振り返ったり実際に達成体験を経験したりすること、「代理経験」においては他者の成功事例をモデリングすること、「言語的説得」においては信頼のおける他者からの被承認体験を得ること、「情緒的喚起」においてはさまざまな体験を通して刺激を受け高揚感や充足感を得ること、こうした体験を、たとえばインターンシップ等の機会に応じて重ねることが肝要であろう。一方で、これまでみてきたように、就職活動そのものの新規性や不慣れさ（若松・下村 2012）、複数回にわたる不採用経験が不可避である（輕部他 2014; 宮川・谷口 2017）といった前提を踏まえれば、就職活動の過程で職業選択に対する自己効力が低まる方向で変動する可能性は高いと考えられる。そうなれば、就職活動の開始前だけでなく、その最中であっても随時自己効力を維持できるように支えていく必要があるだろう。

　就職活動の過程での自己効力の維持という観点では、先行知見から、「何のために」就職活動を行うかという自身の行動に対する意味づけや必要性に価値を置くこと（藤生 1991）や、課題達成するための方略に関する知識とそれを活用すること（伊藤 1996）等が有効であると考えられている。ではどのようにして、就職活動を「何のために行うか」や「どのような方略で行うか」という観点に基づいて、支援を行っていけばよいのだろうか。

3. 社会人生活の適応促進を視野に入れた大学生の職業選択行動の支援

　ここまでの議論を踏まえ、大学生の就職活動に対する支援には大きく分けて2つの方向性があることがうかがえる。1つは、就職活動の遂行や継続そのものを支援することであり、その過程で生じる不安やストレスへ対処し一方で自己効力を担保しながら個人の進路選択行動の維持を促進することである。もう1つは、以降の社会人生活への円滑な移行を支援することであり、内定獲得だけでなく自身の職業適性の理解や就労目標および就職観の明確化

をもって個人の職業選択が果たせることを促進することである。

ここで、大学生の就職活動と就職後の初期キャリアとの関係について、将来に対する積極的行動（アクション）と将来への準備（ビジョン）という2つの側面から検討している知見（下村他 2013）を紹介する。この研究によれば、就職活動においてアクションを高めることは内定獲得を促進する一方でそれのみだと早期離職にもつながりやすく、ビジョンを伴わない学生は事前に十分に職場を見極めることなく就職をしている可能性があることを指摘している。つまり、たとえ新卒一括採用スケジュール下で限られた期間での内定獲得が求められるなかでも、就職観・就職活動観（西村・種市 2011）に代表されるような「ビジョン」が明確にない就職活動に終始することは、その後の社会人生活への円滑な移行にとって妨害的に機能しうることがうかがえる。このことから、個人の長期的な適応の維持を視野に入れた場合には、アクションとビジョン双方を担保する方向性を備えた支援を展開できることが望ましいと考えられる。

そこで、大学生の就職活動においてアクションを高め職業選択行動そのものを促進しながら、就職活動の過程を通してビジョンを促進することについても念頭に置いた支援のあり方について以降で考えていく。

3.1. アクションを起こすための支援

これまで述べてきたように、大学生の就職活動は、その過程でさまざまな不安やストレスが生じるストレスフルなイベントである。こうした就職活動の渦中にある個人の進路選択行動そのものを支援する観点に立った知見として、これまでさまざまなストレス対処やソーシャルサポート資源について検討されてきた。

ストレス対処という観点では、まず、情報を収集する、計画を立てる、といった問題解決型のコーピング[3]を行うことで就職活動不安が活動量や満足感の低下に及ぼす悪影響を緩和すること（松田他 2010）が示されている。一方で、友人に話を聞いてもらう、気分転換を行う、といった補償的行動は、就職達成の順調さという点では負の効果をもつが継続的な求職行動そのもの

は促進すること（中島・無藤 2007）が示されており、補償的行動が果たす機能は必ずしも一義的でないと考えられる。

　ソーシャルサポートについては、友人からのソーシャルサポートが進路選択自己効力に正の影響を与え、職業的不安に負の影響を与えること（赤田・若槻 2011）、一方で、家族からの情報的サポートが就職活動に積極的に関与している者にとっては満足感を低める形で機能しうること（下村・木村 1997）などが示され、どういった対象からどういった類いのサポートを受けるかによってその後の心理的影響が異なる可能性が考えられる。さらに、こうしたインフォーマルなサポートに加えて、書籍やインターネットといった自助資源、大学教員や就職課といったフォーマル資源も利用されることが指摘されている（水野・佐藤 2015）。下村・堀（2004）は、大学生の就職活動における情報探索行動を情報源の観点から検討し、就職活動の初期段階では誰でも利用できる一般的な情報源が重視されやすいが、終盤ではより個別化された情報源が重視される可能性が高いことを指摘している。

　以上のことを踏まえると、個人の就職活動の過程、すなわちその進行の程度や時期的な要因によって、アクションを起こしていくうえで有効となる対処やサポートが異なりうることが想定される。したがって、個人の活動の状況を把握しながら、必要な対策を講じていく必要があると考えられる。

3.2. ビジョンを明確にするための支援

　個人が企業からの不採用経験等ストレスフルな就職活動を克服しながら継続する過程に着目した検討に、輕部他（2014）がある。その中では、個人が企業からの不採用経験後にどのような行動をとりながら就職活動を継続していくのかについて明らかにされ、就職活動の当初から行われやすい「一次的過程」と一定の就職活動体験を経て一次的過程に追加・並行される形で経験されるようになる「二次的過程」の2つの過程によって就職活動が継続されていくこと、一次的過程では当面の活動を維持および促進するための現在志向的行動が経験され、二次的過程では現実的な職業選択を検討する未来志向的行動が経験されることが示されている（図1）。一次的過程における経験の

蓄積を経て二次的過程まで十分に経験されることが就労目標の確定や就職観の発見に寄与し、以降の就職活動を行う際の個人の心理的安定や就職活動の結果として満足や納得した形での職業選択につながることが示されていることも踏まえると（輕部他 2014; 2015）、一次的過程における具体的なレベルでの活動継続体験から二次的過程における現実的将来の検討にまで寄与する支援のあり方が望ましいと考えられる。このことは、先に大学生の就職活動支援の観点として議論した、就職活動の「アクション」の支援（その過程で生じる不安やストレスへ対処し自己効力を担保しながら進路選択行動の維持を促進する）と「ビジョン」の支援（自身の職業適性の理解や就労目標および就職観の確定を行ったうえで職業選択を果たせることを促進する）という2つの方向性を備えた支援のあり方とも整合し、本就職活動維持過程モデルを参照しながら、個人が自身の活動状況をモニタリングし、一次的過程における一定のアクションに基づき二次的過程におけるビジョンの熟成が果たされることが望ましいと考えられる。

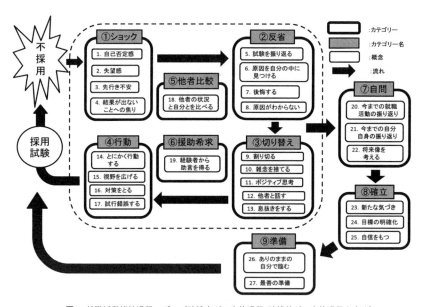

図1 就職活動維持過程モデル（破線内が一次的過程，破線外が二次的過程を表す）
一次的過程ではアクションの促進が，二次的過程ではビジョンの促進が志向されている

4. 就職活動維持過程に基づく支援のあり方

　以上の議論を踏まえて、改めて、これまで挙げてきた就職活動の進行に影響を与える不安やストレス、コーピング等の心理的要因を踏まえ、アクションとビジョン双方に与える促進または抑制的影響について整理し（図2）、以降で軽部他（2014）の就職活動維持過程における一次的過程と二次的過程のそれぞれに応じた具体的な支援のあり方を検討したい。

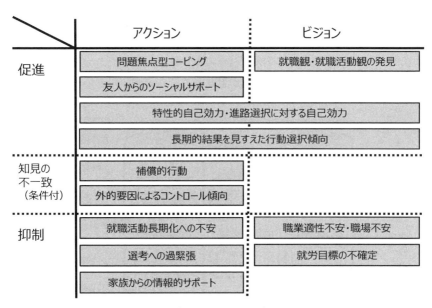

図2　大学生の職業選択行動（アクション／ビジョン）を促進・妨害する要因

4.1.「一次的過程」における支援

　一次的過程は、当面の活動を維持するための現在志向的行動が経験される過程であり、その後の二次的過程を発現するための素地を作る段階であると考えられる。そのため、まずは一次的過程における一定の活動の継続が求め

られる。就職活動がストレスフルな事象であることを想定すれば、種市（2011）が言うように、ストレスマネジメント[4]の観点に立った方法が有用となるだろう。Lazarus & Folkman（1984）の心理学的ストレス理論を援用すれば、ストレス反応の大きさは、ストレッサー[5]そのものよりもそれを経験した後の個人の認知的評価やコーピングの要因に依拠するとされている。したがって、これまでの議論を踏まえれば、先の就職活動維持過程モデルを参照しながら就職活動場面での自身のストレスフルな状況に対する認知や行動をモニタリングしたうえで、それらをターゲットとした認知行動的介入が機能しうると考えられる。たとえば、コーピングの状況適合性や柔軟性[6]という観点（Westman & Shirom 1995）からは、ストレッサーに対するコントロール可能性が高い場合には問題焦点型コーピングが、そうでない場合には情動焦点型コーピングが有効であるとされている。企業からの不採用経験という事象を例に挙げれば、個人が振り返っても「原因がわからない」ことが報告されている（輕部他 2014）ことから、こうした場合には中島・無藤（2007）がいう補償的行動が情動焦点型コーピングとして一定に機能しうることが想定される。一方で、エントリーシートや採用面接等に向けて一定に準備しうる対策を講じる段階では、書籍やインターネット等の自助資源ならびに大学の就職課といったフォーマル資源も利用しながら問題焦点型コーピングを講じていくことが有効となるだろう。また、上記のように、事象に対する認知行動的要因の個人差によってストレス反応が異なるという内容を含んだ心理教育を、就職活動の事前や事中に行うことも有用であると考えられる。

4.2.「二次的過程」における支援

　二次的過程は、現実的な職業選択を検討する未来志向的行動が経験される過程であり、以降の社会人生活の適応の可否を決定しうる、就労目標の確定や就職観の発見に寄与する重要な段階であると考えられる。その過程では、これまでの一次的過程での体験やそれ以前の自身の半生を振り返って現実検討を行うメタ認知[7]的な営みが行われる。輕部他（2018）によれば、将来目標等を踏まえた長期的な観点から考えることで不安を一定水準にコントロー

ルしながら進路選択行動に従事することが可能となるとされている。つまり、企業からの内定獲得等の短期的結果のみに焦点化せずに、安心して自己と向き合う作業を行えることが重要であると考えられる。そうした営みを通して、自身の職業適性についての理解を深めることができれば、ビジョンの明確化に寄与しうる、自己と職業を理解し統合する取り組み（浦上 1996）が進行していくと考えられる。

　ここで、長期的観点でみたときの就職活動の遂行という意味では、高次の目的目標としてのキャリア志向が、低次の標的目標プロセスとしての就職活動における認知や意思、行動を規定する要因として影響を与えることが示唆されている（中島・無藤 2007）。キャリア志向というのは、「なぜ就職するのか」という問いの答えに該当する就業動機にかかわる概念で、これまで心理的安定を支える要因として挙げた「就労目標」や「就職観」とほぼ同義であると考えられる。つまり、今後の人生という観点から自身が大切にしたい価値観を明確にすることでキャリア志向の基盤を作ることができれば、それに基づく就職活動にコミットしていくことが可能になるといえる。この点を支援するうえでヒントになると考えられるのが、アクセプタンス＆コミットメントセラピーや行動活性化療法等の行動強化の観点に立つ諸技法[8]の構成要素の1つである「価値の明確化」の考え方である。ここでいう「価値」とは、個人の中に常に存在し生活全般において自分はどうありたいのかという観点から言葉によって表現されるものであり、価値が明確化されることでその価値に基づいて強い動機づけのもとに行動に従事できるようになるとされている（土井他 2014）。つまり、これまでの体験から個人が得て発展させてきた行動レパートリーやそれに随伴する強化子[9]について可視化・言語化することで、今後の社会人生活における価値に基づいた生き方の思考や選択が補助されると考えられる。一例を挙げれば、これまでの自身の人生経験を振り返る中で、「自分や自分と関わる他者が幸せであると感じられる瞬間や場面を増やす」ことに価値を感じそのための行動が強化を得てきたことが言語化されたならば、「誰かに少しでも喜びを感じてもらえるものを作る企業に勤めたい」といったように就職活動におけるゴールを具体化し、ビジョンを

明確にすることができるだろう。また最終的に、自分にとって望ましい人生の方向性である「価値」に沿った職業選択が可能となれば、以降の社会人生活の適応にも良好な影響をもたらし続けるものと考えられる。

5. 本章に基づく提言

　本章では、大学生の職業選択行動を取り巻く環境的背景と個人において生じる心理的影響についての知見を整理しながら、社会人生活への円滑な移行という観点からどのような支援のあり方が効果的であるのかについて検討してきた。多数の大学生が経験する一般企業に対する就職活動を対象としたさまざまな研究知見から、彼らの就職活動を支援するうえでは、当面の活動を継続していくためのストレスマネジメントの観点に立った支援と、メタ認知を活用した一定の就職活動体験やそれまでの半生の振り返りと同時に、働く目的や生きる上で大切にしたい価値の明確化を促進する支援の双方が有効であると考えられた。

　大学生の就職活動は、新奇性が高く、それでいて複数回にわたる企業からの不採用経験が不可避な課題である。ストレスマネジメントの観点からは、たとえば不採用経験を内包する大学生の就職活動がどのような認知行動的プロセス下で継続されていくのかを明らかにした就職活動維持過程モデル（輕部他 2014）を参照しつつ、自身の就職活動の状況をモニタリングしながら適合するコーピングを選択していくことが有効であろうと考えられる。就職活動の継続過程について見通しを立てながら、現状に応じた適応戦略（適切な認知行動的コーピングの選択・サポート資源の利用など）に関する知識を活用していくことは、課題達成のための方略に関する知識と活用による自己効力の担保（伊藤 1996）という点で寄与する部分は大きいだろう。また、就労目標の明確化に向けたメタ認知の活用という観点においては、先の就職活動維持過程を参照しながら自身の活動状況を俯瞰し、これまでの経験を振り返ることで自己理解の深化とともに現実的な将来の検討を導いていくことが有効であろうと考えられる。その際に、自らが生きていくうえで大切にしたいこと

（人生上の価値）を明確にする作業も合わせて自身が行う進路選択行動の意味が定まる（藤生 1991）ことが、自己効力を高めるという側面もあるだろう。就職活動下ではさまざまな不安やストレスが生じるが、上記の観点を備えた支援を並行することで、個人の職業選択行動にとって有効な「自己効力」を担保しながら活動を維持していくことが可能になるのではないかと考える。

　はじめての職業選択という課題において、課題達成のための方略に関する知識や自身が行う進路選択行動の意味を最初から明確に有しておくことは困難である。しかしながら、内定を獲得すること自体が「目的」ではなくあくまでもそれ以降の社会人生活で適応的な人生を送るための「手段」であるという前提をもちつつ、就職活動そのものにうまく対処していくための知識や方略を活用するという観点から、それぞれのサポートが行われていくことが肝要であろう。「ローマは1日にして成らず」。はじめての社会人生活や就職を控え、それでいて高度情報化の流れもあってさまざまな情報に溢れ、社会としても急速に変化・発展を遂げている激動の時代に身を置く中で、就職活動の当初からビジョンとしての就労観を醸成することは難しい。しかしながら、一見遠回りに見えるかもしれないが、一定のアクションを起こして「社会人」になるための知見を蓄積しながら、それと同時にこれまでの自分の半生やストーリーを改めて振り返っていく中で、将来への道筋が就職活動の開始当初よりもクリアに描け、結果的に個人が納得した職業選択につながっていくのではないだろうか。このことを支援者側も肝に銘じ、一次的過程におけるアクションによって蓄積された経験のもとで二次的過程の発現とその過程でのビジョンの充実が果たされ、最終的に社会人生活への円滑な移行が実現するよう、職業選択を行う者のこれまでとこれからの人生に敬意を表しながら、目下の就職活動の継続を応援していける支援のあり方が望ましいと考えられる。

注
〔1〕　　ソーシャルサポートとは、家族や友人など、ある個人を取り巻くさまざまな人々か

ら与えられる有形・無形の支援のことである。ストレスフルな事象から生じる心理的負荷を緩和する資源として重要な要因の一つに挙げられている（Lazarus & Folkman 1984）。ソーシャルサポートには、共感や愛情の提供としての情緒的サポート、形のある物やサービスの提供としての道具的サポート、問題の解決に必要なアドバイスや情報の提供としての情報的サポート、肯定的な評価の提供としての評価的サポートなどの種類がある。

〔2〕 発達心理学の観点では、人間の発達を質的変化としてとらえるときに、そのステージごとにまとめて特徴づけられる分類として発達段階という考え方が提唱されている（例えば、エリクソンの心理社会的発達段階やピアジェの認知発達段階などが挙げられる）。発達課題とは、人間が健全で幸福な発達を遂げるうえで、各発達段階において直面し、達成することが望まれる課題のことである。大学生は青年期に該当するが、エリクソンの心理社会的発達段階によれば、青年期の発達課題は「アイデンティティ確立」にかかわる自己概念（自分とはどのような人間かという問いについての考え）の明確化やそれを踏まえた進路決定などが挙げられる（エリクソン 1973）。

〔3〕 コーピングとは、自らの資源に負担をかけたりそれを超越すると評価された特定の外的・内的要求に対して、何とか処理しようとする認知的・行動的努力のことである（Lazarus & Folkman 1984）。問題解決に直接関与する積極的な対処行動としての問題焦点型コーピング、ストレス場面によって生じた自らの情動反応に焦点を当てこれを低減するための積極的な対処行動としての情動焦点型コーピング、不快な出来事から逃避するあるいは否定的に解釈するなどの消極的な対処行動としての回避・逃避型コーピングなどの分類がある（松田他 2010）。

〔4〕 ストレスマネジメントとは、ストレスと上手に付き合う方法を考えて、対処していくことである。ストレスそのものを完全に除去することは難しいにしても、個人が一定のパフォーマンスを発揮するうえで適正なレベルとなるように管理していくことが目指される。

〔5〕 ストレッサーとは、ストレス（反応）を引き起こす原因のことである。騒音などの物理的ストレッサー、たばこやアルコールといった化学的ストレッサー、睡眠不足などの生理的ストレッサー、人間関係や多忙さといった心理・社会的ストレッサーなどが挙げられる。新卒一括採用制度下で行われる大学生の就職活動は、心理・社会的ストレッサーに該当すると考えられる。

〔6〕 コーピングが効果的に機能するためには、状況に適したコーピングが採用される状況適合性と、状況の変化に応じてコーピング方略を適切に変化させ状況適合性を確保するための柔軟性の要因が重要となる（三野・金光 2005）とされている。

〔7〕 メタ認知とは、自分の認知活動を客観的にとらえることであり、自分の認知（考え

〔8〕 アクセプタンス＆コミットメントセラピーや行動活性化療法では、共通して、クライエントが生活の中で何を大事にしたいかという価値を明確にする手続きをとる。これによって、Cl.の価値に沿った行動を特定することが可能になり、以降の生活でポジティブな体験（正の強化）がさらに得られやすくするための目標の設定が容易になると考えられている。

〔9〕 強化子とは、行動の頻度を高める環境の変化（刺激）のことである。本章で扱っている価値に沿った行動に従事することによって得られる強化子は、行動主体にとってポジティブな環境変化（報酬）をもたらすものであるため正の強化子となる。つまり、価値の明確化によって価値に沿った行動へのコミットメントと結果的に得られる報酬の知覚が高められることで、個人の適応そのものが促進されていくと考えられている。

参考文献

赤田太郎・若槻優美子（2011）「職業的不安に対する大学・短期大学のキャリア教育の現状と課題――ソーシャルサポートと自己効力が与える影響から」『龍谷起用』33：77–88

安達智子（2003）「就業動機測定尺度の開発」東清和・安達智子編『大学生の職業意識の発達』学文社：15–32

伊藤崇達（1996）「学業達成場面における自己効力感, 原因帰属, 学習方略の関係」『教育心理学研究』44（3）：340–349

浦上昌則（1995）「学生の進路選択に対する自己効力に関する研究」『名古屋大学教育学部紀要．教育心理学科』42：115–126

浦上昌則（1996）「就職活動を通しての自己成長――女子短大生の場合」『教育心理学研究』44：400–409

エリク, エリクソン（1973）『自我同一性――アイデンティティとライフサイクル』（小此木啓吾訳）誠信書房

加藤千恵子・柴田雄企（2005）「大学生の就職活動に与える自己効力感と就職不安の影響」『日本発達心理学会発表論文集』16：500

輕部雄輝・佐藤純・杉江征（2014）「大学生の就職活動維持過程モデルの検討――不採用経験に着目して」『筑波大学心理学研究』48：71–85

輕部雄輝・佐藤純・杉江征（2015）「大学生の就職活動維持過程尺度の作成」『教育心理学研究』63（4）：386–400

輕部雄輝・田中佑樹・川崎由貴・村田美樹・永作稔・嶋田洋徳（2018）「大学生の就職活動

の遂行に影響を与える不安の機能的側面に関する検討」『早稲田大学臨床心理学研究』18（1）：19–27

北見由奈・茂木俊彦・森和代（2009）「大学生の就職活動ストレスに関する研究――評価尺度の作成と精神的健康に及ぼす影響」『学校メンタルヘルス』12：43–50

木谷光宏（2005）「大学生の職業選択行動とライフスタイルに関する一考察――大学生の就職活動に関する実態調査を中心として」『政経論叢』73（3・4）：175–206

木村真人・水野治久（2004）「大学生の被援助志向性と心理的変数との関連について――学生相談・友達・家族に焦点をあてて――」『カウンセリング研究』37：260–269

厚生労働省（2024）『令和5年度大学等卒業者の就職状況調査（令和6年4月1日現在）』Retrieved December 15, 2024 from https://www.mhlw.go.jp/content/11805001/001255622.pdf

佐藤舞（2016）「大学生の就職活動および自己効力の縦断的研究」『教育心理学研究』64（1）：26–40

嶋信宏（2000）「大学生の就職活動期のストレスに対するアサーショントレーニングの意義」『日本教育心理学会総会発表論文集』42：568

下村英雄・堀洋道（2004）「大学生の就職活動における情報探索行動――情報源の影響に関する検討」『社会心理学研究』20：93–105

下村英雄・木村周（1997）「大学生の就職活動ストレスとソーシャルサポートの検討」『進路指導研究』18：9–16

下村英雄・八幡成美・梅崎修・田澤実（2013）「キャリア意識の測定テスト（CAVT）の開発」『大学生の学びとキャリア――入学前から卒業までの継続調査の分析』法政大学出版局：17–40

種市康太郎（2011）「女子大学生の就職活動におけるソーシャルスキル，内定取得，心理的ストレスとの関連について」『桜美林論考. 心理・教育学研究』2：59–72

ディスコキャリタスリサーチ株式会社（2023）『10月1日時点の就職活動調査――キャリタス就活2024学生モニター調査結果（2023年10月発行）』Retrieved April 1, 2024 from https://www.disc.co.jp/wp/wp-content/uploads/2023/10/202310_gakuseichosa2024_kakuho.pdf

土井理美・横光健吾・坂野雄二（2014）「Personal Values Questionnaire IIの内的整合性と妥当性の検証」『行動療法研究』40（1）：45–55

ドナルド，スーパー（1960）『職業生活の心理学――職業経歴と職業的発達』（日本職業指導学会訳）誠信書房

中川洋子・原口恭彦（2011）「大学におけるキャリア支援に関する研究――職業未決定に認知的変数が及ぼす影響に着目して」『広島大学マネジメント研究』11：11–20

永作稔・新井邦二郎（2005）「自律的高校進学動機と学校適応・不適応に関する短期縦断的

検討」『教育心理学研究』53（4）：516-528
中島由佳（2014）「就職不安が入職後の適応に与える影響——短大卒生と四大卒生との比較を交えて」『大手前大学論集』14（7）：203-216
中島由佳・無藤隆（2007）「女子学生における目標達成プロセスとしての就職活動——コントロール方略を媒介としたキャリア志向と就職達成の関係」『教育心理学研究』55：403-413
西村圭子・種市康太郎（2011）「大学生の進路決定における心理的プロセスに関する記述的研究（1）」『桜美林大学心理学研究——健康心理学専攻・臨床心理学専攻』1：46-60
西山薫（2003）「就職不安とプロアクティブパーソナリティ特性および自己効力に関する研究」『人間福祉研究』6：137-148
バーバラ, ニューマン＆フィリップ, ニューマン（1988）『新版生涯発達心理学　エリクソンによる人間の一生とその可能性』（福富護訳）川島書店
藤井義久（1999）「女子学生における就職不安に関する研究」『心理学研究』70：417-420
藤生英行（1991）「挙手と自己効力, 結果予期, 結果価値との関連性についての検討」『教育心理学研究』39（1）：92-101
船津静代（2004）「事例紹介：大学内における就職相談の役割——名古屋大学での就職相談の実践を通じて」『大学と学生／日本学生支援機構編』6：14-25
松田侑子（2013）「大学生の就職活動不安と性格特性5因子モデルの関連——就職活動の準備における違い」『キャリアデザイン研究』9：145-153
松田侑子（2014）「4ヶ月間の就職活動による類型化と関連要因の縦断的検討——就職活動不安, Big Five, ストレスコーピングの観点から」『キャリア教育研究』33（1）：11-20
松田侑子・新井邦二郎・佐藤純（2010）「就職不安に関する研究の動向」『筑波大学心理学研究』40：43-50
松田侑子・永作稔・新井邦二郎（2010）「大学生の就職活動不安が就職活動に及ぼす影響——コーピングに注目して」『心理学研究』80：512-519
水野雅之・佐藤純（2014）「サポート資源の認知および活用と就職活動の関連——就職活動不安および活動量, 就職活動中の精神的健康に注目して」『キャリアデザイン研究』10：61-73
三野節子・金光義弘（2005）「状況適切性の視点から見た事務系就労者のコーピング柔軟性——ストレス状況の変化に対する認知的評価とコーピング変動性との関連」『健康心理学研究』18（2）：34-44
宮川裕基・谷口淳一（2018）「セルフコンパッションが就職活動における不採用への対処に及ぼす影響の検討」『社会心理学研究』33（3）：103-114
山本多喜司・シーモア, ワップナー（1992）『人生移行の発達心理学』北大路書房
若松養亮・下村英雄（2012）『詳解大学生のキャリアガイダンス論——キャリア心理学に基

づく理論と実践』金子書房

Bandura, A. (2013). Self-Efficacy: The Foundation of Agency1. In Control of human behavior, mental processes, and consciousness. *Psychology Press.* : 16–30.

Blustein, D., Phillips, S. (1988) Individual and contextual factors in career exploration. *Journal of Vocational Behavior* 33: 203–216.

Gati, I. (1986). Making career decisions: A sewuential elimination approach. *Journal of Counseling Psychology* 33: 408–417.

Lazarus, R., & Folkman, S. (1984) Stress, appraisal, and coping. *Springer publishing company.*

Taylor, K., & Betz, N. (1983) Applications of self-efficacy theory to the understanding and treatment of career indecision. *Journal of Vocational Behavior* 22: 63–81.

Westman, M., & Shirom, A. (1995) Dimensions of coping behavior: A proposed conceptual framework. *Anxiety, Stress, and Coping* 8(2): 87–100.

第2部
情報・言語

第7章
スマートツーリズムでの偶然の出会い
――ICTによる観光者の自由の制限と創出からの考察

澁谷和樹

1. 偶然を楽しむ

「腹が減った・・・。」とモノローグが流れ、飲食店を探す。これはテレビドラマ『孤独のグルメ』の定番の流れである。テレビドラマ『孤独のグルメ』は久住昌之が原作者となり、谷口ジローが作画を担当する同名の漫画を原作とするものであり、井之頭五郎役の松重豊の食事シーンが視聴者を魅了し、今や海外でも人気を博すコンテンツとなった。

このドラマでは食事シーン以外にも、店探しが重要な要素となっている。原作者の久住は雑誌『LEON』のインタビューにて「みんなが騒いでいるお店やテレビに出ていたお店に行くだけじゃなくて、いいお店はどこにでもあるから探してほしいという気持ちはあります。」[1] と述べており、グルメサイトで調べ、評価の良い店に行くという現在当たり前となった行動とは異なる店探しを提案している。漫画版、ドラマ版ともに、井之頭五郎は訪れた街をうろうろ歩いたり、車を運転したり、商談先の人に聞いたりして店を探す。また、時代設定を現在にしているドラマ版では、井之頭五郎はいわゆるガラ

ケーを使用しており、グルメサイト等での口コミを参考にした店選びが困難な状況にある。また、2021年12月31日放送のエピソードで登場し、その後も運転する自動車にはカーナビが装着されていない。そして、このような事前情報を頼りにしない店探しをすることで、思わぬ名店や美味しい食事に巡り合うのである。

一方で、このような行動は訪れようとした銀座の洋食屋が閉店していたり[2]、松阪市で松阪牛を食べようと焼き肉屋に入店したのに、そこが鳥焼肉専門店だったり[3]、時に失敗ともとれるような状況にも遭遇する。ただし、後者では鳥焼肉の美味しさを知るというように、失敗の先に別の良い出来事が待っており、思い通りにいかないこともまた物語の魅力となる。

事前に調べない、いわば行き当たりばったりの行動は、他のテレビ番組においても度々登場する。訪日外国人旅行者や日本に住む外国人に密着する『YOUは何しに日本へ？』では、目隠し状態でガイドブックに指をさし、その場所を訪れるという「ノープラン指さし旅」に密着し、そこでの人々との出会いを放送した。同番組では、ほかにも徒歩や自転車での旅や、ヒッチハイクなど、計画の練られていない人々にしばしば密着し、その道中でのハプニングや人々との出会いを映し出していく。

このような旅は現代の旅行者がしばしばとるスマートフォンなどを活用した観光、いわゆるスマートツーリズムとは一線を画す。スマートツーリズムは、ビッグデータをはじめとするデータの収集・分析、機械学習・AIの活用による情報のリアルタイム化・個別化という特徴を有するものであり（澁谷2022）、個人最適化された情報の提供による観光体験の向上を目指すものである。例えばGoogleマップでのナビゲーションは各個人の現在地と目的地に合わせたルートの個別化サービスであり、Booking.comをはじめとする予約サイトでのレコメンド機能も情報の個別化である。ほかには、オーバーツーリズムやコロナ禍で進展した混雑情報の予測や通知は情報の個別化とリアルタイム化にあたる（澁谷2022）。

これらのサービスは観光者に対して自らの好みに合わせた情報取得を容易にし、観光の質の向上が期待できる。一方で、ICTの活用は個々人の自由や

偶然の出会いを制限するものとして懸念されてきたものでもある[4]。澁谷（2022）はアーキテクチャとナッジの議論を参照し、スマートツーリズムを支えるサービスが自由の制限と創出という二面性を有することを主張し、そのうえでスマートツーリズムにおける偶然の出会いについて検討する必要性を指摘する。本章ではこの議論を引き継ぐ形で、スマートツーリズムにおける偶然に焦点をあて、その特徴を検討する。なお、本章では5節で野内（2008）による偶然の定義に触れるが、特に断りのない限り偶然を「何の因果関係もなく、予期しない出来事が起こるさま」（『広辞苑』）という一般的な意味で使用する。

次節では、議論の前提として、ICTが人間の行動を規制する側面があることを整理する。そして、3節では観光とメディアの関係から、観光者がメディアに影響を受けてきたことを、4節ではナッジとセレンディピティの議論を踏まえ、旅の価値とされる偶然もまたコントロールの対象となっていることを指摘する。最後に5節では本章の議論を踏まえ、観光者が偶然を認識するプロセスに焦点を当てることの重要性を提起する。

2. ICTによる規制の力

現代において観光は多様な広がりを見せ、その定義づけが困難になっているが、その特徴のひとつに「なんらかの形で移動がかかわっている」（高岡2019: 8）ことが挙げられる。そして、「移動」は「システム」の上に成り立っている（アーリ 2015）。アーリ（2015）は20世紀のシステムとして、自動車システム、国内電話システム、空軍、高速鉄道、近代的な都市システム、格安飛行機旅行、携帯電話、ネットワーク・コンピューティングなどを挙げ、21世紀に移行する中で移動システムがコンピューターとソフトウェアに深く依拠するようになっているという。このことからICTが移動を支えるシステムの一つとして存在感を増していることが分かる。

前節で簡単に述べたようにスマートツーリズムでは、まさに観光者は数々のICTに支えられて観光を行っている。例えば、行先や宿泊施設を選ぶ場合、

GoogleやYahoo!などの検索サービスを利用するほか、InstagramやTikTokのようなUGC（User Generated Content）から訪問者の評価情報を入手することで、興味のある目的地を選択することが可能となる。ほかにも、飲食店は食べログやGoogleマップの口コミ評価をもとに選択し、行先までのルートは紙の地図ではなく、Googleマップのナビゲーション機能で探す。

　上記のように、観光者は移動を支えるICTによって、かつてのガイドブックやテレビの時代と比較してより容易に、自らの好みに合わせ、失敗しない旅を行うことが可能になった。一方で、それらをデジタルメディアとしてとらえた場合、レッシグ（2001）による指摘以降、ICTが人々を規制する装置としてみなされるようになった。その一つがフィルタリングであり、GoogleのPageRankのアルゴリズムを代表例として、人々が閲覧するものを制限する機能を果たす。同様の考えにフィルター・バブルがあり、パリサー（2016）は、インターネット上のフィルタリングにより個別化される検索結果が、その人が好むと予測された情報を目に入りやすくする一方で、好まないと予測された情報を目に入りにくくする状況をつくり出すと警鐘を鳴らす。そして、そのような状況下に置かれた人は、例えばYouTubeで過去の閲覧履歴にもとづくおすすめ動画のみを見ることになり、興味関心から外れた新たな趣向の動画を閲覧する機会が奪われ、視野狭窄に陥る恐れがあるように（成原 2020）、自らの関心事以外との接触の機会とともに、個人の能動的な選択の機会をも失っていく。

　同様に、さまざまな企業のインターネットショッピングサイトで用いられるおすすめ商品の表示は、過去の商品購買・閲覧履歴をもとに、消費者の興味関心を推測し、それらが目に入りやすい状況を作り出すものである。山本（2017）はCalo（2014）による「媒介される消費者（mediated consumer）[5]」という概念を用い、プロファイリングにより消費者個人の好みを導き出し、それに合わせて商品のレイアウトが変えられるようになると、消費者は自ら商品の購入を決めたのではなく、ビッグデータ解析に基づき個別化された情報によって商品の購入を決めさせられた状況に陥ると、その危険性を提起する。

　近年では、宿泊予約サイトやOTAでも同様の仕組みが取り入れられるよ

うになっている。したがって、観光地や宿泊施設選びの際に、観光者は個人の嗜好に沿ったものが目に入りやすい環境の中で、システムに誘導されているのかもしれない。まさにスマートツーリズムは、「ビッグ・ブラザーが先にそこに着いており、わたしたちがどこに行くのか、誰と行くのか、どこに居たのか、次にどこに行こうとしているのかを（システムが暴走していなければ）知っている」（アーリ 2015: 29）状況の下で実現し、システムに依存する限り私たちの行動はその範囲内に収まり続けてしまう恐れがある。すなわち、システムの予期しない出来事に遭遇する機会を失ってしまう状況と隣り合わせなのである。

3. 観光におけるメディアと自由

　前節で述べたように、ICTは人々の行動を支えながらも、アーキテクチャとして作用することから、選択の自由を狭めてしまう恐れがある。では、人々はそれによる不自由から逃れられないのだろうか。ビッグデータが大きな力をもつ世界では予測不能な物事が必要とされる（マイヤー＝ショーンベルガー＆クキエ 2013）。そして、観光が予測不能な出来事との出会いの場として、しばしば取り上げられる。例えば、東（2016）は旅に出て偶然に身をゆだね、そこで新たな検索ワードを探すことで、統計的に最適化された世界から脱却することを推奨する。

　また、山田（2021）は、古来人々は偶然に身をさらして生きてきたことで、生のリアリティを感じてきたのに対して、（前節最後に引用したアーリのいうような）デジタル・オーウェル的未来社会では巨大なシステムが先回りして擬似的な「出会いの幸運」を演出してくれるため、偶然の出会いの自由はあらかじめ失われていると指摘する。そのような社会にあって、システムの予想を裏切る行為が観光であり、観光により人々を「システム管理の呪縛から解き放ち、他者との出会いを通じてかろうじて偶有性に触れるチャンスを与えてくれるのではないだろうか。」（同書: 20）とその重要性を主張する。

　ほかには、観光では事前に計画を立てたとしても、思いがけない出来事に

出会うことになり、観光者はそれへの即興的な対応が求められる。そして、その結果として、「自らのあらたな可能性と限界を知ることで「真正な」経験を得ることができる」（佐古 2023: 298）のである。つまり、システムが人々の行動を予測にもとづき導いたとしても、予測外の出来事が発生しうるのが観光であり、そこに観光本来の価値があると考え得る。

　これらは観光には予想外の出来事、言い換えると偶然の出会いに満ち溢れており、ビッグデータやAIによるプロファイリングによって予測され、個人最適化された世界から逃れることにつながるという議論として位置づけられる。しかし、観光とメディアの議論では、観光者がテレビやガイドブックなどに導かれていることがたびたび指摘されてきた。例えば、バックパッカーはバックパッキングのマニュアル本が販売されるようになることで、その特徴である常道から外れるという行為、すなわち冒険が商品化されてきた（大野 2007）。ほかには、『地球の歩き方』が一般旅行者に普及する中で、観光者が掲載ホテルやレストランばかりを訪れるようになったことから、『地球の歩き方』が過保護なガイドブックであると批判を受けるようになったことを、山口・山口（2009）は関係者のインタビューから明らかにする。その背景には、「旅の失敗が土産話として語られる時代から、絶対に失敗してはいけない時代」（同書: 233）になったことで、ガイドブックでの間違いが苦情につながることや、その間違いにより再購買されない状況になったことがあったという。

　高岡（2014）は「メディアの役割や効果に注目して観光を研究するアプローチ」を「メディア観光論」として位置づけ、それが「観光地はマスメディアがもたらす地域イメージに満たされており、観光とはそのようなイメージを記号的に消費する行為に他ならない。観光経験とはメディア経験であり、われわれがその外部に出ることは不可能である」（同論文: 32-33）という特定の切り口となる傾向があると論じる。これは先述した大野（2007）や山口・山口（2009）において言及された観光行動の状況にも合致するものであり、前節で整理したアーキテクチャ批判も、ビッグデータやAIを活用したメディアの力を重視したものとして、メディア観光論と共通する。し

がって、アーキテクチャ批判は観光研究のメディア観光論の延長線上に位置づけられる。そして、スマートツーリズムにおいては、「観光者が体験する世界は過去の履歴から予測された世界に満たされており、スマートツーリズムはそのような予測に従って消費する行為に他ならない。観光経験とはICTにより予測された経験であり、われわれがその外部に出ることは不可能である。」という語り口が成り立つのかもしれない。

4. ナッジとセレンディピティ

　前節で述べたように観光は予測の外部にある偶然の出会いに満ち溢れている一方で、観光者はかつてからメディアによる誘導から逃れられなかったともいえる。では、スマートツーリズムにおいて偶然は、システムとの関係の中でどのようにあらわれるのであろうか。本節ではその点について、「ナッジ」の考えを手掛かりに検討する。

　ナッジとは「選択を禁じることも、経済的なインセンティブを大きく変えることもなく、人びとの行動を予測可能な形で変える選択アーキテクチャーのあらゆる要素」(セイラー&サンスティーン 2009: 17) を意味するものであり、物理的、デジタル上関係なくアーキテクチャを利用して人々の行動変容を狙うものである。ただし、2節で述べたアーキテクチャに対する批判的視点とは一線を画し、アーキテクチャによる個人の行動変容を通じた社会的利益の獲得と個人の選択の自由の拡大に注目する。社会的利益の獲得の具体例を挙げると、印刷機の基本設定を両面印刷にすることで資源の削減を図ることや、カフェテリアで人々の手に取りやすい位置に健康に良い料理を配置することで、人びとの健康増進を図ることがある[6]。また、人々はアーキテクチャにより行動を強制されるのではなく、いつでもそれを拒否することが可能である点も特徴である。カフェテリアの例では、利用者は健康に良い料理を無視して健康に良くない料理を選択することが可能である。そのような状況でナッジを仕掛けることで、利用者はそれがなければ食べなかったであろう料理を食べて健康になるという新たな選択が可能となるのである。この点にお

いて、ナッジは個人の選択肢の拡大につながると考えられる。

　サンスティーン（2017）はナッジを「制御アーキテクチャ」と「セレンディピティアーキテクチャ」に整理する。制御アーキテクチャは人々をコントロールするようなものであり、過去の履歴をもとに消費者の興味関心を予測しておすすめ商品を提示するようなものが当てはまる。2節でのアーキテクチャ批判はこの制御アーキテクチャに対するものとして理解できる。一方のセレンディピティアーキテクチャは偶然の出会いを生み出すものである。すなわち、観光においてはその価値とされる偶然の経験をシステムにより提供しようとする性格のものであるといえよう。

　セレンディピティアーキテクチャの設計は情報推薦システムの研究で議論がなされている。奥（2013）は推薦精度の高い推薦システムが必ずしも利用者を満足させるものではないという問題意識のもと、推薦精度以外の評価指標として新規性、意外性、セレンディピティを挙げる。新規性のある推薦は「ユーザがこれまでに未知であったアイテムを推薦すること」（同論文: 3)[7]、意外性のある推薦はユーザープロファイルや過去の利用者の行動履歴情報に基づいて推薦する方法では予測が困難なアイテムの推薦である。セレンディピティは「推薦アイテムがユーザにとってどれだけ魅力的かつポジティブな驚きがあるものかを測る尺度」（同論文: 4）であり、利用者の主体性に主眼を置いた指標である。上記の整理をもとに奥（2013: 6）は「セレンディピティなアイテム」を①未知で自力では発見できなかったであろうが、提示されて初めて興味を持ったアイテム、②提示されるまでは興味がなかった（と思い込んでいた）が、提示されて初めて興味をもったアイテム、③提示されることにより、自分自身の興味を広げるきっかけとなったアイテムと定義し、それらを推薦するシステムを提案している。

　観光ナビゲーション研究においては、「不便益」という視点からセレンディピティアーキテクチャの設計がなされている。不便益とはその名の通り不便から得られる効用であり、システムに不便さを残す／取り入れることによって、便利な状態では得られない経験を生み出そうとする考え方である（川上 2011）。不便益を取り入れた観光ナビゲーションの例としては、スマー

トフォン上に最終目的地と途中の限られたランドマークのみを表示する仲谷 (2012) の研究がある。この事例では利用者は現在地が分からない場合に移動が相当困難になるものの、ランドマークを探す途中で偶然見つけた店や寺社に立ち寄る行為が認められている。仲谷 (2012) と同様に、詳細な経路情報を提供しない事例として木下ほか (2014) がある。この研究では、特徴的な雰囲気の街並みや、多くの旅行者が写真撮影を行っているエリアといったあいまいな情報を提供することが、旅行者の意識や興味を周辺環境に引き付ける効果をもつことを報告している。ほかにも、観光スポットの情報の詳細度や情報を提供するタイミングの観点から、観光者の行動がシステムに提示された対象に限定されず、かつ観光者への労力が増えすぎない「ちょうどいい不便」を探った泉 (2021) もある。

　なぜこのようなあえて不便な観光ナビゲーションを開発するのであろうか。その一つに、ルートを明示するナビゲーションによって観光本来の経験が失われるという意識がある。仲谷 (2012) は観光ナビゲーションがルートを明示することへの違和感を表明し、まち歩きにおいてカーナビゲーションシステムの発想をそのまま持ち込むことが必ずしも適切ではないと主張する。また、泉 (2021) は情報検索や情報推薦に関する技術の進歩により、観光者が十分に観光計画を練られるようになったことで、「観光地の現地での新たな気づきや出会いの機会を失っている」(同論文: 867) と指摘する。特に観光ナビゲーションという性質上、観光中の移動経験に重点を置いており、旅行者の主体的な探索や経路選択の機会を失わないようにするとともに、街の探索を促すことで、店などの偶然の発見につなげようとする (木下ほか2014)。

　佐古 (2021) はインゴルド (2014) による「輸送」と「徒歩旅行」の概念を踏まえ、「輸送」は目的地指向の移動であり、「徒歩旅行」は絶えず動いている状況であると整理する。つまり、「輸送」は典型的なパッケージツアーのようにバスで目的地から目的地へと受動的に移動するようなものであり、「徒歩旅行」はまち歩きのように移動しながらその道中の環境との交渉が行われるものである。そして、前述したように「徒歩旅行」で事前の計画では予期しない出来事に出会い、それに即興で対応することで真正な経験が得ら

れるという。

　本節で紹介する不便益を活用した観光ナビゲーション研究も、この整理に従うと「徒歩旅行」を本来の旅の価値として位置づけているといえる。そして、従来の観光ナビゲーションでは「輸送」が前提の設計ばかりになってしまっているため、偶然の出来事に遭遇する「徒歩旅行」に焦点を当てたセレンディピティアーキテクチャを設計することで、旅本来の価値の復活を目論んでいると考えられよう。そうなると、観光におけるアーキテクチャの力はOTAでのツアー選び、オンライン宿泊予約サイトでの宿泊施設選びにとどまらず、まち歩きのような徒歩旅行にあたる移動中の経験にも及ぶようになっていると考えられる。つまり、システムの管理外に逃れるために重要といわれる偶然の出来事もまた、システムに管理されたものとなり得る。まさに、「今日の情報社会では、思いがけない出会いすらも、自然の偶然の産物ではなく、アーキテクチャの設計者により意図されたものであり、それゆえ、設計者により恣意的に操作されるおそれがある点には留意する必要があるだろう。」(成原 2020: 82) という状況が、スマートツーリズムにおいても発生している、もしくは発生する可能性があるのである。

5. 偶然に出会うプロセスの重要性

　これまでICTがアーキテクチャとして作用し、人びとの偶然の出会いを制限することに加え、システムの外に逃れる方法とされる観光においても、あらゆるところにアーキテクチャの力が入り込むようになり、環境との交渉により生まれる偶然もまたアーキテクチャの管理下に置かれつつあることを確認してきた。そのような認識に立つならば、私たちが観光中に出会う偶然と感じる状況は、アーキテクチャが何かしら介在したものとなり、それにより御膳立てされた「演出された偶然」という様相を呈するようになる。すなわち、観光者がアーキテクチャの外、言い換えるとシステムの予測外で出会う偶然と、システムによって出会うそれとの境界は融解している。したがって、ICTによってもたらされた（と思われる）偶然を批判的にばかりとらえるのは

不適当であろう。代わりに、あらゆる場面にアーキテクチャの力が入り込むことを前提に、観光者がICTを利用しながら、いかに偶然を認識するのか、そのプロセスに注目することが重要である。

前節で確認した奥（2013）による「セレンディピティのアイテム」の定義で「興味をもつこと」が強調されていることからも、偶然にはそれを感じる人の主観が大いに入り込む。日本と西洋における偶然に対する考えをまとめた野内（2008）は偶然性を「独立した系列に属する外的事象と内的事象の有意味的な共起性」（同書：234）と定義する。人は関連のない二つの事象に対して、その人の願望や関心がかかわりながら主観的な意味付けを行うことで、両者の間に偶然を見出す。一方で、その願望や関心外の出来事については、意味付けがなされずに「出会っているのに見過ごされたり意識されなかったりした偶然」（同書：244）となる。本章冒頭で取り上げた『孤独のグルメ』での井之頭五郎の行動で考えると、彼は空腹という状況に対して、それを満たしたいという自身の願望と関連した飲食店との出会いに意味を見出し、一期一会の体験として位置づける。その一方で、空腹時は飲食店以外の店や人々の会話は、食事と関係しない限り、認識の外に置かれ無視されていく。

このような関連づけを奥（2013）は「察知」と呼び、セレンディピティ志向情報推薦においては、ユーザーが偶然の中から価値あるアイテムを察知できるような仕組みをシステムに取り込むことが重要であるという。すなわち、スマートツーリズムにおける偶然は人の察知能力とICTというアーキテクチャとの相互作用により生じているのであり、観光者がICTにただ従っているとみなすのではなく、いかに察知し、偶然と感じるのかという能動的な視点が欠かせない。ただし、ICTとの関係に焦点を強く当てると、第3節で触れたメディア観光論特有の切り口に陥ってしまう。観光地には地理的環境や移動手段など、観光者の行動にかかわる要素が多様にある。ICTのみならず、観光を形成する複数の要素に着目し、それらと観光者、ICTとの連関を意識しながら、観光者が偶然と感じるプロセスを検討することももちろん重要である。

近年、社会がSociety 5.0に向かって動いているなかで、観光DX[(8)]の取り

組みのようにICTを利用した観光者に対する情報提供や誘導技術が発達している。それにより、観光者は今後より一層、アーキテクチャの管理下に置かれるようになり、観光者の行動や体験の質も大きくその影響を受けるようになることが予想される。確かに、井之頭五郎のような旅は察知能力が高まるためか、偶然による楽しさを観光者に与えてくれる。それゆえに、スマートフォンに頼らない旅を勧める人がいることは理解できる。しかし、そのような旅は意図的にスマートフォンやカーナビゲーションシステムを排除しないと実施が困難であり、現代社会では多くの観光者が行うようにはならないだろう。だからこそ、アーキテクチャが観光者に対して偶然の出会いを失わせるという批判的な観点のみならず、偶然の出会いという価値をももたらすという視点が欠かせない。そのような視点に立ちながら、観光者が偶然を感じるプロセスをとらえていくことで、スマートツーリズム特有の偶然のあり方や旅の価値が明らかになると考える。

注

〔1〕 https://www.leon.jp/gourmet/168801（2024年8月17日アクセス）
〔2〕 久住・谷口（2020）「第14話　東京都中央区銀座のハヤシライス（の消滅）とビーフステーキ」より。
〔3〕 『孤独のグルメ 2021 大晦日スペシャル～激走！絶景絶品・年忘れロードムービー～』より。
〔4〕 例えば山田（2021）など。
〔5〕 「他の誰かによってデザインされた技術を媒介に市場と相対する消費者」（訳は山本2017を参照）のことである。
〔6〕 ナッジによる自由の創出についての議論は成原（2020）や澁谷（2022）を参照されたい。
〔7〕 新規性、意外性、セレンディピティの説明は奥（2013）を参照している。
〔8〕 観光庁は観光DXを「業務のデジタル化により効率化を図るだけではなく、デジタル化によって収集されるデータの分析・利活用により、ビジネス戦略の再検討や、新たなビジネスモデルの創出といった変革を行うもの」と定義している。（https://www.mlit.go.jp/kankocho/seisaku_seido/kihonkeikaku/jizoku_kankochi/kanko-dx.

html，2024年9月18日アクセス）

参考文献

東浩紀（2016）『弱いつながり——検索ワードを探す旅』幻冬舎

アーリ、ジョン（2015）『モビリティーズ——移動の社会学』（吉原直樹・伊藤嘉高訳）作品社

泉朋子（2021）「観光工学——本来の旅のあり方と旅の支援」『計測と制御』60（12）: 867-870

インゴルド、ティム（2014）『ラインズ——線の文化史』（工藤晋訳）左右社

大野哲也（2007）「商品化される「冒険」——アジアにおける日本人バックパッカーの「自分探し」の旅という経験」『社会学評論』58（3）: 268-285

奥健太（2013）「セレンディピティ指向情報推薦の研究動向」『知能と情報』25（1）: 2-10

川上浩司（2011）『不便から生まれるデザイン——工学に活かす常識を超えた発想』化学同人

木下雄一朗・中間匠・塚中諭・小出渉太・郷健太郎（2014）「街歩き支援システムにおける「あいまいさ」の効果」『日本知能情報ファジィ学会 ファジィ システム シンポジウム講演論文集』30: 327-377

久住昌之・谷口ジロー（2020）『文庫版 孤独のグルメ1』扶桑社文庫

佐古仁志（2023）「旅のマテリアリティと真正な経験に関する記号論的考察——旅の偶然性がもたらす経験について」『東京交通短期大学研究紀要』（28）: 286-300

サンスティーン、キャス（2017）『選択しないという選択——ビッグデータで変わる「自由」のかたち』（伊達尚美訳）勁草書房

澁谷和樹（2022）「スマートツーリズムにおける観光者の選択に関する考察」『立教大学観光学部紀要』（24）: 60-72

セイラー、リチャード＆サンスティーン、キャス（2009）『実践 行動経済学——健康、富、幸福への聡明な選択』（遠藤真美訳）日経BP社

高岡文章（2014）「観光とメディアとルート——ルート観光論へ向けて」『観光学評論』2（1）: 29-41

高岡文章（2019）「観光をめぐる自由と不自由——ルート観光論からのアプローチ」『西日本社会学会年報』（17）: 7-19

仲谷善雄（2012）「不便が楽しい——観光の新たな支援枠組み」『計測と制御』51（8）: 732-737

成原慧（2020）「それでもアーキテクチャは自由への脅威なのか？」那須耕介・橋本努編

『ナッジ——自由でおせっかいなリバタリアン・パターナリズム』勁草書房：75-99
野内良三（2008）『偶然を生きる思想——「日本の情」と「西洋の理」』NHK出版
パリサー、イーライ（2016）『フィルター・バブル——インターネットが隠していること』（井口耕二訳）早川書房
マイヤー゠ショーンベルガー、ビクター＆クキエ、ケネス（2013）『ビッグデータの正体——情報の産業革命が世界のすべてを変える』（斎藤栄一郎訳）講談社
山口さやか・山口誠（2009）『「地球の歩き方」の歩き方』新潮社
山田義裕（2021）「偶有性の触媒としての観光——拡張現実時代の「共在」に関する一考察」山田義裕・岡本亮輔編『いま私たちをつなぐもの——拡張現実時代の観光とメディア』弘文堂：2-21
山本龍彦（2017）『おそろしいビッグデータ——超類型化AI社会のリスク』朝日新聞出版
レッシグ、ローレンス（2001）『Code——インターネットの合法・違法・プライバシー』（山形浩生・柏木亮二訳）翔泳社
Calo, R. (2014) Digital Market Manipulation. *The George Washington Law Review* 82: 995-1051

第8章
「推し活」の光と闇
―― 「推し活」に関する記事の内容分析

市村美帆

　「推し」や「推し活」という言葉をよく耳にするのではないだろうか。2021年、第164回（2020年度下半期）芥川賞に、宇佐美りんの『推し、燃ゆ』が受賞し、同年の「ユーキャン新語・流行語大賞」に、「推し活」がノミネートされ、「推し」や「推し活」という言葉が急速に広まった。関連して、「推し」や「推し活」について、さまざまなメディアでとりあげられるようになり、社会学や心理学を中心とした学術的な研究も行われるようになった。
　本章では、「推し活」とは何かを探るため、「推し活」に関する雑誌記事の内容分析を行う。具体的には、「推し」や「推し活」の定義、「推し活」のさまざまな活動内容について分析する。その後、「推し活」のポジティブな側面とネガティブな側面について整理し、「推し活」の光と闇について検討する。

1.「推し活」に関する雑誌記事の整理

　はじめに、国立情報学研究所のCiNii（NII学術情報ナビゲータ）を用いて、「推し活」をキーワードとして文献を検索したところ、2020年4月から2024

年2月に発表された42件が該当した[1]。書誌情報が重複している1件を削除し、41件を分析対象とし、国立国会図書館分類表（National Diet Library Classification: NDLC）の情報を基に整理した（図1）。その結果、経済や金融、企業・経営、運輸・通信などの「経済」と、総合誌、読物誌、女性誌などの「一般誌」が最も多く、社会問題・社会保障、家事・家政などの「社会・労働」、日本語・日本文学、音楽・舞踊・演劇・映画などの「言語・文学・芸術」、読書などの「書誌・図書」に加えて、「教育」や「科学技術」、「医学」などもあった。「推し活」が一般誌に限らず、さまざまな分野で注目され、取り上げられていることがうかがえる。

また、41件のうち、学会誌、紀要や学会大会発表論文集は13件であった。そのうち、8件は面接や対談、質問紙調査にて、データを収集しており、「推し活」についてデータ等を用いた科学的な検証も行われていた。

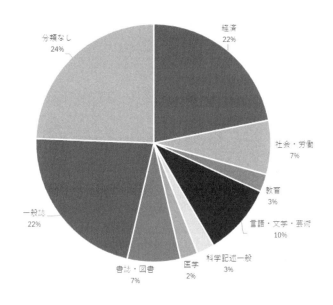

図1　該当記事の分類

2.「推し」や「推し活」とは何か

分析対象とした41件のうち、1件は10の記事から構成される特集となっていたことから、51件を分析対象の記事とし、「推し」や「推し活」について、どのような説明がされているのか、下記に整理した。

2.1.「推し」や「推し活」の定義に関する記述

「推し」とは何か、その定義に関する記述については、21件の記事で確認された。記事の内容を踏まえ、「推し」の語源に関する記述、「推し」の対象となる記述、「推し」に関わる行動や感情の記述に分類した（表1）。

「推し」の語源については、正木（2023）は「もともとはアイドルグループAKB48のファンの間で、自分が特別に応援しているメンバーのことを「推しているメンバー」という表現をして、そこから簡略化され「推しメン」と呼ぶようになったのがおおよその始まりではないかと言われている」とし、吉光（2021）は猿渡（2020）を踏まえて「「推し」という言葉は、2011年ごろは一部の女性アイドル・グループのファンだけが使っていたが、次第に男性アイドル・グループのファンなどが使うようになり、現在ではアイドルに限らず「グループの中で自分の一番お気に入りのメンバー」を指す専門用語となった」と説明している。同様に他の記事でも、アイドルのファンが、自分が熱心に推しているメンバー（久保、2024）や、一押しのメンバー（植木、2023）を「推し」という言葉を用いて表現したことについて触れていた。このように、「推し」については、アイドルのファンが、自身にとって特別で、最も好きである対象を表す言葉として用いていたのがはじまりと考えられる。

「推し」の対象については、上田・井上（2023）や井上・上田（2023）の「推す対象となるアイドルのことを「推し」という」といった記述のように、アイドルを対象とした記述があった。加えて、正木（2023）は、「その対象は、俳優や声優、お笑い芸人、スポーツ選手、ミュージシャンなど、さまざまな分野の"3次元"の人物に広がり、さらには漫画やアニメ、ゲームなどの"2

表1 「推し」の説明・定義に関する記述

出典	推しに関する記述	分類視点 語源	分類視点 対象	分類視点 行動・感情
久保（2024）	「推し」という言葉はもともと、1つのアイドルグループの中で、自分が熱心に応援しているメンバーのことを指す「ファン用語」として使われていました	語源		行動・感情
道満（2023）	好きな対象を指す「推し」という表現自体は以前から使われていましたが、広く一般に知られるようになったのは、国民的人気アイドルグループとうたわれたAKB48の全盛期である2020年頃からでしょうか	語源		
安宅（2023）	アイドルグループAKB48（05年〜）のファンダムが起源だというこの語は、「推薦」と同義だから、主体としての自分とアイドルの他に、推薦する相手が本来なら必要なはずである。しかしその相手にあたる存在に言及がないまま、「推しを推す」「推し活」などの表現も現れた。	語源		
植木（2023）	「推し」はアイドルファンが一押しのメンバーを「推しメン」と表現したことに語源を発しており、その対象も多岐にわたるようになり、アイドルやアニメのキャラクターだけでなく、建造物や鉄道、一見誰もきにとめなそうな無機物まで「推し」の対象となる	語源	対象	
正木（2023）	もともとはアイドルグループAKB48のファンの間で、自分が特別に応援しているメンバーのことを「推しているメンバー」という表現をして、そこから簡略化され「推しメン」と呼ぶようになったのがおおよその始まりではないかと言われている。最近では「推し」の対象はアイドルだけにとどまらず、俳優や声優、お笑い芸人、スポーツ選手、ミュージシャンなど、さまざまな分野の"3次元"の人物に広がり、さらには漫画やアニメ、ゲームなどの"2次元"のキャラクターにもその対象は広がっている。そればかりか「推し◯◯」の◯◯部分に人物やキャラクターではなく、さまざまなモノやコトをいれて「私の好きな◯◯」「私が推薦した◯◯」という意味の表現が巷に広まった。	語源	対象	行動・感情
吉光（2021）	宇佐美（2020）は、ファンが応援している人を指し示すときによく使う言葉とし、猿渡（2020）によれば、「推し」という言葉は、2011年ごろは一部の女性アイドル・グループのファンだけが使っていたが、次第に男性アイドル・グループのファンなどが使うようになり、現在ではアイドルに限らず「グループの中で自分の一番お気に入りのメンバー」を指す専門用語となった。そして現在では「同種のものの中で一番好きな人・もの」という意味合いで広く用いられるようになりつつある。	語源	対象	行動・感情
上田・井上（2023）	推す対象となるアイドルのことを「推し」という		対象	
畔原他（2023）	朝日新聞社の「好書好日」のインタビューにおいて、著者の宇佐美りんは、「推し」はファンが応援している人を指し示すときによく使う言葉であると述べている。(2)		対象	
高野・小宮（2023）	アイドルやキャラクターなどの『推し』(3)		対象	
田島（2024）・田島（2022）	自分の愛好する対象を「推し」と呼ぶこと		対象	行動・感情
千他（2023）	「推し」について「積極的に愛情を注ぐもの」と定義する		対象	行動・感情
井上・猿渡（2023）	推しとは、情熱を注いで応援する対象のこと		対象	行動・感情
井上・上田（2023）	アイドルファンがアイドルを応援することを一般に「推す」といい、応援するアイドルを「推し」という		対象	行動・感情
原田他（2023）	「推し」とは特定の人物に対して情熱をささげて応援したいと思い、強い愛着と行動を示すこと		対象	行動・感情
佐々木（2022）	「推し」とは主に直接的なコミュニケーションをとらず一方的に好意を寄せるアイドルなどを対象に使われてきた言葉だ		対象	行動・感情
山田（2020）	アニメやアイドルを応援するとき、自分が好きなキャラクターを「私の推し」などと呼び、キャラクター固有のグッズを購入したり、イベントに参加します		対象	行動・感情
三宅（2023）	「推し」とはAKB48を見るまでもなく、「多数の選択肢がある市場のなかで好きな存在を選ぶ行為」だ			行動・感情
久保（2023）	広義のファンは受動的な愛好心を持っている人々を指し、推しを推す人は自分から対象に様々なパターンで働きかける人たちと考えています			行動・感情
猿渡・江島（2023）	・私は推しを「上位互換」だと説明しています ・ではなぜ好きの上位互換とお話したのかというと、ただ好きという枠を超えて、それを応援することがプラスされるからです			行動・感情
恩蔵（2022）	・「推し」はまさにおいしいおかずで、脳科学的に見ると「感情をしなやかにしてくれるもの」と言えるのかなと思っています ・「推し」という言葉を「好きの一歩手前」という意味で使う			行動・感情

次元"のキャラクターにもその対象は広がっている」と指摘し、植木（2022）は「建造物や鉄道、一見誰もきにとめなそうな無機物まで「推し」の対象となる」と説明し、道満（2023）は「アニメ・アイドルから建築物、スポーツまで細分化・多様化が進む現在の推し活事情」を取り上げている。分析対象とした雑誌記事においても、推しの対象として、五日市憲法の草案をつくった千葉卓三郎（羽村2023）、VTuber（秋木2024）、子どもの権利条約（青木2023）というように、さまざまな対象を取り上げた記事が確認できた。このように、推しの対象は、アイドルや特定の人物、キャラクターに限らず、さまざまなものに広がっている。

　また、「推し」とは何か、その定義に関する記述として、「推し」に関連する行動や感情を取り上げた記事も確認ができた。井上・猿渡（2023）が「推しとは、情熱を注いで応援する対象のこと」と説明しているように、愛情や情熱を注ぐことや、応援することといった表現は複数の記事において確認できた。

　一方で、「推し活」とは何か、その定義に関する記述については、21件の記事で確認された。内容から、「推し活」の社会的理解や認知に関する記述、「推し活」の個人的楽しみや趣味に関する記述、「推し活」の応援に関する記述、「推し活」の周知に関する記述に分類した（表2）。

　「推し活」の説明や定義としては、笹田・大淵（2022）が「近年、ファン活動が活性化し、「推し活」という名称で取り上げられる機会が増加している」とし、正木（2023）が「「推し」のライブに行ったり、グッズを集めたりといったファン活動のことを「推し活」と呼ぶのも一般的になっている」と記述しているように、社会において、「推し活」がどのように理解や認知されているのかといった記述があった。道満（2023）が「もはや推し事・推し活は特別なことではなく、当たり前の行動になり、消費にも大きな影響を及ぼしています」とし、井上・上田（2023）も「近年活性化するアイドルファンの「推し活」なる消費者行動」と表現しており、「推し活」が消費行動の視点からも注目されていた。以上のように、社会において、「推し活」は特別なものではなく、一般的で当たり前のものであると認知され、消費行

表2 「推し活」の説明・定義に関する記述

出典	推し活	分類視点			
		社会的理解・認知	個人的楽しみ・趣味	応援	周知
井上・上田（2023）	近年活性化するアイドルファンの「推し活」なる消費者行動	社会的理解・認知			
道満（2023）	もはや推し事・推し活は特別なことではなく、当たり前の行動になり、消費にも大きな影響を及ぼしています。	社会的理解・認知			
笹田（2023）	Ｚ世代を中心に広がる「推し活」	社会的理解・認知			
笹田・大淵（2022）	近年、ファン活動が活性化し、「推し活」という名称で取り上げられる機会が増加している	社会的理解・認知			
田島（2022）	その行為を推す、そうした活動全般を「推し活」と呼ぶことが浸透していっている	社会的理解・認知			
山田（2020）	秋葉原で盛んな「推し活動」	社会的理解・認知			
正木（2023）	「推し」のライブに行ったり、グッズを集めたりといったファン活動のことを「推し活」と呼ぶのも一般的になっている	社会的理解・認知	個人的楽しみ・趣味		
畔原他（2023）	推し活として広告と共に自身が写るように写真撮影をする		個人的楽しみ・趣味		
天野（2023）	「推し活」：推し（自分にとってイチオシの、アイドル、アニメのキャラクタ、芸能人など）に情熱を注ぐ活動の総称		個人的楽しみ・趣味		
植木（2023）	個人的に楽しむだけでなく、他人に広めるため、もしくは対象を応援するために、過剰なグッズを購入し、ファンの集い、コミックマーケット（コミケ）、その他イベントに参加するなどの積極的な活動を行う、趣味活動		個人的楽しみ・趣味	応援	周知
上田・井上（2023）	アイドルファンがアイドルのコンサートで楽しんだり、アイドルのグッズを購入したり、持ち歩いたり、あるいはアイドルの良さを他の人に伝えたりするなど、様々な活動を通じてアイドルを応援することをファンの間では「推す」といい、その応援活動の総称して「推し活」という		個人的楽しみ・趣味	応援	
田島（2024）	対象を応援する行為、活動全般を指して「推し活」と捉える			応援	
久保（2024）	今や私たちの社会の中ですっかり定着している「推し活」。自分にとっての「推し」を様々な形で応援すること。			応援	
高野・小宮（2023）	・1990年代半ば以降に生まれたZ世代の間で、自分が愛好するアニメキャラクターやアイドル、声優などを、消費を通じて応援する「推し活」が浸透している・株式会社トランスによると、「推し活」とは「アイドルやキャラクターなどの『推し』、いわゆるご贔屓を愛でたり応援したりする『推しを様々な形で応援する活動』」のこと。(3)			応援	
川村（2022）	アイドルの応援など自分の好きなことに情熱を注ぐ「推し活」			応援	
大森（2022）	・人間が子どもの代わりに育てる対象を求めるのが推し活が広がる基本背景と思う・推し活が趣味と違うのは、推す相手の地下アイドルとか芸人のタマゴとかがメジャーになるための応援にとどまらず、推すことで相手の生活に貢献して育てられるかららしい			応援	
木村（2021）	「推し活」とは、芸能人やキャラクターなどを応援する活動を指し、その内容は幅広い			応援	
水越（2023）	現在の推し活の背景にある"好き"という感情には、誰かを応援したい、何かを支援したい、という人間なら誰しもがモテている気持ちがあります。			応援	
西條（2021）	・ノベルティグッズの企画制作は近年の重要な活動の１つであり、ずばり（自らを推す）推し活動である・図書館の"推し活動"として利用者の関心を触発するようなノベルティグッズの作製に取り組んでいきたい				周知
井上・猿渡（2023）	・「推し活」は応援される側の対象が主体になっています。「推し活」というのは「自分の応援している人を有名にしたい」「もっと色々な人に知ってもらいたい」といった気持ちから生まれるファン行動と定義できるのではないでしょうか・その対象を「知ってもらいたい」「有名にしたい」など、推しに貢献したいという思いうから主体的に行う活動全般を「推し活」という。				周知

動との関連についても注目されている。

　加えて、植木（2023）が「個人的に楽しむだけでなく、他人に広めるため、もしくは対象を応援するために、過剰なグッズを購入し、ファンの集い、コミックマーケット（コミケ）、その他イベントに参加するなどの積極的な活動を行う、趣味活動」と説明しており、「推し活」にはさまざまな活動が含まれる。具体的には、「推し活」の活動は、下記3つの視点から整理することができる。第1は、「推し活」は個人的な楽しみ、趣味であるという視点である。具体的には、推しのライブやコンサート、イベントに参加したり、グッズを購入するといった活動が含まれる。第2は、「推し活」を応援活動として捉える視点である。田島（2024）が「対象を応援する行為、活動全般を指して「推し活」と捉える」と説明しているように、対象（推し）を応援することを「推し活」という記述は複数確認された。第3は、「推し活」は、対象（推し）を周知したいという気持ちが含まれるという視点である。井上・猿渡（2023）の「その対象を「知ってもらいたい」「有名にしたい」など、推しに貢献したいという思いうから主体的に行う活動全般を「推し活」という」という記述のように、対象（推し）を多くの人に知ってもらいたい、社会で有名になってほしいと考え、主体的に行動することを「推し活」と説明する記事もあった。

　以上を踏まえると、「推し」とは、自分が好きな対象、特別な対象であり、アイドルや特定の人物、キャラクターに限らず、さまざまなものがその対象となる。そして、その対象（推し）のライブやイベントに参加したり、グッズを買ったり、応援したり、対象（推し）の良さを他者に伝える、広めるといった活動を「推し活」と捉えることができ、社会において、特別なものではなく、一般的で当たり前のものであると認知されている。

2.2.「推し活」と「ファン」・「オタク」に関する議論

　従来、アイドルやミュージシャン、俳優、お笑い芸人、スポーツ選手など、応援する人を「ファン」とよび、ファンの具体的な応援の活動については「ファン活動」という表現が用いられていた。加えて、「特定の趣味に対して

多くの時間やお金をかける人のこと（金田一2009）」を「オタク」とよび、その活動を「オタ（ヲタ）活」という表現も用いられてきた。下記では、「推し活」と「ファン」や「オタク」に関する議論について整理する。

　前述した「推し」の説明や定義に関する記述（表1）や、「推し活」の説明や定義に関する記述（表2）にあるように、「推し」および「推し活」は、ファンが「自分が熱心に応援しているメンバーのことを指す「ファン用語」（久保2024）」として用いたり、「ファン活動のことを「推し活」と呼ぶ（正木2023）」といったように、ファンが用いる用語や、ファン活動の新たな呼び名として説明されており、「ファン」が応援する対象を「推し」とよび、具体的な活動を「推し活」と捉えることができると考えられる。ただし、「広義のファンは受動的な愛好心を持っている人々を指し、推しを推す人は自分から対象に様々なパターンで働きかける人たち（久保2023）」や、「ファンによる推し活は、作品を鑑賞したりグッズを収集したりといった受動的なものから、実際に自身で何かを生み出す能動的なものまで様々な広がりを見せている（岡部2023）」という指摘など、「推し活」と「ファン活動」の違いや広がりに関する指摘もある。

　加えて、「推し活」とは何かといった議論の際に、類似概念であると考えられる「オタク」について触れている記事もあった。オタクについては、山岡（2016）がオタクの歴史を整理している。すなわち、1989年の連続幼女誘拐殺人事件の犯人のビデオテープで埋め尽くされた部屋の映像に影響を受け「オタクは異常者」というイメージがあったものの、ゲームやインターネットの普及、オタクの特徴づける主要な要因としてのキャラクターをかわいい、愛しいと感じる気持ちである「萌え」という表現（金田一2009）の広まりから、オタクであることのハードルが低くなり、拡大したと整理している。「オタク」の記述は、12件の記事で確認し、社会において、「オタク」に対してネガティブなイメージが抱かれていたものの、ポジティブなイメージに変化する過程については、田島（2022）や正木（2023）でも整理されている。田島（2022）は、マニアックな趣味嗜好、独特のファッション、他者とのコミュニケーション能力の欠如といった特有のイメージを植え付けられ語られる

「おたく／オタク」に、「推し活」というコンテクストが加えられることで「オタクイメージ」に起きた変化について考察している。特に、田島（2022）は「女性オタク」に対象を絞り、メディア報道を整理し、「推し活」とは当事者と「推し」との個人的な関係性の追求だけではなく、社会貢献としての機能を有するとの意味を付与されていることや、「推し」を通じた他者同士のつながりが一層顕著に描写されるようになったと指摘している。加えて、正木（2023）は、「萌え」と「推し」の表現に着目して議論している。正木（2023）によれば、インターネット掲示板「２ちゃんねる」の書き込みを契機としてある男性のオタク（ハンドルネーム「電車男」）が２ちゃんねるの住人たちに後押しされながら恋愛を成就していくという実話に基づく作品である「電車男」のブームを通して、「萌える」のは美少女キャラクターにある種の恋愛感情を抱く「偏向的な趣味をもつオタク」だけではなく、より一般的な人たちにも、何かに「萌える」という心の高まりを周囲に表現することや、「萌え」の表明の抵抗感が少なくなったと説明されている。加えて、正木（2023）は、「萌え」はその対象そのものとは切り離された、きわめて個人的で内面的な営みであり、「推す」ということは、あくまでその対象を応援したり、他の誰かに推薦する行為であり、自分と自分以外の他者（ファンとファン対象、場合によってはファン同士の関係）が影響し合うことで価値が生まれる行為であると説明している。このように、「オタク」に対して、異常やマニアックや、他者とのコミュニケーション能力の欠如といったネガティブなイメージが抱かれていたものの、オタクが用いていた「萌え」という表現の抵抗感が少なくなり、広まったことや、「萌え」の対象である「推し」を通じた他者とのつながりや関係性が生じ、「オタク」に対してポジティブなイメージを抱くようになったと考えられる。

　以上を踏まえると、「推し活」と「ファン」や「オタク」との関連については、ファンが行う「ファン活動」と「推し活」が同義のものであるように扱われ、「オタク」やその活動を示す「オタ活」が「推し活」によってポジティブなイメージに変化したと考えられる。ただし、実際に「推し活」をする人々がそれぞれの活動を同じように捉えているのか、何らかの視点で区別

しているのかについては明らかではない。

3.「推し活」のさまざまな活動と消費

　前述したように、「推し活」は、ライブやイベントに参加したり、グッズを買ったり、応援したり、対象（推し）の良さを他者に伝える、広めるといった活動である。猿渡（2020）は、推し活にはお金・時間・労力という3つのリソースが必要不可欠であると指摘し、上田・井上（2023）は、積極的に自分のお金やエネルギー、労力を使って、推しを応援する多様な推し活を行うと指摘している。加えて、道満（2023）は、Z世代女性（12〜18歳）を対象とした調査を取り上げ、月のお小遣いの大半を、「推し活」に使っていることに注目している。このように、ライブやイベントに参加したり、グッズを買ったり、応援したり、対象（推し）の良さを他者に伝える、広めるといった活動をする際には、金銭、時間、労力などの自身の資源の消費が伴うと考えられる。

　金銭、時間、労力などの自身の資源をどのように消費するのかについて、対象とした雑誌記事においては、「推し活」の特徴的な活動についても取り上げられていた。例えば、木村（2021）はタイのドラマにはまったファンの「推し活」のお金に関わるもの、活動に注目し、ファンが「聖地」と呼ばれるロケ地を訪問して、ドラマの世界に入りこむ「聖地巡礼」を取り上げている。加えて、猿渡（2023）は、「推しのキャラクターのぬいぐるみと共に縁のある場所を訪れることも推し活の1つである」としている。同様に、平栗・萩生（2023）では、「「推しぬい」とはファンの強い思い具現化した愛すべき存在」と表現し、推しへの愛情表現の方法の1つとして取り上げている。なお、ぬいぐるみについては、高野・小宮（2023）が、「ぬい活」という、ぬいぐるみをさまざまな形で愛でる活動であり、一緒に出掛けたり、写真を撮ったり、服を着せたりすることといった推し活に注目している。このように、「推し」のライブやイベントに参加するのではなく、ドラマや映画、アニメなどの作品の舞台やそのロケ地を訪れる「聖地巡礼」や、推しのキャラ

クターのぬいぐるみを作ったり、一緒に推しの縁のある場所を訪れる「ぬい活」なども、「推し活」の活動の1つである。「推し」のライブやイベントに参加したり、グッズを買うだけではなく、「推し」の聖地に行くために、金銭、時間、労力などを消費していると考えられる。

　また、前述した木村（2012）では、タイにおいて、ファンが誕生日や記念日をお祝いしたり、俳優を応援したりするための広告を街中の電光掲示板や巨大スクリーン、公共交通機関であるスカイトレインやトゥクトゥクなどに、ファンがお金を出し合うなどして広告を出すことを取り上げている。日本においても、読売新聞が、「応援広告」を、新たな「推し活」の形として取り上げており、「SNSで仲間を募って資金を集め、「推し」の誕生日やデビュー記念日などに合わせてポスターや映像を出し、活動を後押しする取り組み」と説明している[4]。これらの「推し」の広告を出すという活動は、推しを応援したり、対象（推し）の良さを他者に伝える、広めるといった活動であると考えられるが、金銭的な負担は大きいと考えられる。

　また、「推し活」として、推しを応援したり、対象（推し）の良さを他者に伝える、広めるといった活動にはさまざまな活動がある。例えば、猿渡（2023）は、「日付が変わった瞬間に「＃○○誕生祭」といったハッシュタグを付けて好きなアイドルやキャラクターの誕生日を祝うコメントをSNS上に残すといった行動」を取り上げている。猿渡（2023）は、「ファンのみんなで推しの誕生を祝うというだけではなく、共通のハッシュタグでツイートし合いTwitterのトレンド1位とすることで推しを有名にしたいという思惑」もあると指摘している。加えて、畔原他（2023）は、推し活の一環として、推しが掲載されている広告とともに自身が写るように写真を撮影することである、「with広告撮影行動」と、撮影したものを周囲に拡散する「with広告拡散行動」に注目している。大学生を対象とした調査の結果、「with広告撮影行動」の下位尺度である「現実的に推しとできないことをしたい」といった「非日常」が、「with広告拡散行動」の下位尺度である「Instagramに投稿する」といった「不特定拡散」につながることが明らかになった。また、「非日常」に加えて、「できるだけ推し仲間と共に行動したい」といった「仲

間意識」が、「with広告拡散行動」の下位尺度である「友達にLINEやメールなどオンラインで見せる」といった「特定伝達」にもつながることが明らかになった。このように、「推し」の誕生を祝うために、日付が変わった瞬間にSNSにコメントしたり、推しの広告と自身との写真をSNSで拡散するなど、SNSを通じて、「推し」の良さを他者に伝える、広めるといった活動も行われており、これらの活動には時間や労力などを消費していると考えられる。

　なお、新型コロナウイルス感染症（COVID-19）の世界的な流行により、日本においても、2020年4月に、緊急事態宣言が発出され、不要不急の外出の自粛が要請され、さまざまなイベントなどが中止となり、「推し活」も変化したと指摘されている。例えば、吉光（2021）および笹田・大淵（2022）は、COVID-19の感染拡大に伴う自粛によって、「推し活」がどのように変化したのかについて調査を行っている。例えば、吉光（2021）は、推しがいて、音楽イベントに頻繁に通うことを基準にスノーボールサンプリングによって抽出した女性30名（19～49歳）を対象にした調査結果を、J-POPとK-POPに区分しながら整理している。その結果、COVID-19の感染拡大に伴う自粛期間中は、公式グッズの購入による金銭的な支援、オンライン上でのライブ配信の視聴や、購入したCDのアーティストと決められた時間内でスマートフォンを利用したテレビ通話をするといった双方向のコミュニケーションができるイベントへの参加、ソーシャルメディアを利用した宣伝活動を行っていた。特に、ソーシャルメディアを利用した宣伝活動について、吉光（2012）は「積極的に情報配信することが、推しの営業活動として有効であるとともに、ファン自身が、自分の感情を他者に開示することや影響を与える自己効能感を楽しんでいる」ことや、「自分が情報配信する際には、応援対象にネガティブな影響が起こりそうなことは自粛する」といった特徴があると考察している。同様に、笹田・大淵（2022）は、マスメディアでの「推し活」の取り上げられ方を踏まえて、「推しのために生きるライフスタイルそのものに関心が高まっている」と主張し、支持対象者がいて、対面での音楽イベントに通った経験がある女子大学生5名に対するインタビュー調査からコロナ

禍前後の変化について整理している。その結果、支持対象者と直接的に会うことができないことや、コンサートの会場などで声を出したりするなどができなくなったことに不満を感じる一方で、オンラインなどのライブ開催を楽しんだり、支持対象そのものが変化した人もいた。また、推しから見える自分、同じ会場にいるファンから見える自分が常に納得いく状態であることを大切にしていたファンが、自宅でファン活動をしているときの不完全な自分の状態に不満を感じているという回答もあった。このように、新型コロナウイルス感染症（COVID-19）の流行に関連した自粛に伴って、インターネットを用いたライブ配信や、スマートフォンを利用したテレビ通話などのイベントが行われたり、対象（推し）の良さを他者に伝える、広めるといった活動を積極的に行うようになり、「推し活」も変化し、金銭、時間、労力などの消費も変化したと考えられる。

　以上を踏まえると、ライブやイベントに参加したり、グッズを買ったり、応援したり、対象（推し）の良さを他者に伝える、広めるといった「推し活」には、金銭、時間、労力などの自身の資源の消費が伴う。消費の仕方については、「推し」の聖地を訪れたり、「推し」の広告を出したり、SNSを通じて「推し」の良さを他者に伝える、広めるといった特徴的な活動があったり、新型コロナウイルス感染症（COVID-19）の流行に関連した自粛に伴って、インターネットを用いたイベントが行われたり、積極的に、対象（推し）の良さを他者に伝える、広めるといった活動を行うというように変化していた。

4.「推し活」の2つの側面

　本節では、「推し活」にはどのような機能があるのか、ポジティブな側面とネガティブな側面に区分して、整理する。

4-1.「推し活」のポジティブな側面

　「推し活」のポジティブな側面については、対象となった記事において、さまざまな具体的な表現が確認された。例えば、秋木（2024）では、「推し

活は私の生きる気力」という表現を用いたり、青木（2023）は「どれだけ惚れ込んでいるか、私の「推し活」的エピソードを披露させていただき、この魅力を押し売りしたく思う」とし、恩蔵（2023）は「「推し」に向き合うときって「集中」しているけど、同時に「リラックス」もしている」と表現していた。

　加えて、「推し活」のポジティブな側面について、調査法を用いた実証的な検討も行われている。例えば、原田他（2022）では、推し活の自己肯定感並びに健康感への影響の質問項目を作成している。具体的に、「自分磨きを意識するようになった」といった意欲・自己効力感への影響の項目、「生きることが楽しくなった」という充実感への影響の項目、「推しをみると疲労感が軽減するようになった」という身体的健康への影響の項目、「推しをみるとイライラ感が軽減するようになった」という精神的健康への影響の項目、「友達が増えた」という社会的健康への影響の項目などから構成されていた。また、千他（2023）では、大学生のストレスコーピングの列記と共有の体験の効果について検討しており、列記されたコーピングの分類の過程で、「推し活動」を抽出している。具体的に、「推し活動」は、映像や写真、音楽に触れたり、グッズ購買などの「作品」と、推しについて友人と話す、SNS上の感想の共有などの「共有」と、推しに関連する知識、ネット検索などの「知識」のサブカテゴリーから構成されていた。

　このように、「推し活」は、生きることが楽しくなるといった日々の充実感を高めたり、リラックスしたり、イライラしたり、ストレスを感じたりするなどネガティブな感情を軽減する効果がある。加えて、「推し活」が自分磨きにつながったり、対人関係が広がるといった効果もあると考えられる。

4-2.「推し活」のネガティブな側面

　「推し活」に関する記事においては、「推し活」のネガティブな側面に関する記述も確認できた。例えば、三宅（2023）では、「推し」ブームの変遷に触れており、「推しメン」の誕生から、「推し」ブームのメジャー化を経て、「推し」がしんどいという時期になり、「推しのマイナス面」が堂々と語られ

る時代になっていることを指摘している。加えて、三宅（2023）は、「コロナ禍の閉寒感を打ち破るものとして「推し活」が流行していた節があるのを見ると、コロナ禍の緊張感がひと段落し、むしろ不景気や造成に圧迫される社会に皆が目を向け始めたことで、「推しがしんどい」という空気が出てきたのだろう」と説明している。また、田島（2024）は「肉体的、精神的な「推し疲れ」や、金銭的負担の大きさ、さらには、「推し活」のせいで詐欺や違法行為、「パパ活」に及ぶケース、未成年者が巻き込まれる事件も知られるようになり、いわば「推し活」の陰の部分にも目を向けていく段階に入っている」と指摘し、大森（2022）も「費用がかかる推し活をやめられない人たちが食費に事欠くほど貧しくなる」や「投げ銭が搾取ビジネスになっている側面」といった表現を用いている。久保（2024）も「推し疲れ」について触れており、「出費しすぎてしまったり、ファン同士の人間関係で悩んだりするケースもある」と指摘している。このように、「推し活」を通して、しんどいと感じたり、疲れを感じたりすることもあり、「推し活」のネガティブな側面であると考えられる。

　さらに、正木（2023）は、「「推し」を応援する活動のことを「推し事（もちろんお仕事とかけている）」と表現すること」があり、ある種の使命感や義務感といったものが含意されていると説明している。正木（2023）は、使命感や義務感の具体例として、「「推し」の新曲が発売されると複数枚もしくは大量に購入する」ことや、「全国ツアーを行うとなれば、すべての公演に"参戦"し、関連のグッズも手にいれなければならない」ことを取り上げ、「「推し」の売り上げに貢献することで、その「推し」の人気の後押しをしたいと考える」としている。また、推しを対象とした心理的所有感に注目した井上・上田（2023）では、心理的所有感の次元の1つとして「心理的責任感」を抽出し、「推しを自分が育てなければならない、推しの人気を自分が高められるように努力しなければならない、そして自分にはそれができると考える次元」と説明している。

　以上より、「推し活」に使命感や義務感が生じて、金銭面や時間面、関連する労力などの負担が過剰なものとなる可能性も考えられる。ただし、その

実態については明らかではない。

5.「推し活」に関する今後の検討課題

　本章では、「推し活」とは何かを探るため、「推し活」に関する雑誌記事の内容分析を行った。「推し」や「推し活」の定義について整理したところ、「推し」とは、自分が好きな対象、特別な対象であり、アイドルや特定の人物、キャラクターに限らず、さまざまなものがその対象となる。そして、その対象（推し）のライブやイベントに参加したり、グッズを買ったり、応援したり、対象（推し）の良さを他者に伝える、広めるといった活動を「推し活」と捉えることができた。また、「推し活」には金銭、時間、体力などの自身の資源の消費が伴い、「推し」の聖地を訪れたり、「推し」の広告を出したり、SNSを通じて「推し」の良さを他者に伝える、広めるといった特徴的な活動があったり、新型コロナウイルス感染症（COVID-19）の流行に関連した自粛に伴って、インターネットを用いたイベントが行われるようになり、「推し活」は変化を遂げていたことが確認できた。さらに、「推し活」のポジティブな側面とネガティブな側面について整理した。「推し活」は、生きることが楽しくなるといった日々の充実感を高めたり、リラックスしたり、イライラしたり、ストレスを感じたりするなどネガティブな感情を軽減する効果がある。加えて、「推し活」が自分磨きにつながったり、対人関係が広がるといった効果もある。ただし、その一方で、「推し活」に使命感や義務感が生じて、金銭面や時間面、関連する労力などの負担が過剰なものとなる可能性もある。以上より、「推し活」には、日々の充実感を高めたり、ストレスの対処などネガティブな感情を軽減する効果といったポジティブな光の側面と、使命感や義務感による金銭や時間面、労力などの負担が過剰となるといった闇の側面があることが示唆された。

　最後に今後の展望について下記2点を述べる。第1は、「推し活」の光と闇の2側面について、実証的な検討が必要であると考えられる。「推し活」の光となる、日々の充実感を高めたり、ストレスの対処など、ネガティブな

感情を軽減する効果については、実証的な検討が行われつつあるものの、「推し活」の闇となる、使命感や義務感による金銭や時間面、労力などの負担が過剰となる可能性については、実証的な検討が行われていない。また、第2に、「推し活」との類似した活動との関係性についても検討が必要であると考えられる。「推し活」を議論する際に、「オタク」やその活動を示す「オタ活」との比較について取り上げられるものの、「オタク」やその活動を示す「オタ活」と、「推し活」が同義のものとして理解されているのか、何らかの視点で区別されているのか、検討が行われていない。加えて、心理学分野では、特定の対象を応援することについて「ファン心理」として検討が行われてきたが、「ファン心理」に関する議論が「推し活」の理解にどのようにかはつながるのか、両者には違いがあるのかどうかについては明確ではない。「推し活」とは何かについて、実証的な検討が必要であると考えられる。

注

〔1〕 2024年2月20日時点の検索結果となる。
〔2〕 朝日新聞の「好書好日」の「宇佐美りんさん「推し、燃ゆ」インタビュー　アイドル推しのリアル、文学で伝えたかった」は下記にて確認した。< https://book.asahi.com/article/13923624 >（2024年8月29日）
〔3〕 記述については、株式会社トランスの「推し活事情を学ぶ①推し活って何するの？編」（2024.07.19 更新）にて確認した。< https://www.trans.co.jp/column/goods/oshikatsu_study1/ >（2024年8月29日）
〔4〕 読売新聞オンライン（2024年5月22日）「ファンが駅にアイドルの「応援広告」、新たな「推し活」のカタチ…「推し電車」を走らせることも」< https://www.yomiuri.co.jp/national/20240522-OYT1T50061/ >（2024年8月31日）

参考文献

秋木真（2024）「推し活」『日本児童文学』70: 20–25

青木沙織（2023）子どもの権利条約第三一条をめぐる私の「推し活」記録　『日本児童文学』69（5）: 42–47

天野由貴（2023）ぺた語義——著作権を意識していますか？　『情報処理』64: 283–283

畔原未空・冨野桜子・中島良輔・山本紗千・横山滉樹（2023）広告と共に写真を撮る心理的要因が拡散行動に及ぼす影響：若者に見られる新たな推し活の形に着目して　『日経広告研究所報』57: 60–65

道満綾香（2023）アニメ、アイドルから建築物、スポーツまで多様化・細分化が進む現在の推し活事情　『宣伝会議』4: 26–27

羽村幸子（2023）タクロン・チーバ（千葉卓三郎）氏から学ぶ、人生の歩き方——五日市憲法の学びと推し活　『月刊社会教育』67: 21–26

原田祐理花・小松優衣・加納里梨・吉村耕一（2022）「推し」活動が人の健康に及ぼす影響　『山口県立大学学術情報　看護栄養学部紀要』16: 1–6

平栗あずさ・萩生彩（2023）コンテンツ感情の先にある次なる消費　広がる"推し"への愛情表現方法と市場　推しぬい　『宣伝会議』4: 30

井上淳子・上田泰（2023）アイドルに対するファンの心理的所有感とその影響について　『マーケティングジャーナル』43: 18–28

井上紗佑里・猿渡輝也（2023）一緒に応援する姿勢が「推し企業」の第一歩　推し活仲間と盛り上がれる場づくりが鍵　『広報会議』170: 14–17

川村碧（2022）特集「推し活」就職を推進 Z世代の県内定着支援——魅力発信イベントでマッチング：宮城県　『厚生福祉』6775: 10–11

木村実希子（2021）「泰流」が熱い——タイの「推し活」経済　『バンコク日本人商工会議所所報』712: 24–29

金田一「乙」彦（2009）『オタク語辞典2』　美術出版社

久保（川合）南海子（2024）生きる力を育む「推し活」の働き　『第三文明』769: 68–70

久保（川合）南海子（2023）インタビュー　ヒトは推し活が得意な生き物!?「推し」から広がる人類の知性　『公研』61: 98–105

正木大貴（2023）「推し」の心理——推しと私の関係　『現代社会研究科論集　京都女子大学大学院現代社会研究科紀要』017: 53–62

三宅香帆（2023）物語のふちでおしゃべり（16）「推し活」ブームの潮流　『波』57: 86–87

水越康介（2023）「推し活」の熱狂から見出す　新たなマーケティング・コミュニケーション　『宣伝会議』4: 28–29

岡部大介（2023）知識・能力を共有し、交歓するファンカルチャーに見られる利他な喜び　『宣伝会議』4: 22–23

恩蔵絢子（2022）「推し活」は「脳」に良い？　『母の友』（835）: 26–29

大森泰人（2022）金融と経済と人間と（第287回）推し活の風景　『金融財政事情』73: 51

西條智架（2021）図書館ノベルティグッズによる"推し活動"：理工学メディアセンターの事例を中心に　『Medianet』28: 66–68

笹田有紗香・大淵裕美（2022）コロナ禍前後における女子大生の「推し活」：支持対象者・居住地・居住形態に着目して　『女子学研究』12: 23–31

笹田克彦（2023）「推し活」グッズ専用収納アイテムが登場、推し色に合わせて選べる8色──リヒトラブ　『日経デザイン』428: 51–53

猿渡輝也（2020）新しいアイドルとファンの応援の形〜若者に広がる「推し活」とは何か　2020年9月8日＜https://dentsu-ho.com/articles/7489＞（2024年3月4日）

猿渡輝也・江島千鶴（2023）特集インタビュー これからの観光を変える推し活　『観光とまちづくり』2: 10–12

佐々木チワワ（2022）「推し活女子」たちが支える歌舞伎町ホストバブル最前線　『週刊ポスト』54: 120–123

千ゆう子・針塚緑樹・古賀聡（2023）大学生のストレスコーピングの列記と共有の体験の効果　『九州大学総合臨床心理研究』14: 31–37

田島悠来（2024）「推し活」が変える？「女性オタク」のメディアイメージ　『中央公論』138: 142–149

田島悠来（2022）メディアが描く「推し活」──メディア報道と表象の分析から──　『帝京社会学』35: 87–115

高野友夏・小宮加容子（2023）ぬい活とクリエイティビティの関係性について『日本デザイン学会研究発表大会概要集』70: 484–485

吉光正絵（2021）ライブ・エンターテインメントとファン活動 COVID-19自粛期間の「推し活」『東アジア評論』13: 51–62

上田泰・井上淳子（2023）推し活意識が幸福感に及ぼす影響：推しの心理的所有感の媒介的作用　『成蹊大学経済経営論集』54: 47–64

植木重治（2023）医科学コミュニケーションに「推し活」を導入する　『秋田医学』49 (3/4): 103–109

山田文美（2020）実務対応編 おひとりさま需要に対応するキーワードは5つ！ 一人分サイズ、単価アップ、事前説明、2つのスマホ対策、推し活動　『商業界』73: 75–77

山岡重行（2016）『腐女子の心理学　彼女たちはなぜBL（男性同性愛）を好むのか？』福村出版

安宅直子（2023）マサラシステムから推し活まで 日本におけるインド映画のパフォーマティヴなファンダム　『キネマ旬報』1921: 74–77

吉光正絵（2021）ライブ・エンターテインメントとファン活動 COVID-19自粛期間の「推し活」『東アジア評論』13: 51–62

第9章
生成AIや機械学習の発展は
外国語学習を不要なものにするのか
――機械翻訳の歴史的発展と外国語学習への応用に向けた検討

内田翔大

1. 生成AIの登場と普及

　アメリカOpenAI社が2022年11月30日に公開した対話型AIであるChatGPT[1]の登場は、現在の生成AI（人工知能）ブームのきっかけになったと言えるだろう。ChatGPTは一企業が開発したサービスとしては驚異的な規模で全世界に浸透しており、公開から2年ほどしかたっていない現在でも、日本でのChatGPTの利用者は、特に若年層を中心に着実に拡大している。野村総合研究所（NRI）が行ったChatGPTの認知率や利用率に関する調査（森・林 2023）によると、ChatGPTが公開されてから半年となる2023年6月時点で、日本でのChatGPTに認知率は68.8％で、利用率は15.4％であるとされている。また、これは2023年4月時点での同研究所の調査に比べて、認知率で7.5％、利用率で3.3％の上昇が2か月の間に見られたことも示されている。また、この調査で、ChatGPTを提供するOpenAI社のホームページへの日本からのアクセス数は、2023年5月中旬に過去最高の767万回／日に達し、この数字は世界的に見れば、米国、インドに次いで3番目に多い数

値になるということが報告されている。このように、登場から1年にも満たない段階で急速な普及が見られるChatGPTなどの生成AIは、今後さらに私たちの生活になくてはならないものとなっていくことが予測される。実際、一般社団法人電子情報技術産業協会（2023）は生成AI市場の世界需要額見通しを発表し、2030年までに世界規模で年平均53.3％（日本で47.2％）増で成長し、2030年には2110億ドル（日本で約1.8兆円）規模になるという予想を行っている。

　このような生成AI（人工知能）は、どのような技術を基に成り立っているのだろうか。野村総合研究所（n.d.）によると、生成AIと、生成AIが登場する以前の従来のAIとの最も大きな違いは、「生産または発生することができる」ところにあるとされている。生成AIが登場する以前の従来のAIでも、データを基に、それを整理、学習し、それに基づいて予測を行い、結果を出力するという行為が自動で行われてきた。しかし、従来のAIで学習されるデータは、数値やテキストなど構造化[2]されたものが多く、出力されるものも同様に構造化された数値やテキストであった。一方で、生成AIで学習されるデータは、構造化されていないデータをディープラーニング、ニューラルネットワークに基づいて学習し、出力されるデータも構造化されていないものであるという点で違いがあるとされている。このように構造化されていないデータの学習や出力には「言語モデル」という確率モデルが重要な役割を果たしている。「言語モデル」とは文章の並びの遷移確率（transitional probability）[3]を計算するモデルで、このうち「計算量」、「データ量」、「モデルパラメータ数」の3つの要素を大規模化した「大規模言語モデル」がChatGPTなどの生成AIで重要な役割を果たしているとされている（Kaplan et al. 2020）。

　この、生成AIの技術の基になっているともいえる「言語モデル」という、言語における文章の並びの遷移確率を計算するモデルは、自然言語処理や機械翻訳の分野でコンピューターの発展とともに進化してきた技術である。その点において生成AIの発展と機械翻訳の発展は表裏一体の関係があると言える。実際、Poibeau（2017）は機械翻訳技術の発展を次のように時系列に

沿って説明している。各国における機械翻訳の研究は1950年代以降に、大学施設向けに最初のコンピューターが登場したのと同時に始まった。その後の停滞期を経て、1980年代にIBMを中心に開発したモデルにおいて、単語レベルでの翻訳候補を確率計算し、その期待値を最大化するという手法がとられるようになり一定の成功を収めた。1990年代以降になると、単語レベルだけではなく統語論的、意味論的な解析も考慮し、文章における単語同士の遷移確率の情報が段階的に機械翻訳に取り入れられていったことで、現在へも続く統計的機械翻訳が進歩していった。このような機械翻訳の進歩について、Poibeauは統計的機械翻訳が1990年代以降に進歩を遂げたのは、利用できるデータが急速に増えただけではなく、コンピューターの処理能力が向上したという理由も大きいことを指摘している。

このように、生成AIや機械翻訳の技術が発展し、私たちの生活の一部となっている現在、生成AIや機械翻訳などの技術を教育にどのように活用するべきかという議論が活発に行われるようになってきている。文部科学省は2023年7月13日に「大学・高専における生成AIの教学面の取扱いについて（周知）」（文部科学省 2023）という指針を出し、高等教育における生成AIの取扱いに関しての適切な対応や取扱に際しての留意点をまとめている。また、英語などの外国語教育・外国語学習の分野では、機械翻訳技術の進歩とともに機械翻訳の有効な活用の議論が行われてきていたが、言語生成AIの登場と普及によってますますその注目は高まっている（金丸 2023）。

これらを踏まえ、本章では機械翻訳の技術の進化を概説し、現在の機械翻訳が持つ特徴と、そのメリット、デメリットを明らかにするとともに、機械翻訳の外国語学習への有効な利用方法について考察する。

2. 機械翻訳

2.1. 機械翻訳の誕生

自然言語処理を行う代表的なシステムの一種である機械翻訳は、コンピューターの進化とともにあり、その主要なアプリケーションの一つとして

研究、開発され、進化してきた。機械翻訳の歴史の始まりは、1947年にロックフェラー財団で自然科学部門の責任者を務めていたウォーレン・ウィーヴァー（Warren Weaver）が数学者ノーバート・ウィーナー（Norbert Wiener）に宛てた手紙の中で、"One naturally wonders if the problem of translation could conceivably be treated as a problem in cryptography."「翻訳の問題を暗号の問題として扱うことはできないだろうか」と、コンピューターを使って人間の自然言語の文書を翻訳する可能性について言及したところにあるとされている（Nirenburg et al. 2003）。また、その2年後の1949年7月にウィーヴァーが書いた"Translation"「翻訳」と題された覚書（memorandum）が最初期の機械翻訳のアイデアとしてしばしば引用される（Weaver 1949）。この覚書は、翻訳において、暗号解読、統計的手法、言語学的な知見を活用することについて論じられており、また言語ごとの独自性よりも言語の普遍性に着目して言語を扱う可能性についても言及されているということもあり、単なる覚書でありながら後の機械翻訳や自然言語処理、計算機言語学において重要な出版物として扱われている。

　このような誕生を見せた機械翻訳であるが、大きな進歩を遂げるのはコンピューターにおいて言語学の研究が進んできた1960年代以降とされている。機械翻訳についてまとめている先行研究（Poibeau 2017; Hutchins 2000; Nirenburg et al. 2003; 奥村他 2014など）によると、歴史的に機械翻訳の手法は大きく分けて「ルールベース機械翻訳」、「統計的機械翻訳」、「ニューラル機械翻訳」の3つに分けられ、時代とともに進化してきたとされている。本節では、3つの手法のそれぞれについて概説する。

2.2. 機械翻訳の難しさ

　機械翻訳の歴史的発展に移る前に、まずは機械翻訳をするうえで何が難しいのかを考えてみよう。ある言語から別の言語への機械翻訳が難しい理由は、「言語ごとのズレ」があるからである。「言語ごとのズレ」には大きく分けて「語彙」、「品詞」、「語順」、「文法」の四点が挙げられる（奥村他 2014など）。

2.2.1. 語彙面での機械翻訳の難しさ

「語彙」については最も想像しやすいだろう。英語では一つの単語であるにもかかわらず、日本語に訳した場合は複数の訳語がある「多義語」は機械翻訳の上では語義曖昧性が生じる。例えば英語の "right" という単語には、日本語に訳す場合、名詞としても「右」という意味と「権利」という意味がある。それに加えて形容詞として「右の」という意味と「正しい」という意味がある。同様に "bank" という英単語は、日本語では名詞の「銀行」もしくは「（川の）土手」という二つの意味がある。"book" は名詞としては「本」だが、動詞として使うと「予約する」という意味になるし、"present" は名詞では「贈り物（プレゼント）」、形容詞では「現在の」、動詞では「贈る」や「発表する」という意味となる。逆のパターンとして、日本語では一つの単語であるにもかかわらず、英語では複数の訳語がある場合も数多くある。例えば、日本語の「ご飯」は、英語では "meal" のように食事自体を指すこともできるし、"rice" のようにお米を指すこともある。同様に日本語の「会議」は、英語ではその規模によって "meeting"、"conference"、"convention" などに訳し分けられる。

2.2.2. 品詞面での機械翻訳の難しさ

ある言語から別の言語へ同じ内容のものを翻訳する場合に、品詞を変えなくてはいけない場合もある。日本語を母語とする人が英語を学習していてなかなか覚えられない形容詞に "available" というものがある。辞書ではこの形容詞は「利用できる」「入手できる」「手が空いている」などと訳され、例えばホテルで "This room is available." と言えば、「この部屋は空室だ」となるし、友達に "Are you available tonight?" と聞けば、「あなたは今晩（予定が）空いてますか？」と聞いていることになる。この例では、英語では一語の形容詞である "available" に対応する形容詞が日本語にはないので、名詞「空室」に断定の助動詞「だ」を補って熟語として表したり、「（予定が）空いている」と動詞を用いて状態を表したりする必要がある。

逆に日本語の「もったいない」という形容詞は、英語では対応する形容詞

がなく、「それはもったいないですね」という文を英訳すると、例えば "That would be a waste." のように "waste" という名詞を使って表すなどの工夫が必要となる。

2.2.3. 語順面での機械翻訳の難しさ

　言語によって、文を構成する要素の語順は異なる。S（主語）、V（動詞）、O（目的語）の三要素だけに着目しても。日本語はSOVの語順であり、英語はSVOの語順である。Dryer（2013）による世界1377の言語の調査では、日本語と同様のSOV語順が最も多く全体の41.03%（565言語）、英語と同じSVO語順が次いで多く全体の35.44%（488言語）であり、この2パターンで全体のおよそ76%を占めるが、その他にもVSO語順が6.90%（95言語）、VOS語順が1.82%（25言語）、OVS語順が0.80%（11言語）、OSV語順が0.29%（4言語）などがあり、基本語順がないとされる言語も13.73%（189言語）あるとされている。SOV語順の日本語では、「野球をする」のように目的語の名詞「野球」は動詞「する」の前に置かれるが、これをSVO語順の英語にする場合、"play baseball" のように名詞 "baseball" は、動詞 "play" の後に置かれる。また、言語類型論の祖であるGreenberg（1963）によると、このようなある言語の基本語順は、V（動詞）とO（目的語）だけではなく、N（名詞）とP（前置詞 / 後置詞）の語順などその他の要素の語順にも普遍的に成り立つ関係性があることを示している。SOV語順の日本語では「学校へ（行く）」のようにP（後置詞）はN（名詞）の後に来るが、SVO語順の英語では "（go）to school" のようにP（前置詞）はN（名詞）に先行する。

　このように言語の基本語順によって各文法要素の語順が明確に決まるのであれば、機械翻訳においてもそれらの語順をルールに基づいて入れ替えるだけでよいが、語順面での「言語のズレ」はそう単純ではない。例えば英語とイタリア語は共にSVO語順であり、"I go to Tokyo." は "Io vado a Tokyo." と、V（動詞）とO（目的語）の語順も、N（名詞）とP（前置詞）の語順も一致する。しかし、N（名詞）とA（形容詞）の語順に関しては異なり、英語では "important date"「重要な日」のようにANの語順であるが、イタリア語で

は"data importante"とNAの語順となる。さらに、英語ではどの形容詞も名詞を前から修飾するかというとそうではない例外もあり、"something important"のように"-thing"で終わる名詞に限っては、イタリア語同様に形容詞は名詞を後ろから修飾する。

2.2.4. 文法面での機械翻訳の難しさ

2.2.1〜2.2.3は翻訳元の言語と翻訳先の言語との間で表現が一対一で対応しない場合であったが、そもそも片方の言語にはもう片方の言語にある要素がないという場合もある。例えば日本語には、英語の"the"や"a"のような冠詞や、(「学生」に対して「学生たち」のような場合を除いて)名詞の複数を表す形がないので、「本を読んだ」という日本語を訳すのに、"read a book"なのか、"read the book"なのか、"read some books"なのか、"read the books"なのかという区別が明確ではない。さらに、この「本を読んだ」の例のように、日本語では主語が省略されることも多いので、主語が"I"なのか"we"なのか"you"なのかなどの区別も明確ではない。なので、「本を読んだ」を日本語から英語に訳す場合は、それらを推測で補って翻訳する必要があり、結果として何通りもの英訳の可能性が生じてしまう。

逆に日本語には英語の"I"にあたる主語人称代名詞には「私」、「あたし」、「僕」、「俺」などのバリエーションが、"you"にあたる代名詞も「あなた」、「君」、「おまえ」などのバリエーションがある。これらは逆に英語から日本語に翻訳する際に、推測で選択する必要がある。

2.3. 機械翻訳の歴史的発展

2.3.1. ルールベース機械翻訳

川添(2019a)では、機械翻訳の課題を「原文を入力として受け付け、それと同じ意味の訳文を出力すること」(p. 66)と定義している。この課題を達成するため、初期の機械翻訳では元の言語の文章の単語やフレーズを、翻訳先の言語の単語やフレーズに置き換え、適切な順番に並べ替えるというシンプルな方略が用いられていた。

まず、ある言語（原言語、ソース言語）から別の言語（目的言語、ターゲット言語）に文章を翻訳する場合、どのようなプロセスが行われるのだろうか。古典的にはVauquois（1968）が「翻訳ピラミッド（machine translation pyramid）」、もしくは「Vauquoisのトライアングル（Vauquois triangle）」として、そのプロセスを図示した（図1は奥村他2014による日本語訳より引用）。翻訳のプロセスには、大きく分けて解析→変換（トランスファー）→生成の3段階がある。入力された文章は、まず形態素解析によって単語ごとに分割され、構文解析によって文中での主語や目的語といった役割が付与される。その後意味解析で各単語の意味が確認され、概念理解で文脈情報が考慮される。これらの解析によって分割された文の各要素は、それぞれ原言語から目的言語に変換され、その後目的言語の文章として生成されることによって目的言語の翻訳文が完成する。

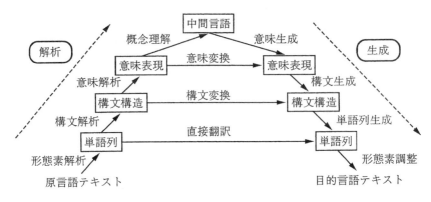

図1　翻訳ピラミッド（奥村他2014: 9より引用）

　初期のルールベース機械翻訳では、このように原言語の文を解析によって文の断片（チャンク）に分けたうえで、原言語と目的言語の間の個々の規則を用いて変換することによって翻訳を行っていた。例えば2.2.3.で述べた英語とイタリア語のN（名詞）とA（形容詞）の語順の違い（英語は一般的にANの語順で、イタリア語は一般的にNAの語順）については、個々の規則として変換時に使用されていた。このように機械翻訳の初期においては辞書と規則を利用

して、原言語と目的言語の間のあらゆる規則を記録しようとしていたのである。

しかしこの方法では、あらゆる二言語間の規則を設けないといけないので変換規則が無限に生じてしまう。この問題を解決するため、中間言語という概念を用いたシステムが誕生した。この方式では、原言語は、すべて一度言語に依存しない中間言語表現に置き換えられ、中間言語から目的言語に翻訳される。このようにすることで、各言語と中間言語との間の規則のみを変換規則として設けるだけで、どのような二言語の組み合わせについても翻訳が可能になるのである。

しかしこのようなルールベース機械翻訳には限界があった。2.2.1.や2.2.2.で述べたように辞書の知識は曖昧性を含んでおり、規則についても時に矛盾したり、曖昧性を含んでいたりして明確に定義できるものではないためである。

2.3.2. 統計的機械翻訳

ルールベース機械翻訳の問題点を克服するために、1990年代から統計的機械翻訳という方式が登場した。これはコンピューターの計算容量の発展に伴い、大量の言語データを利用することができるようになり、その中から純粋に統計的な遷移確率を計算し、確率が最大化する翻訳を採用するという手法である。初期の統計的機械翻訳は、国際機関のバイリンガルデータなどから言語データを収集していたが、現在ではほとんどの場合、ウェブ上にある莫大なデータから言語データを収集している。現在も使用されるGoogle翻訳やBing翻訳などは、当初からこの統計的機械翻訳を使用することで一気に普及した。統計的な機械翻訳手法がルールベースの手法に比べて優れているのは、言語間の表現方法の違いや慣用表現などに強いのみならず、文脈情報を加味した意味の選択ができるようになったことで、2.2.1.で述べたような多義語の選択なども容易になったことが挙げられる。

2.3.3. ニューラル機械翻訳

　初期のルールベース機械翻訳が、先述の通り単語やフレーズのように文を断片（チャンク）に分けて扱っていたのに対して、現在使用されているほとんどの機械翻訳はニューラル機械翻訳という手法であり、この手法では単語を数値のベクトル（数値の列）として扱っている。川添（2019a）によると、ニューラル機械翻訳とは、神経細胞の働きをヒントにした機械学習モデルで、計算の単位を並べた層が階層的にネットワーク上に繋がっているモデルであるとされている。入力された個々の単語や文字列は数値化されベクトルとして扱われ（エンコーダー）、ネットワーク上の計算を伝播していきながら変化し、最終的に数字として出力されたものが単語や文字列に再度変換されていく（デコーダー）。そのようにして出力された訳文を、既存の対訳データを使って修正し最終的な訳文が産出されるとしている。つまり、初期のルールベース機械翻訳では文を単語などの小さな断片（チャンク）に分け、それぞれに別々の規則を適応して変換したものを、目的言語で再生成していたが、ニューラル機械翻訳では文を小さな断片（チャンク）に分けることなく文全体として扱い、形態素・構文・意味・文脈などのさまざまな解析・変換・生成を同時に処理することができる。さらにそのプロセスの中では統計的データが常に利用されている。これらのあらゆる情報が、独自の学習プロセスに埋め込まれ、同時に処理されるのである。

2.4. 現在のニューラル機械翻訳がもつ課題

　人工知能の技術を応用したニューラル機械翻訳が2016年に登場して以降、このニューラル機械翻訳の手法は急速な拡大と発展を見せている。以前の統計的機械翻訳に比べて翻訳の精度は確実に上昇しており、特に日本語と中国語間の翻訳など、英語を含まない翻訳においてその精度の向上が大きくみられることが示されている（中澤 2017）。

　一方で、ニューラル機械翻訳では統計的機械翻訳では見られなかった幾つかの新たな課題も指摘されている。ニューラル機械翻訳における深層学習（ディープラーニング）手法では、トレーニングデータに基づいて機械学習が行

われて発展していく。そのため、トレーニングデータに含まれない新語など未知の単語に対して対応できないという問題がある。統計的機械翻訳以前のように新たな単語の情報を後から組み入れるのが難しいのである。また、ニューラル機械翻訳は単語やフレーズのように文を断片（チャンク）に分割せずに翻訳を行うため、文の各要素が全て翻訳されずに、情報の一部が欠損しまう問題も指摘されている。特に長い文章の翻訳ではこのような問題が生じやすいとされている。

　実際に、現在の機械翻訳のデメリットとして、川添（2019b）では、「その計算過程の解釈が困難であり、人間から見て不可解な誤りをしがちである」（p. 66）ことや、原文と丁寧に照らし合わせなければ翻訳の誤りに気付けない点を挙げている。川添（2019b）では「人間から見て不可解な誤り」として、ヒトの言語処理では無意識にできる常識や文化を基にした判断ができないことが指摘されている。常識を基にした判断の欠如の具体例として、「東京・渋谷の繁華街に仮装した大勢の人」という文の英訳において、"A lot of people who disguised as a downtown area in Tokyo/Shibuya" と「東京・渋谷の繁華街」を場所ではなく、仮装のモチーフとして誤訳している例を挙げている。また、文化についての知識を基にした判断の欠如については、日本語において「前向きに検討する」というのは、通常積極的に行動するわけではなく、どちらかというと消極的な返答であるが、それを英語に訳した "I will take care of it." では、自ら行動するという積極性が感じられる。このように言外の意味にあたる隠喩（implicature）を含むような表現は、機械翻訳が不得意とするものである。

　また、川添（2019a）で「原文と丁寧に照らし合わせなければ気付けない誤り」の具体例として、Google翻訳で「なぜですか？納得できません。理由をちゃんと説明して下さい」という文章を英訳する際に "Why? I can not accept it. Please explain why." と、「ちゃんと」に対応する "properly" のような単語が抜け落ちてしまう例などを提示している。

　これらの機械翻訳が持つ課題に鑑みると、機械翻訳は、決して私たち人間が外国語学習をしなくてよくなるというものではないことが分かる。むしろ、

外国語学習や機械翻訳を用いた他言語話者とのコミュニケーションを行うにあたり、母語や翻訳先外国語への高い理解や、メタ言語的な思考力が欠かせないものとなっていることがうかがえる。実際に、川添（2019a, b）では、機械翻訳が100％正しい翻訳を行えることは不可能であり、「少なくとも翻訳間違いに気づける程度の外国語の知識を持ち、他国の文化についての学びを怠らない人こそが機械翻訳の恩恵を最大限に受けられるのではないだろうか」（川添 2019b: 67）と、現在の機械翻訳技術の進歩に鑑みても、正しい翻訳を行うには外国語や翻訳先の国の文化についての学びが不可欠であることを指摘している。また、成田（2019）でも同様に「自動翻訳は、文脈や意味関係を踏まえてしっかり考えないと、翻訳結果が正しいか否かの判断ができない。使いこなすには、高い英語力と知的な思考力が求められるのである」（p. 265）と指摘している。

3. 機械翻訳と外国語学習

3.1. 外国語学習における機械翻訳

　このように歴史的発展を遂げ、初期に比べて性能が飛躍的に向上した機械翻訳は、認知度や使用率も大きく高まり、日常生活でなくてはならないツールとなっている。そうなると当然、外国語教育や外国語学習の分野においても、機械翻訳を用いない外国語学習を目指すのではなく、外国語学習に欠かせない補助ツールとして機械翻訳をどのように利用していくのかという議論がなされるようになってきている。実際、小田（2019）は、日本における外国語教育において機械翻訳やその影響が扱われた研究をまとめたうえで、現代の外国語教育では機械翻訳の使用をタブー視することなく、語学が苦手な学生のニーズがある以上、翻訳アプリの使い方について学習することは有益であることを主張している。また、Klimova et al.（2023）の研究でも、外国語学習者に機械翻訳を組み入れるにあたり、最も効率的なアプローチを探り、具体的な教育学的示唆を与えるために、ScopusとWeb of Scienceの2つの定評のあるデータベースにある莫大な研究を対象としたシステマティックレ

ビューとメタアナリシスを行った。この結果は、ニューラル機械翻訳が生産的言語能力（話す・書く）と受容的言語能力（読む・聞く）の両方を伸ばすための効率的なツールであることを示した。さらに、機械翻訳ツールは特に習熟レベルが上級の学習者に適しており、初心者や中級以下の学習者よりも機械翻訳のアウトプットを批判的に考察することを可能にしているとも述べている。上記のように、外国語教育や外国語学習の分野において、機械翻訳は補助ツールとして扱うことが有益であるという研究が多く、より有効に扱うには機械翻訳のアウトプットの正確性を判断できるだけの外国語習熟度が必要であるとされている。

3.2. 機械翻訳の外国語学習の活用例

このように、外国語学習者が容易に機械翻訳にアクセスできるようになった現在、実際に外国語教育においても機械翻訳を取り入れた事例報告は数多くある（佐竹 2016; 酒井 2020; 酒井他 2020 など）。しかしそれらの研究の多くは、英語を中心とした外国語学習の授業において、機械翻訳を利用した事例報告や、その中で明らかとなった気付きを紹介するものに留まっている。

土屋（2019）は、公立の小学校の外国語学習においても機械翻訳が組み入れられている例を紹介している。土屋によると、現在では地域によっては小学校高学年の児童に一人一台タブレットが支給されており、そこではGoogle翻訳などの機械翻訳サービスに簡単にアクセスできるため、小学生から外国語学習において機械翻訳の使用が浸透している現状があるという。この研究では実際に小学校6年生の外国語活動において機械翻訳を利用した実践報告を紹介しており、「入力時は日本語の書き方が大切であること」と「翻訳機でおかしな訳が出る可能性があること」を確認したという。

山田（2022）は大学の英語教育における機械翻訳の活用例を紹介している。大学の英語ライティング授業において、学生は一度自分で英文を書き、それを機械翻訳の翻訳例参考にしながらブラッシュアップするというアクティビティである。この研究では、学生は特に「指導する」という語を "teach" から機械翻訳を参考に "instruct" に書き換えるといった語彙選択において、多

くの修正を行うことを報告している。また習熟度別では、学習者の習熟度が高くなればなるほど自分の知らない機械翻訳の訳例を取り入れることに、より慎重な姿勢を示し、逆に習熟度が低いほど積極的に訳例を自分の英文に反映させること、それによって最終的なライティング成果物は習熟度に関係なく向上することを述べている。また、この山田（2022）の研究では、機械翻訳の外国語教育への応用方法として、母語と学習言語を比較した言語学的な側面の指導によるメタ言語的知識を習得することの重要性を指摘している。具体的には、「これはペンだ」という文と「これはペンなんだ」という文はどちらも "This is a pen." という翻訳になることから、日本語の「だ」や「なんだ」と言った終助詞は機械翻訳においては無視されるということを体感することにより、メタ言語的知識を学ぶことの重要性が挙げられている。さらに、「かわいいハンバーガーを食べる少女に決定」の「かわいい」が本来の意味である「少女」にかかるのではなく、機械翻訳では「ハンバーガー」にかかって翻訳されてしまう例から、形容詞の修飾先の曖昧性による誤訳を体感し、原言語の日本語をどのように書き換えることで正しい訳語が出力されるかを考えることなども例示されている。

3.3. 機械翻訳の外国語学習における効果の検証

　上記のような、機械翻訳の英語を中心とした外国語学習の授業における活用事例報告に加えて、近年では機械翻訳の利用による外国語学習への効果を計量的に評価しようとする研究もみられる。玉置（2022）は、日本語上級レベルの台湾人留学生の中日翻訳課題を事例に、機械翻訳の参照が学習者のセルフモニタリングを促進するかを調査した。その結果、機械翻訳を参照して正しく訂正された箇所は全体の9割を超え、機械翻訳の参照がセルフモニタリングを促進したことが示唆された。また、課題終了後のインタビュー調査から、機械翻訳の利用による訳文改善の効果は学習者の日本語レベル等の条件に左右されることや、適切な使用には教師が機械翻訳の特性を踏まえて使い方を指導する必要があることなどが指摘されている。

　また、日本人英語学習者の日本語英訳における英語の正確性や流暢さが機

械翻訳の利用によりどの程度向上するかを調べた内田（2025）の研究では、機械翻訳による翻訳文を参照して、自身の英訳を修正することにより、英語ネイティブが判断した英文の正確性の採点において、わずかながら数値的な改善されることが報告されている。

4. 機械翻訳が変える今後の外国語学習とは？

　以上のように、生成AI（人工知能）ブームともいえる現在、機械翻訳は外国語学習者に欠かせないツールとなっている。日本において学校教育で、パソコンやタブレットの使用が身近になればなるほど、機械翻訳の使用も増えてくる。このような状況において、従来の外国語教育のように、機械翻訳の使用をタブーとして扱うのは現実的でないということを多くの研究が指摘している。また、実際に多くの研究において、英語を中心とした外国語学習の授業における機械学習の活用事例が報告されており、より近年の研究では、その効果についても評価が行われている。生成AI（人工知能）や機械翻訳の技術の発展により、英語をはじめとした外国語学習は不要になるという意見も一部では主張されているが、多くの先行研究は、むしろこれとは逆の主張をしている。本章で概説した通り、機械翻訳は1947年に初めて登場して以降、ルールベース機械翻訳、統計的機械翻訳、ニューラル機械翻訳と3つの段階を経て発展し、それに伴い機械翻訳の精度は格段に向上した。当初は文を単語ごとに分割し、それを原言語から目的言語に翻訳し、二言語間の違いを考慮した変換ルールに基づいて並び替えが行われていただけの機械翻訳は、膨大なウェブ上のデータベースを基に、統計的な単語の翻訳確率や、単語間の遷移確率を用いることが可能となり、近年のニューラル機械翻訳では、文全体を数値のベクトルとして扱うことで、形態素・構文・意味・文脈などの文のさまざまな要素を同時に処理して翻訳が行われることが可能となった。
　一方で、このような進歩に伴い、翻訳における原言語の情報の欠落や、新語への対応の難しさなどの新たな課題も明らかとなっている。そのような状況において、機械翻訳を用いる外国語学習者に必要となるのは、翻訳される

元の言語（原言語、ソース言語）と、翻訳後の言語（目的言語、ターゲット言語）に関する知識と運用能力である。日本語から英語への翻訳について考えてみれば、翻訳元の日本語独自の特徴である主語の省略や、「バイト」などの日本語特有の省略語についての言語知識が必要となる。また、日本語と英語を比較した際に、一人称のバリエーションや冠詞の有無などのように日本語か英語のどちらかの言語にしかない要素についての知識も、翻訳の正確さを決める重要な要素となってくる。さらに、これらのような言語知識に加えて、機械翻訳を利用する際に、入力する日本語の文章を機械翻訳に適した形にするために、不足している要素を補ったり、語や文構造を修正したりするなど、日本語の言語運用能力も必要となる。その上で、翻訳された英語の訳文が正しいか、入力した日本語の情報と比べて、情報に欠落はないかなどを批判的に判断できる英語の習熟度も求められる。このように、有効な機械翻訳の使用には、かなり高度な言語知識や言語運用能力、習熟度が欠かせないということである。

　ChatGPTをはじめとした生成AIは、機械翻訳における二言語間の翻訳のみならず、文章の要約や言い換え、内容を理解した上での問題への回答など、より高度な言語処理能力を必要とする活動にも対応している。とても便利で素晴らしい技術である一方、文部科学省（2023）においても「大規模言語モデルを活用した生成AIは、基本的に、ある語句の次に用いられる可能性が確率的に最も高い語句を出力することで、文章を作成していくものであり、AIにより生成された内容に虚偽が含まれている又はバイアスがかかっている可能性がある」（p. 3）と指摘されている通り、その内容はあくまでも確率的に高いとうことであり、正しいことであるとは限らない。結局のところその真偽の確認は、利用者に委ねられている。

　機械翻訳や生成AI技術が発展、普及している現在、外国語学習において学習者はこれまで以上に自律的にそれらの技術との向き合い方を模索していく必要がある。金丸（2023）は、今後の外国語教育で大切なのは「教師が積極的に指導するのではなく、学生が自らAIを活用しながら、知識や技能を補い、AIとのやり取りを通じて理解を深めていく。さらに、AIの出力を参

考として学び続ける姿勢を育成する」(p. 17) ことであると指摘している。このように学習者自身が自律的にAIを活用していくには、そのための外国語やその文化に関する知識が必要不可欠である。英語などの外国語学習は、もちろんその学習言語の習熟度を上げ、流暢に使用できるようになるという目的もあるが、同時に母語や学習言語に対するメタ言語的な認識を深め、運用能力を高める効果も期待できる。そのような点に鑑みると、今後どれだけ機械翻訳の技術が発展しても、外国語学習の必要性がなくなることはないと考えられるだろう。

付記

本章の内容は、内田翔大（2025）「大学生英語学習者の和文英訳における機械翻訳の利用実態と有用性についての実験的検証」『和洋女子大学紀要』の論文の内容の一部に、加筆修正を行ったものである。

注

〔1〕 OpenAI: "Introducing ChatGPT," https://openai.com/blog/chatgpt（2024年1月21日参照）。
〔2〕 構造化されたデータとは、ソフトウェアがアクセスできるような形式に標準化されたデータのこと。一般に処理されていない文章や音声データは非標準化データとされ、それに意味や背景情報を付与し、ソフトウェアがアクセスできるように処理されたデータを構造化データという。
〔3〕 ある入力の後に別の入力が来る確率のこと。自然言語処理においては、ある単語（語/音素）の後に別の単語（語/音素）が来る確率のこと（Saffran et al. 1999 など）。ある単語（語/音素）の後に来る単語（語/音素）には複数の候補があり、それぞれの候補はそれぞれの確率分布（probability distribution）をもつと考えられている。

参考文献

奥村学・渡辺太郎・今村賢治・賀沢秀人・Graham, Neubig・中澤敏明（2014）『（自然言語処理シリーズ 4）機械翻訳』コロナ社

一般社団法人電子情報技術産業協会（2023）「JEITA、生成AI市場の世界需要額見通しを発表」『一般社団法人電子情報技術産業協会（JEITA）』https://www.jeita.or.jp/japanese/topics/2023/1221-2.pdf（閲覧日：2024年1月20日）

小田登志子（2019）「機械翻訳と共存する外国語学習活動とは」『東京経済大学人文自然科学論集』(145): 3–27

金丸敏幸（2023）「言語生成AIは外国語教育に何をもたらすか？」『大学教育と情報』2 (183): 16–17

川添愛（2019a）「機械翻訳の現状と展望（前編）」『英語教育』68(3): 66–67

川添愛（2019b）「機械翻訳の現状と展望（後編）」『英語教育』68(4): 66–67

川添愛（2020）『ヒトの言葉　機械の言葉：「人工知能と話す」以前の言語学』KADOKAWA

酒井志延（2020）「グローバル化時代における日本の大学の機械翻訳を使った複言語教育の研究」『言語教師教育JACET教育問題研究会会誌』7(1): 51–64

佐竹直喜（2016）「機械翻訳を利用した英文ライティング指導について──高専における一事例──」『四国英語教育学会紀要』36: 75–84

酒井志延・朱珉・山﨑聡・小黒岳志・ギルダート，サミュエル・栗原よし子・根岸恒雄・野川浩美・岩本寛治・吉田由美子・加藤澄恵（2020）「機械翻訳と複言語に関する指導法の開発」『千葉商大紀要』58(2): 1–12

玉置充子（2022）「機械翻訳日本語教育　──産出文のセルフモニタリング促進の観点から」『拓殖大学日本語教育研究』7: 27–53

土屋佳雅里（2019）「機械翻訳が公立小学校にもやってきた！さて，子どもたちは…？」『新英語教育』(599): 9–10

中澤敏明（2017）「機械翻訳の新しいパラダイム──ニューラル機械翻訳の原理」『情報管理』60(5): 299–306

野村総合研究所（n.d.）「用語解説　技術　生成AI」https://www.nri.com/jp/knowledge/glossary/lst/sa/generative_ai（閲覧日：2024年3月2日）

成田一（2019）「自動翻訳の高度化と英語教育──AI機能を備えた自動翻訳の跳躍──」『Japio Year Book 2019』: 264–273

森健・林裕之（2023）「日本のChatGPT利用動向（2023年6月時点）〜若年層を中心に利用率が高まる〜」『野村総合研究所』https://www.nri.com/-/media/Corporate/jp/Files/PDF/knowledge/report/cc/digital_economy/20230622_1_3.pdf?la=ja-JP&hash=CEE920115C16D1F9FA2CC1307B17BCC1FCFA460A（閲覧日：2024年1月20日）

文部科学省（2023）「大学・高専における生成AIの教学面の取扱いについて（周知）」https://www.mext.go.jp/content/20230714-mxt_senmon01-000030762_1.pdf（閲覧日：2024年9月30日）

山田優（2022）「機械翻訳の英語教育への応用──ライティング練習の支援とMTILT」『英

語教育』71 (8): 4–5

Dryer, M. S. (2013). Order of Subject, Object and Verb. In: Dryer, M. S. & Haspelmath, M. (eds.) WALS Online. Retrieved 10 March, 2024, from http://wals.info/chapter/81.

Greenberg, J.H. (Ed.) (1963). *Universals of language.* MIT Press.

Hutchins, W. J. (2000). *Early years in machine translation: memoirs and biographies of pioneers.* John Benjamins.

Kaplan, J., McCandlish, S., Henighan, T., Brown, T. B., Chess, B., Child, R., Gray, S., Radford, A., Wu, J., & Amodei, D. (2020). Scaling laws for neural language models. arXiv: 2001.08361.

Klimova, B., Pikhart, M., Benites, A. D., Lehr, C., & Sanchez-Stockhammer, C. (2023). Neural machine translation in foreign language teaching and learning: a systematic review. *Education and Information Technologies*, 28(1), pp. 663–682.

Nirenburg, S., Somers, H. L., & Wilks, Y. (eds.) (2003). *Readings in machine translation.*, pp. 13–17. MIT Press.

Poibeau, T. (2017). *Machine translation.* CA: MIT Press.（高橋聡（訳）・中澤敏明（2020）.『機械翻訳　歴史・技術・産業』森北出版）.

Saffran, J. R., Johnson, E. K., Aslin, R. N., & Newport, E. L. (1999). Statistical learning of tone sequences by human infants and adults. *Cognition*, 70(1), pp. 27–52.

Vauquois, B. (1968). A survey of formal grammars and algorithms for recognition and transformation in mechanical translation. *Ifip congress*, (2) 68, pp. 1114–1122.

Weaver, W. (1949, July). Translation, Memorandum. In: Nirenburg, S., Somers, H. L., & Wilks, Y. (eds.) (2003). *Readings in machine translation.*, pp. 13–17. MIT Press.

第10章
ウェルビーイングに根差した大学英語教育
―― 学生の積極的な学びを促すヒント

山本貴恵

1. 英語学習のイメージは常に負に包まれている？

　Learning English is…に続く言葉を大学に入ったばかりの学生に書かせると、興味深いことに相反する二つの回答が得られることが多い。Fun, interestingといった、肯定的な単語が出てくる一方、difficult, hard, boringといった否定的なものも目に付く。また、「英語は好きだけど苦手」というアンビバレントな感情を吐露する学生も少なくなく、英語教育に従事する者として、「好き」や「楽しい」に基づいた没入感を学習に向けられる方法はないだろうか、と授業実践を通じ模索する日々である。日本で中学校から義務教育の一環として英語を学んだ私たちの多くは、テスト前に必死で暗記した英単語、授業中に指されるのが憂鬱な中取り組んだ訳読、どうしてもネイティブ・スピーカーからは程遠い発音など、英語学習に対し苦い思い出を少なからず抱えているのが現状だろう。これらを「通るべき道なのだ」と諭すアドバイスも現場で目にするが、近年の研究動向においては、学習者がいかに学び、自身のあるべき英語話者像を構築していくかをより重視した教育の

重要性が叫ばれるようになっている。また、達成度を客観的に数値化すること以上に、学習経験の質向上にも目が向けられるようになってきた。

本章では、近年教育の現場で用いられるウェルビーイングの概念がどのように外国語教育に援用できるかについて、また筆者が実際に授業実践で取り入れている具体的な活動を紹介しながら、これから日本の大学における英語教育の在り方について論じる。

1.1. 大学における英語教育――変化と課題

筆者が身を置いている高等教育、大学における英語教育は、政府の進める教育政策に翻弄されながら、グローバル人材の育成を目指すことを求められている。記憶に新しいものでは、2014年に文部科学省主導で開始されたスーパーグローバル大学創成支援事業により、国際競争力を高めるための英語を媒介とする授業［English Medium Instruction］開講や、TOEICやTOEFLといった外部試験の一定点数取得を卒業要件に掲げる教育機関も増加し、留学生の受け入れ体制を整えるとともに、日本の大学生の英語力強化に躍起になることとなった。これらの国際化を名目とした政策は、国際語としての英語に対する意識が高まると考えられる一方、高校卒業までの試験対策に重点を置いた英語教育と大きなギャップがあり、学習者の動機付けや学習意識への有効な働きかけとなっているかという点においては、懐疑的な見方も根強い。

大学における英語教育は、各教育機関の特色や学部学科の方針によって大きく異なるものの、オールイングリッシュ型を基盤としたコミュニケーション中心の授業と、日本人教員によるリーディング・ライティングを重視したものを必修として履修させることが一般的で、試験対策を中心に勉強をしていた学生からすると、前者は慣れていないが故に不安感が大きく、後者は高校の授業の延長のように感じられ、やる気が出ず、結局のところ大学に入っても英語学習の目的を見出せないままの学生も見受けられる。加えて、就職活動ではTOEICのような資格が必要だと言われ、またもや試験中心の英語学習へと引きずり込まれてしまう。点数が低ければ、さらに自信を失うことになり、「やはり自分は英語ができない人間なのだ」と、学びへの意欲はい

よいよ削がれてしまうだろう。

　英語は国際語だから、グローバル社会では英語くらい話せないと――このような煽り文句だけでは学生を奮い立たせることは難しいと、多くの英語教員が感じていることだろう。では、どのようにすれば、学びに対し目的を見つけ、彼らが活き活きと英語学習に取り組む場を作ることができるのだろうか。そのヒントとして、教育活動にウェルビーイングの概念を用いる動きが近年加速している。

1.2. 教育におけるウェルビーイング

　ウェルビーイングはOECDが2015年に行った世界的な学習達成度調査（通称PISA）において、well-beingをその一部として含めたことから、教育の分野でもその概念を実際の政策や、方針に取り入れられるようになった。OECD（2017）はウェルビーイングを「生徒が幸福で充実した人生を送るために必要な、心理的，認知的，社会的，身体的な働きと潜在能力」と定義しており、この概念に基づき、包括的に見て一個人が幸福な状態であることの重要性が、教育の役割の中でも注目されることとなった。また、ウェルビーイングは人が自ら作り出すものでもあり、また他者から与えられるものというよりは、家庭や学校、課外活動や地域のコミュニティ、そして文化など、さまざまな環境との関わり合いによって生まれるという相互作用的な概念であることにも気付かされる。そのため、従来教育の指標において重視されてきた、IQ測定や学力テストで示されるような認知的能力に加え、非認知的な側面、具体的には社会情緒的能力を養うことで、他者と支え合い、尊重し合いながら自己研鑽を積み、高いウェルビーイングを保った人物育成へ繋げることができるとされている。

　世界的に見て、日本の子どもたちのウェルビーイングはどのような状態なのだろうか。2020年のユニセフの調査では、日本は「パラドクス」をはらんだ結果であると指摘されている（ユニセフ・イノチェンティ研究所2020）。身体的幸福度は参加38国中1位である一方、精神的幸福は37位となっており、この理由として子どもの自殺率の高さが挙げられている。また、学力テスト

では世界的に見ても高い水準を保っている一方、上記の非認知的能力に対する自己評価が低いことも、この調査では明らかになっている。受験戦争と揶揄されるほど、学力試験一辺倒の教育が今日でも残る日本においては、学生の自己肯定感の低さが顕著であることも指摘され、この傾向は英語教育においても見られる（Kikuchi 2009; 清田 2010）。多くの研究者が指摘するように日本では「ネイティブ信仰」（大木 2021）が根強く残っており、外国語能力習得においては母語話者に近づくことが重視される。「カタカナ英語は恥ずかしい」「ビジネスミーティングで発言できない恥ずかしい日本人ビジネスマン」といったイメージがメディアを通じ我々の多くに刷り込まれていることに気づくだろう。近年、複言語主義（Byram 1997）やトランスランゲージング（García & Wei, 2014）といった、多言語・多文化理解を持ち合わせた人物形成を、外国語教育の目標とする動きが世界的に進む中、日本における英語教育の現場では未だ完璧な言語習得に囚われていることは否めない。このような環境下、学生の主体性を尊重し、ウェルビーイングを促進する教育実践は非常に困難であると言えよう。

2. 学習者の成長を促す外国語教育

2.1. 外国語学習における心理学的アプローチ

筆者も含め国内外において外国語教育に従事する多くの教員が、学生が学びの過程で幸福感を感じながら、授業内外での活動に没入できるような指導方法や、環境作りをこれまで探求してきたことは言うまでもない。ウェルビーイングという概念が持ち込まれたのはここ数年である一方、外国語学習者の内的要因、とりわけモチベーションに関する研究は、長い歴史を持つ分野である。1970年代以降、「何が第二言語学習者の（非）動機付けに繋がるのか」を解明しようとする研究が進展する中、Gardner・Lambert（1972）の社会教育モデルにおいて示された統合的動機付け（目標言語を使用して何かを達成したいという意欲）ならびに道具的動機付け（試験や就職といった具体的な目的のために学びたいという意欲）の区別が広く注目されるようになった。彼らの研

究は、第二言語を学ぶ上で情動や周囲からの期待といった要因がモチベーション維持に影響を及ぼすことを裏付けており、上述の概念は、今日も教員の授業作りにおける姿勢に大きな影響を与えていると言えるだろう。さらに、2000年代以降、ゾルタン・ドルニェイが提唱したL2動機づけ自己システムモデル（Dörnyei 2009）に代表されるように、学習者と彼らを取り巻く環境や他者との関わりによって生じる「自己（self）」の概念がモチベーション研究に取り入れられるようになった。このモデルは、学習者が持つ文化的背景やアイデンティティ、過去の経験、そして将来の理想像など、多様な要素を考慮することの重要性を提唱している。特に近年の研究では、外国語学習に対して全人的なまなざしを向けることが、意欲的に学ぶ姿勢を支援する上で有効であることが明らかにされつつある（Norton 2012; Ushioda, 2011; Yamamoto, 2023）。

　ところで、なぜ外国語教育の分野で盛んに学習者の動機付けが重要視されるのだろうか。マーサー・ドルニェイ（2022）はコミュニケーション能力の習得に求められる継続的な練習にはストレスが伴うことも多く、母語でのやり取りでは起こりえない心理的脅威を経験しながら学ぶことが求められることを指摘している。そのため、学習者の情意を単なる「個人差」で片付けるのではなく、学習を促進もしくは阻害する、重要な要因として捉える研究が進められてきた。授業内で経験する不安感や退屈感、フラストレーションといった負の感情がどのような場面で生じやすいか、またそのような感情をどのようにコントロールさせ、高いパフォーマンスを引き出すかといった教育的介入の可能性も議論されている。私たちも自身の過去を振り返ってみると、マーサー・ドルニェイの指摘するところが腑に落ちるのではないだろうか。勿論、そのような授業内での嫌な思い出が、今になってみると良い経験だったという人もいるであろうが、その時のモチベーションや、目的意識はどうであっただろうか。恥をかきたくない、先生に怒られたくない、といった動機付けでは、持続的な学びの実践には結びつかないであろう。

　興味深いことに、最近の外国語教育においては「何が学習者にマイナスな影響を及ぼすか」というよりも、「どうすれば学習者が、幸福感を感じなが

ら、目標とする言語の習熟度を高め、学習経験自体を楽しむことができるか」(Oxford 2016) というアプローチに注目が集まっている。まさに、同分野においても、ウェルビーイングの概念を教育活動にどう落とし込めるか、という議論が始まっていることの表れと言えよう。中でも、ポジティブ心理学［positive psychology］理論を基に、共感や愛情といった正の感情が、学習における忍耐力や、主体的に取り組む姿勢にどう働きかけるか、といった研究が近年関心を集めている。ポジティブ心理学とは「人生を生きるに値するものにする諸条件について、科学的に研究する学問」(Csikszentmihalyi & Csikszentmihalyi 2006; 宇野 2019) であるとされている。フロイトやパブロフといった人間の心理や行動分析に対する問題焦点型のアプローチとは異なり、人間の持つ肯定的な要素や強みに着目することに特徴を持つ (Lopez & Gallagher 2011)。その中心は人間のウェルビーイングであり、PERMAと呼ばれる5要素がその中核を担っていると、心理学者のMartin Seligman (2011) は提言する。PERMAはPositive emotions（ポジティブ感情）、Engagement（エンゲージメント）、Relationship（他者との良好な関係性）、Meaning（意味・意義）、Accomplishment（達成）の頭文字を取っており、これらが満たされることで個人の繁栄［flourishing］を引き起こし、持続的な幸福感を生み出すとされており、この理論は教育だけでなく、人材開発や会社におけるマネジメントにも取り入れられるようになっている。

　外国語教育の分野でもポジティブ心理学を取り入れた教育実践が、学習者のモチベーションを高め、また学習に没頭した状態（エンゲージメント）を生み出す手段として示されつつある (Oxford 2016; Helgesen 2016)。従来信じられてきた「外国語習得は辛く厳しいものでなければならない」という考え方からの脱却とも言えるだろう。また、これらの実践には無視されがちな教師のウェルビーイングに対する考慮も不可欠であり、新人教員に対する教育にもポジティブ心理学を用いて、成長的マインドセットを持った教師育成を行う取り組みも行われている (Hiver 2016)。このような動きからも、外国語教育において、知識伝授の機会に留まらず、よりホリスティックな価値を提供することが求められていると言えよう。

2.2. 大学における英語教育の現場から

　筆者自身、日本の大学での英語教育に従事するようになってから約10年になる。決して長い年月ではないが、学習者をサポートするという面においては、幸いにも上記で紹介したような心理学的アプローチから実践することができる環境に身を置くことができた。特に、学習アドバイジング (Kato & Mynard 2016; 加藤・マイナード 2022) と呼ばれる、内省的対話を通じ、大学生一人ひとりの主体的な学びの支援に注力することで、彼らが直面する悩みや葛藤、過去の経験に基づく自己肯定感の低さといった、一見すると言語習得とは無関係に思われる問題にも、伴走者として向き合う機会を与えられたように思う。この経験は、学生のウェルビーイングを高めることに加え、主体的で深い学びはわたしたち教員が与えるものではなく、学生自身が自らと向き合い、振り返りを行いながら、彼らの意思決定の中でこそ起こりえるものだと、気付かせてくれた。

　一対一で学生の成長に携わる経験は、筆者自身の教室内における役割定義も大きく変えるものでもあった。学生が個人、そしてクラスメートと振り返りができるようなタスクの導入や、成長を自己評価する仕組み作りといった工夫を取り入れることに加え、学生の感情に寄り添うことを、教授内容と同様に重視するようになった。

　教師中心 [teacher-centered] の授業作りを手放すことは、多くの教員にとって脅威でもあるだろう。同時に、学生の主体性が育つ教室において、教員はファシリテーターとして、学生同士のインタラクションに気を配りつつ、クラス全体として成長過程を支え合い、後押しする雰囲気作りに注力することで、自ら学ぼうという意欲に働きかけることができる。また、学生のこれまでの学習経験や、将来の夢、直面する不安に耳を傾ける姿勢も不可欠だ。大学に入学した途端に、全ての意思決定が学生個人の責任であると諭す教員もいるが、家庭環境や過去の学習経験から、それが思うように出来ない学生も多くいるのが現状である。とりわけ、コロナ禍を経験した学生は、多感な時期を社会と切り離された時間を過ごしてきたことも忘れてはならないように

思う。世界的にも、学習意欲の低下や、メンタルヘルスの悪化を訴える学生が2020年から増加しているとの報告もある（Nagib et al. 2023）。学習に集中できない状態に対し、罪悪感を持たせ、彼らを律するよう働きかけるのは逆効果であるし、教室内が心理的に安全な場所であること――批判的な目で学生を観察するのではなく、彼らの声を聞きながら、共感・協働に溢れるクラス文化を築くことが、学生が没頭するような授業作りの鍵となるのではないだろうか。

次の節では、実際に筆者が授業内で行っている、学生のウェルビーイングを促す英語教育実践のアイディアを紹介する。

3. 学習者のウェルビーイングに着目した英語学習活動例

3.1. 情意を可視化する

普段生活する中で、自身が感じている感情に対して気付きを持つ機会はどれくらいあるだろうか。時には、感情の波がめまぐるしく打ち寄せる日々が続くこともあることも珍しくない。これは学生も同じであり、学習に没頭できない状態でも不思議ではない。その上で、筆者が普段実践している授業の活動の中に、感情を可視化する活動を取り入れている。とてもシンプルなタスクとして、コミュニケーション中心のクラスであればWhat color are you feeling today? という質問と、カラーチャートを教室のモニターに表示し、ペアやグループで授業開始時に感じている色を選んでもらう。どんよりとした天気だからグレー、今日は授業のあと出かけるから黄色っぽいオレンジなど、さまざまな回答が共有され面白い。また、授業の終わりに同じ質問をすることで、授業を通じ感情がどのように変化したかを互いに話すこともできる。

また、学生が試験等で忙しく、あまり余裕が無さそうに見受けられる時にはemotion sorting bottlesというアクティビティも用いることがある（図1参照）。学生たちには感情を表す単語と、二つの空き瓶が書かれたワークシートを渡し、今頭の中にある正と負の感情をそれぞれ瓶にいれるよう指示をす

る。学生によっては正の感情（happy, grateful, excited）を多く書くし、負の感情（worried, frustrated, angry）でいっぱいになる学生もいる。クラスメートとワークシートを共有しながら、自身の感情を説明し、また何が原因なのか、明確にする。また他人に聞いてもらったという充足感も得られ、アクティビティの後はすっきりとした表情で授業に臨めている様子もうかがえる。

　母語でない外国語で、自身の感情を説明するという行為は心理的にも難易度が高いように思われるが、これらの活動において重要な点は正確性ではなく、学生の没入感であると考える。うまく表現ができない時にジェスチャーや表情といった非言語コミュニケーションを使うことを奨励することは勿論、母語の使用を制限するといったことは避けた方が良い。授業内の言語活動である以前に、ウェルビーイングを高める活動として実践することをおすすめしたい。

図1　Emotion sorting bottlesに取り組む学生の様子

3.2. ポジティブに意識を向ける

　授業内の言語活動を見渡すと、多くの学生は、自身の英語力を説明する際"My English is bad" "I am not good at English"といった、否定的な単語を無意識のうちに使用していることに、日々の授業で気付かされる。日本語特有の謙遜のニュアンスも含まれるとも考えられるが、自己暗示的に、自分の英語は下手なのだ、全然だめなのだと発話することが当たり前になっている。

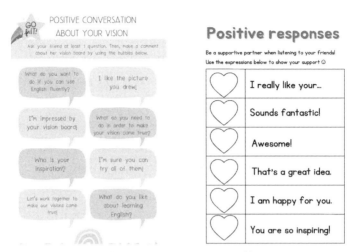

図2-1, 2-2 Positive response listの例

このような状態に対し、肯定的かつ動機付けに繋がるようなセルフトークを促すことは自信の向上や不安の軽減に繋がるとされており（Hatzigeorgiadis et al. 2009）、また、目標に対して努力をすることにも好作用することも示されている（Snyder et al. 2011）。そのため、英語のコミュニケーション授業においても、肯定的な表現を意図的に使用させることで、普段の会話練習がより意欲的になり、積極的な参加を促すことに繋がると考えられる。

取り入れやすいアクティビティとして、Positive response listをワークシートとして配布し、会話のパートナーが意見を述べた後必ず肯定的な表現で反応するというものがある（図2を参照）。その際、表情やジェスチャーを交えるよう、教員がモデリングすると多くの学生の顔がほころび、最初は恥ずかしそうにしていながらも、笑い声や、ハイタッチをするといった明るい雰囲気が生まれる。互いに肯定的なフィードバックをもらう、という一見単純な会話であるが、クラスの雰囲気作り、そして発話への不安感を和らげる上で効果的である。

また、ライティングを交えた活動として、Flipping negatives into positivesも紹介したい。まず、学生に現在英語学習で悩んでいることを自由に書かせ

る。その上で、ペアになり否定的な単語に印を付け、何気なく使用しているネガティブな言葉に注意を向かせる。その後、それらをポジティブに向かせるよう、肯定的な文章の見本を見せ（例えばI can..., I am confident of...など）、再度文章を書かせる。それぞれ文章ができたら、グループを作り、作成した文章を読み上げる。グループメンバーは、必ず肯定的な返答（例えば"You can do it!" "Way to go!"など）をするように指示する。大学の現場、特に一年生を指導していて痛感するのは、中高で肯定的なフィードバックを十分に受けていない学生が多いということである。振り返りシートなどの記述における「初めて褒めてもらった」「自分の英語は全然だめだと思っていたけど良いところにも気付けた」といったコメントからも、この点は明白であると同時に、彼らの成長に寄り添ったフィードバックは、英語学習の道を照らす光となる力を秘めている。ただむやみに、肯定的な言葉を並べればよいというわけはないが、教室という空間で、学び合う者同士が共感し認め合う、彼ら自身が自らにエールを送る、そして教員はその過程を励ますことで、ポジティブ心理学が提起するように、人の強みを引き出す授業作りができる。

3.3. さまざまな形態の内省を継続的に取り入れる

内省、または振り返りは、Dewey（1933）によると「能動的で持続性がある注意深い考察」を指す。内省的思考や実践は、何か行動を起こしている時に行われるものに加え、行動によって引き起こされた結果、つまり過去に対するものが大まかに分けて存在するが、外国語学習の過程で、自身の学び方を俯瞰的に見ることで、学生自身が自分に合った方法を主体的に探究できるような支援へと繋がる。しかしながら、学生が個人で自己内省をするだけでは、批判的な視点が欠落していたり、反対に必要以上に自身を過小評価してしまうリスクもある。その上で、加藤・マイナード（2022）は意図的に振り返りを促す対話［Intentional reflective dialogue: IRD］を提唱しており、教員と学生間で行われる相談機会は勿論のこと、教室内での活動や課題においても、このアプローチを取り入れることで、自ら成長を続ける学習支援に繋がるとしている。

学生の自己探求への関心を高めるタスクの一つとして、Letter to your future self:「学期末の自分に向けた手紙を書かせる」というものがある（加藤・マイナード 2022；加藤・山下 2014参照）。本来、このアクティビティは学習アドバイジングにおいて学習者に将来の目標やヴィジョンと現状に対する省察を促すことを目的としているが、英語の授業内で援用することで、学生が目指すゴール、そして現状抱えている問題点を当人及び教員が把握できるようになる。また、どのような支援が必要なのか感知することができる。手紙に対してはエールを送ることが中心であるが、気になることがあればフィードバックに質問としてコメントを残したり、個別で解決策を探る手立てにもなるため、有効である。学生も、単純に目標を書くよりも、自己との対話が芽生え、またそれに対し教員からコメントが入ることで、自身の思考パターンや、問題点に気付かされるきっかけにもなる。

　また、授業の中でも振り返りをグループ内で共有させることも積極的に取り入れたい。話し合う中で、共通して学生が直面する、タイムマネジメントや学習意欲の低下、先延ばしといった問題が浮かび上がることが多く、悩みに対し共感し合えることも利点である。また、それらの課題に対しどう対処していくか、教員が指導をするのではなく、まず学生同士でアイディアを出し合うことで、より意思決定に積極関与させることに繋がる。「スマートフォンを別の部屋に置いておく」「通学中3駅分は英単語を覚えることに集中する」といった、具体的で実行可能なアドバイスは、教員ではし得ないものもあり、実に興味深い。

　内省的思考を促す教育活動は、目新しいものではないが、学生の自己内省で完結させてしまうのではなく、対教員またはクラスメートとのコミュニケーションの中で、学習の意味を自ら見出し、また成功への道筋を立てられるような支援が、より効果的と言えるだろう。

3.4. 共依存できる仲間との学び合いの場を作る

　最後に、教室というグループ・ダイナミクスを最大限に活かし、授業への積極的参加を促すアプローチを紹介したい。日本の大学生は授業内で指され

ることを恐れ、できるだけ目立たず、消極的な態度で座っている、といったイメージを持っている方もいることだろう。実際に、日本人大学生の英語の授業内での沈黙に着目した研究が近年行われており（King 2012; Nakane 2007)、その理由は心理的側面に加え、社会的、教育的背景など、複雑な要因が絡み合って起きうる現象であると説明されている。クラスメートと比較し自身の英語力の低さから積極的発話ができない、といった不安感について、筆者自身も学生から相談を受けることがある。「そんなことだから発言できない日本人と言われるのだよ」とか「堂々と間違えればいいじゃないか」といった意見も勿論あるが、「日本人は英語下手」言説（寺沢 2015）の下、世界的に見ても英語ができないと言われ続けながら、中高で数値によって可視化されやすい試験中心の英語学習を行ってきた背景を考えると、急に「周りを気にするな」というのも無理があるように思われる。このような状況で、競争心を高めることで、学生の動機付けに働きかけるという手段もあるが、共依存[interdependence]を重視し、クラス全体にウェルビーイングをもたらす協働的アプローチの方が、学生の意欲を高める上でも有効だろう。マーサー・ドルニェイ（2022）は、学習者同士の関係が「良好な学習文化の土台」を作ると提唱しており、信頼・共感・受容を高めることを意識した授業作りがその鍵であることも提唱している。筆者の実践においても、これらの三要素を念頭に、ポジティブな教室文化を学生とともに作ることを意識している。例えば、プレゼンテーションやスピーキングテストなど、対教員だけでなく他の学生もパフォーマンスを目にするような課題を出す時に、個別の活動であったとしてもグループで取り組めるような工夫を取り入れている。その中で、躓いていることを相談する、うまくいった経験を共有するといった時間を作ることは勿論のこと、練習の際に「アクティブ・リスニング」を互いに行うことを課している。アクティブ・リスニングは積極的傾聴と呼ばれ、コミュニケーションを円滑化する上で、話し手の意図を汲み取ろうという姿勢を体現することであるが、英語の授業でグループワークを行う際、多くの学生は自分自身の発話に集中するあまり、他の学生のパフォーマンスには目を向けず興味を示さない、酷い場合には他のことに没頭しているといったケースも

図3 グループ間で協力し合う学生たち

ある。そこで、アクティブ・リスニングを紹介し、聞き手としてグループメンバーをサポートすることを奨励する。最初は互いにぎこちなさがあるが、自然と拍手が起きたり、「今のここがすごく良かったよ」といった肯定的な声が聞こえるようになると、協働も機能し始める。実際に、学生の自己評価を読むと「グループメンバーが頷きながら、笑顔で聞いてくれているのを見て、リラックスできた。自分もこれからは、他の人の発表を聞く時は同じようにしていきたい」といったコメントが目立つ。授業の中で、それぞれの課題をハイ・ステイクスなものとして教員が提示し、各学生の努力により結果が決まるというのも、緊張感を持たせるという意味で有効である一方、必ずしも全ての学生が、そのようなプレッシャーに耐性があるわけではなく、それにより、英語の授業が毎週苦痛な時間に変わってしまう危険性もあるだろう。上記のような、共依存的アプローチも必ず機能するとも言えず、時にはグループ内が不仲のまま、個々に淡々と課題に取り組んでいる場合もあることも留意した上で、授業内でのウェルビーイングを高めるために、上述のようにグループ・ダイナミクスに働きかけることも、不可欠である。その際も、教員がコントロールすることに意識を置くよりも、学生間で前向きで協力的な空気を作っていけるような働きかけが必要だ。

4. ウェルビーイングを引き出す大学英語教育に向けて

　本章では、外国語教育において近年注目され始めたウェルビーイングの概念を基に、大学英語教育における学生の積極的参加を促すアイディアを示した。日々目まぐるしく変化する社会の中で、大学で英語を学ぶ学生の目的や意欲、特性はますます多様化している。それに伴い、教員の役割も単なる知識伝達にとどまらず、学習環境を整え、学習者の社会情緒的な側面を引き出す工夫が求められている。本章で述べたように、狭義の「英語指導」を超え、学生が学びの過程で充実感や幸福感を得ながら、前向きに成長していく姿勢を支援することは、深い学びに繋がる欠かせない要素である。この実践の鍵は、従来の「教員」「学生」「教室」の役割を注意深く再考することであり、学びを通じて得られる幸福感は、共創的プロセスの中で生まれるものであることを強調したい。さらに、見落とされがちな教員のウェルビーイングも、学生が活き活きと学ぶ授業の基盤となる要素であることを忘れてはならない。大学での英語学習を通じて学生が得る経験が、彼らの人としての成長や幸福感に繋がるだけでなく、他者と協力し、逆境を乗り越える力を備えたグローバル人材の育成にも寄与することを期待したい。

参考文献

宇野カオリ（2019）『ポジティブ心理学の挑戦』日本労働研究雑誌 2019 年 4 月号（No.705）
大木充（2021）「おわりに」西山教由紀・大木充編『CEFR の理念と現実　理念編　言語政策からの考察』くろしお出版
加藤聡子・ジョー，マイナード（2022）『リフレクティブ・ダイアローグ――学習者オートノミーを育む言語学習アドバイジング』（義永美央子，加藤聡子，監訳）大阪大学出版会
加藤聡子・山下尚子編著，関屋康監修（2014）『英語学習手帳 The English learning planner 2015』神田外語大学出版局
清田洋一（2010）リメディアル教育における自尊感情と英語学習,『リメディアル教育研究』5 (1), 37–43.
ゾルタン，ドルニェイ（2005）『動機づけを高める英語指導ストラテジー 35』大修館書店

サラ, マーサー & ゾルタン, ドルニェイ（2022）.『外国語学習者エンゲージメント――主体的な学びを引き出す英語授業――』アルク

寺沢拓敬（2015）『「日本人と英語」の社会学――なぜ英語教育論は誤解だらけなのか』研究社

ユニセフ・イノチェンティ研究所 （2020）『レポートカード 16――子どもたちに影響する世界：先進国の子どもの幸福度を形作るものは何か（原題：Worlds of Influence: Understanding what shapes child well-being in rich countries ）』https://www.unicef.or.jp/report/20200902.html

Byram, M. (1997) *Teaching and assessing intercultural communicative competence*. Multilingual Matters.

Csikszentmihalyi, M., and Csikszentmihalyi, I. S. (Eds.) (2006) *A life worth living: Contributions to positive psychology*. Oxford University Press.

Dewey, J. (1933). *How we think*. In J. A. Boydston (Ed.), *The later works, 1925–1953* (Vol. 8, pp. 105–352). Southern Illinois University Press.

Dörnyei, Z. (2009). *The psychology of second language acquisition*. Oxford University Press.

García, O., & Wei, L. (2014). *Translanguaging: Language, bilingualism and education*. Palgrave Macmillan.

Gardner. R. C., & Lambert, W. E. (1972) *Attitudes and motivation in second language learning,* Newbury House.

Kato, S., & Mynard, J. (2016) *Reflective dialogue: Advising in language learning*. Routledge.

Kikuchi, K. (2009). Listening to our learners' voices: What demotivates Japanese high school students? *Language Teaching Research, 13*(4), 453–471.

King, J. (2013) *Silence in the second language classroom*. Palgrave.

Hatzigeorgiadis, A., Zourbanos, N., Mpoumpaki, S., & Theodorakis, Y. (2009) Mechanisms underlying the self-talk–performance relationship: The effects of motivational self-talk on self-confidence and anxiety. *Psychology of Sport and Exercise, 10*, 186–192.

Helgesen, M. (2016) Happiness in ESL/EFL: Bringing Positive Psychology to the classroom. In P. D. MacIntyre, T. Gregersen & S. Mercer (Eds.), *Positive psychology in SLA* (pp. 305–323). Multilingual Matters.

Hiver, P. (2016) The triumph over experience: Hope and hardiness in novice L2 teachers. In P. D. MacIntyre, T. Gregersen & S. Mercer (Eds.), *Positive psychology in SLA* (pp. 168–192). Multilingual Matters.

Lopez, S.J., and Gallagher, M.W. (2009) A Case for Positive Psychology. In: S. J. Lopez, and C. R. Snyder (eds), *The Oxford handbook of positive psychology* (pp.3–6). Oxford University Press.

Nagib, N., Horita, R., Miwa, T., Adachi, M., Tajirika, S., Imamura, N., Ortiz, M. R., & Yamamoto, M. (2023). Impact of COVID-19 on the mental health of Japanese university students (years II-IV). *Psychiatry research, 325*, 115244.

Nakane, I. (2007). *Silence in intercultural communication: Perceptions and performance*. John Benjamins Publishing Company.

Norton, B. (2012). *Identity and language learning: Extending the conversation* (2nd ed.). Multilingual Matters.

Seligman, M. E. P. (2011) *Flourish: A visionary new understanding of happiness and well-being*. Simon and Schuster.

Snyder, C., Lopez, S. and Pedrotti, J. (2011) *Positive psychology: The scientific and practical exploration of human strengths* (2nd ed). Sage.

OECD (2017) *PISA 2015 Results (Volume III) : Students' well-being*, OECD Publishing.

Oxford, R.L. (2018) Toward a psychology of well-being for language learners: The 'EMPATHICS' vision. In: P. MacIntyre, T. Gregersen & S. Mercer (Ed.), *Positive psychology in SLA* (pp. 10–88). Multilingual Matters.

Ushioda, E. (2011). *Motivating learners to speak as themselves: Identity, motivation and autonomy in language learning*. In Z. Dörnyei & E. Ushioda (Eds.), *Motivation and second language acquisition* (pp. 11–29). Multilingual Matters.

Yamamoto, K. (2023). L2 identity construction through teletandem learning. In T. Muller, J. Adamson, S. Herder, & P. S. Brown (Eds.), *Re-envisioning EFL education in Asia* (pp. 75–95). iTDi TESOL.

第11章
自律した英語学習者の育成を目指して
―― 英語教育における内省活動とは

辻るりこ

1. 内省の定義とその学術的な意義

　一日の終わりに、「今日は上手くいった」、「もう少し工夫できたところがあったのかもしれない」、「今日は上手くいかなかった」と考える人もいるだろう。自分の行動を振り返ることは「内省」と呼ばれるが、誰でも、普段の生活や仕事、学びの中で、こうした小さな振り返りを行っているだろう。これが私たちの成長にとって実は大きな力になる。

　「内省」とは、広辞苑によれば、「自己の行動や考えを静かに振り返り、反省すること」と定義されている（新村編, 2018）。この「内省」の重要性は、昔からさまざまな人々が示してきたとおりである。その一つが、ソクラテスの哲学の中で言い古された言葉「汝自身を知れ（Γνῶθι σεαυτόν, Gnōthi seauton）」である。人間が自分自身を深く理解することが、真の知恵と徳の追求に必要であることを意味している。

　近年、日本の教育の文脈においても、内省は自己理解を深め、次の行動への大切なプロセスとされている。文科省の「学習指導要領改訂のポイント」

（文部科学省, 2017）では、主体的・対話的で深い学びを実現するためのアクティブ・ラーニング[1]を強調しており、その中で、学習者の活動における内省は、重要な学習過程の一部とされている。学習サイクルの中で、子どもたちは自身の学びを毎回振り返り、次の学習に生かすことが期待されている。英語教育においてもその内省活動は例外ではない。

　本章の目的は、日本の英語教育における内省活動の重要性を示し、自己調整学習やメタ認知スキルを通じて、学習者が自律的に学びを進める力を養うことの必要性を強調することである。また、英語内省活動の実践例と課題についても考察し、今後の英語教育の方向性を示す。そのために、第1節では内省の定義を振り返り、第2節では英語検定教科書での内省活動を確認し、第3節では英語教育における内省とメタ認知の関係を探る。その上で第4節では、英語教育現場における内省の実践を外観し、第5節においては、内省活動を取り入れた授業実践と今後の課題を示していく。

　内省とは学習者が自身の学習過程や成果を振り返り、改善点や良かった点などを分析する行為である。英語学習において、内省は学習者が自己の進歩や弱点を自覚し、学習の質を高めるための重要な手段と言われている。内省につながる考え方を提唱したDewey（1933）は、教育を実験的（experiential）なものと見なし、学習者が実際に経験して、行動して考えることの大切さを強調している。また、学習の中で内省が行われることが、学習の改善につながることが示されている。このような視点は、Kolb（1984）による経験学習理論にもつながっており、Kolbもまた、学習を経験から始まるものと位置付けている。Kolbの経験学習サイクルでは、内省は学習の重要な段階であり、具体的な経験と抽象的な概念を結びつける橋渡しの役割を果たすと示されている。現在の日本におけるアクティブ・ラーニングは、内省活動が重要な要素として組み込まれている。さらに内省は、自己調整学習の一環として位置づけられている。内省活動を通じて、学習者は自分の学習状況を振り返り、目標達成に向けて自己調整を行うとされている（Zimmerman, 2000）。つまり、学習者が自らの学習過程を計画、実行、評価、修正することにより、学習を

より効果的に進める方法である。Zimmerman（2000）によれば、内省活動は学習者にとって、自分の学習状況を振り返り、目標達成に向けた計画や方針を再評価し、改善する機会を提供するものである。具体的には、内省を通じて自身の強みや弱点、学習方法の効果を理解し、次の学習活動でどのように取り組むかを自己調整することで、より良い学習成果が期待される。このアプローチは英語教育においても積極的に取り入れられており、現在の英語検定教科書ではユニットごとや年度ごとに振り返りが行われるなど、さまざまな形で内省活動が実施されている。

2. 英語検定教科書における内省活動

そもそも日本の英語教育において、内省活動が議論される前、ヨーロッパにおける言語教育では一貫した言語学習の指標作りがなされていた。それをCEFR（Common European Framework of References：ヨーロッパ言語共通参照枠）と呼ぶ。日本では、文科省の2013年の「グローバル化に対応した英語教育改革実施計画」の中で、到達目標（Can-do statements）を明示しており、学習者が何を達成できるのかといったことを「聞く」「話す」「読む」「書く」という4技能の観点から評価している。これは英語教育において、現在の子どもたちの内省活動の中心となっているものである。

東京都の小学校および中学校において採用されている上位2社の検定教科書に示されている内省活動について教科書を確認すると、確かに内省活動が散りばめられていることがよくわかる。ちなみに、検定教科書の採択状況は、東京都教育委員会のHP内にある「教科書の採択結果」で確認可能である（東京都教育委員会, 2023）。まず、*New Horizon Elementary 5, 6* の検定教科書では、各ユニットの最後に振り返りのセクションが設けられており、子どもたちが自身の学習内容や進展を確認する機会が与えられていることがわかった（東京書籍, 2020）。他の小学校検定教科書である *Here We Go 5* と *Here We Go 6* では、Can-doリスト形式で振り返りを促す仕組みが見受けられる（光村図書出版, 2020）。例えば、*Here We Go 5* のUnit2では、日本の行事を英語で紹介

する学習をすることが示されているが、その最後のページに、「ふりかえろう」というセクションがあり、「CAN-DO：日本の行事やそこで出来ることを紹介することができた。」という項目がある。この振り返り項目を達成できたら、シールを貼るよう指示が書かれている。どのUnitの単元末にも振り返りセクションが設けられており、各Unit、4つずつ振り返りセクションがあることがわかる。

　このように、子どもたちは、各ユニット終了後にCan-doリストを通じて、自身の英語学習状況を確認し、自己評価することが求められている。さらに、*Here We Go 5* では、一年間の学びを振り返るためのシートが用意されており、子どもたちが1年を通しての成長を文章形式で書き込むことができるようになっている。*Here We Go 6* では、シールを貼りながら各ユニットを振り返る形式が含まれており、学習者は視覚的に楽しみながら自己評価を進められるよう工夫されていることがわかる。加えて、中学校の検定教科書 *New Horizon English Course 1, 2, 3* では、各ユニットの最後に、Can-doリストを含めた振り返りを実施するためのセクションが設けられている（東京書籍、2021）。このセクションでは、子どもたちが自身の学習達成度を自己評価し、次の学習目標に向けた振り返りを行うことが求められている。さらに、他の中学検定教科書 *New Crown 1, 2, 3* では、教科書の巻末に書かれているCan-doリストを用いながら自己評価を行うためのセクションがある。各ユニットで学んだ内容を元に、自己の学習や成果を振り返ることが期待されていると言える（教育出版、2021）。

　これら教科書の各ユニットの振り返りは、教室内に限らず、家庭教育でも、内省支援が可能である。教科書について、「どんなことを学んだのか」、そして、「何を次にやってみたいか」などといった会話を少し含めるだけでも、自然と内省を促すことに繋がる。家庭での内省習慣の支援も大切である。英語という教科を単に知識や技能を習得するための教科と捉えるのではなく、教科の題材を通して、学びを深める、知を深める、自己理解を深めるという過程も学びの一つであることを忘れてはならない。実際に、*Here We Go 5, 6* の裏面には、保護者向けに「この教科書は、子どもたちが、英語の表現や

文学を学ぶとともに、映像や音声を通じ、日本と世界の国々の文化の違いや共通点を発見し、お互いに英語で伝え合うことの楽しさや喜びを実感することを願って編集したものです。ご家庭においても、折にふれ、子どもたちと言葉や文化について語り合うきっかけとしてこの教科書をご活用してください。」と記されている。大人からのフィードバックも学習者自身の内省を深める要素とも考えられる。子どもたちと一緒に英語の学びの進展や達成を振り返る対話も大切にすることが、子どもたちの内省を促し、それが、子どもたち自身が自走できる自律した英語学習者へと導くことになるだろう。

3. 英語教育における内省とメタ認知の関係

「自律した英語学習者」とはどんな学習者を指すのだろうか。最近よく耳にする言葉ではあるが、文科省の2017年改訂の学習指導要領では、自律した学習者の育成に関しての理念や指導方針が述べられている。ここでは、学習者が「主体的・対話的で深い学び」の中で、自分で自分の学習過程を評価し、管理することが詳述されている。この学びの中心にあるのが、アクティブ・ラーニングである。溝上（2014）は、個人の成長や自己実現が以前よりも重視されつつある、社会的価値観の変化が教育パラダイムシフトをもたらしたと考えている。これにより、生徒が自分の強みや興味に基づいて学ぶことが奨励され、創造性や批判的思考を促進する教育が増えてきた。さらに労働市場で求められるスキルが、知識を持つことから、新しい状況に対して自分で行動できるスキルへと移行したと述べている。これに伴い、教育でも、教師が学習者に対して、一方的に知識を伝達するのではなく、学習者自らが、自分でよく考え、他者と協力しながら、課題解決を行うこと、その力の育成が重要視されるようになったといわれている。この教育パラダイムシフトの中で、重要なキーワードの中心となっているのが、メタ認知という概念である。Flavell（1979）はメタ認知を「自分の認知過程についての認識とそのモニタリング、コントロールに関する知識」と定義づけている。

そもそも、アクティブ・ラーニングは、学習者が主体的になって、学習を

進めることが期待されている。主体的に自分の学習を進めるには、メタ認知といって、自分の学習を振り返って、コントロールする個の力が必要である。私たち大人でも、「今、この仕事の期日はいつまでだから、来週までに情報収集を終えておこう」とか、「次の仕事が入ってくるから、先に終わらせておこう」だとか、頭の中で色々考えることがあるだろう。それこそ、メタ認知を用いていることだといえる。言い換えれば、教育内でも、学習プロセスをモニタリングし、進み具合を確認し、必要に応じて修正をしていく、その活動の大元になってくるのが、メタ認知である。

　英語教育の分野においても、その重要性は示されている。Oxford（2011）は、第二言語学習においてもメタ認知が重要であることを指摘している。加えて、Raoofiら（2014）は、メタ認知が第二言語（L2）学習に与える影響について、1999年から2013年までの33の実証研究をレビューし、メタ認知の重要性をここでも強調している。Griffiths（2008）は、成功する言語学習者の特徴について、スキル別や学習者要因別など多角的な視点から説明し、英語学習者とメタ認知の関係を明らかにしている。さらに、Zimmerman（2000）は、学習者が計画、モニタリング、自己評価を通じて学習過程を調整し、目標達成を目指すプロセスを「自己調整学習」と呼んでいる。この自己調整学習（Self-Regulated Learning, SRL）は、Bandura（1986）の社会的認知理論に基づいている。社会的認知モデルは、子どもたちが教室といった環境との相互作用を通じて行動を変化させる過程を理論化したものである。自己調整学習では、①学習実施前の目標設定、②学習中の学習方略の選定、③学習後の内省といった3つのステップが循環することが求められており、これらを自分の力で自律的に進めることが重要とされる。その中で、「内省（リフレクション）」「メタ認知」「自己調整」は、文部科学省が掲げる「自ら考え、行動する力」の育成で大切とされている要素とも合致している。

　つまり、全教科の学習において、子どもたちには、内省を通してメタ認知を育むことが求められている。現在に至るまで、子どもたちを取り巻く環境は、社会の変化に伴って変化してきた。現在の教育は「令和の日本型教育」の構築を目指しており、「個別最適な学び」と「協働的な学び」を行いなが

ら、「主体的・対話的で深い学び」の実現を目指している（中央教育審議会、2021）。つまり、現在の教育は、今までの一斉授業オンリーのものではなく、子どもたち一人一人の個に応じた学びと協働的な学びが一体化されていく教育を目標としている。集団と個の両方が教育の中で今まで以上に尊重され、子どもたちの資質や能力の成長を育むことが期待されている。個別最適化された授業、協働的な授業にしても、学習者の学習過程の中に、内省活動が含まれており、子どもたちの学びを自律的で継続的なものとなるよう、教育現場では支援が行われている。

4. 英語教育現場における内省活動の実践

　2017年3月に小学校・中学校、2018年3月に高等学校の新学習指導要領が告示され、2023年6月には「第4次教育振興基本計画」が閣議決定された。この背景を受け、文部科学省は英語教育改善の施策の現状と各教育委員会の実施状況を調査している。2024年度調査では、小学校は84.5%、中学校で96.1%、高等学校では94.8%もの学校が「Can-doリスト」形式による学習到達目標を設定していることが分かった。しかし、一定数の学校では、到達目標の達成状況把握や公表が未実施であることも明らかになっている（文部科学省, 2023）。

　Can-doリストが作成されている代表的な都道府県として特にここでは東京都を取り上げる。JACET関東支部研究プロジェクト（2019）「調査結果にみる各自治体の英語教育の研究テーマ設定」の中で参考にしている自治体として挙げられた地域でもあるが、地域の教育資源を活用した国際理解教育と内省活動の連携が行われていることが特徴的である。東京都は多くの取り組みをすでに実施しているが、東京都の児童・生徒・学生・社会人が特に関連する取り組みは、「TOKYO GLOBAL GATEWAY (TGG)」での活動だろう。そこでは、地域の特色やリソースを活かし、国際理解教育と内省活動を融合した学びの機会を提供している。特に注目すべきは、学んできた英語「を」活用する「アトラクション・エリア」と、新しいことを英語「で」学ぶ「ア

クティブイマージョン・エリア」の2つのエリアが提供されている点である。学習者は、半日から一日コースの中で複数のプログラムを受講し、留学体験のような実践的な英語学習を経験することができる。これらのプログラムやエリアでは、内省活動が一つの要素として組み込まれている。学習者は内省を通じて、自分自身の学習状況を振り返り、強みや課題を発見することで、学習方法を適切に調整する力を養う。さらに、このプロセスを通じて、単なる英語力の向上にとどまらず、異文化理解や国際的な視野を広げる機会も得られる。指導や内省活動は、学習者が自己評価を行い、学びの質を向上させるために欠かせない過程である。このような活動を促すことで、学習者は自律的に学ぶ力を身につけ、最終的には言語学習をより成功へと導くことが期待される。

　英語の学習は現在、早い子どもだと、幼稚園や保育園の時期から開始することも多い。その様な中、技能習得、知識習得に偏らず、英語という言語学習を通して、子どもたちの生涯にわたる学び、自律した英語学習者への支援と言った側面も忘れてはならない。ただし、内省は英語教育において効果的な学習ツールである一方、その実践や評価方法には課題がある。Farrell (2019) は、内省的実践が継続的に行われるためには、教師のサポートや適切なフィードバックが重要と示している。それを踏まえると、内省が形骸化しないようにするための指導法や、内省の質をどう評価するかが今後の研究課題の一つとして考えられる。

5. 内省活動を取り入れた授業実践と今後の課題

　ここでは、筆者が大学で行った内省活動に基づく授業実践について述べる。具体的には、英語教育における内省活動を通じて、学生が世界の問題に対する理解を深め、課題解決策を英語で提案する能力を養うプロジェクトの実施例を紹介する。また、TOEFLチュータープログラムを通じて、学習者が自己評価と振り返りを行い、成長するプロセスについても触れる。

内省活動の実践①

　私立大学の大学1年生（20名）を対象にした授業では、主に英語で多様なテキストタイプの読み書きを学び、著者・読者・文脈の関係性を理解しながら文章を深く探求することを目的とする授業を実施した。具体的にはSDGsを取り入れた英語協働学習（プロジェクト）を2か月間（週2回）行い、振り返りを毎時間行った。学習の流れは、表1に示した通りである。本プロジェクトに先立ち、"Giving and Receiving Gifts" というテーマを扱った学習活動に取り組んだ。この活動では、ギフトを受け取る側およびあげる側の立場に立ち、それぞれの視点から学びを深めることを目的とした。さらにトピックに基づいたパラグラフ構成を学ぶために、アウトラインの書き方を指導した。その後、表1に示されるような授業実践を行った。今回の実践は、「世界の人にギフトを渡すとしたら、どの様なギフトを渡すか」というテーマで、世界の問題をSDGsの内容に絡め、世界の国の課題解決をするためのギフトをチームで考え、そのギフトを提案し、発表してもらうというものであった。その際、世界の国は自分たちの興味のある国一つに絞り、その国の直面している課題を調べ、実際に課題解決になるものを提案してもらった。英語の授業であるので、英語アウトラインの書き方、文の流れを意識した接続詞の使い方、文法確認、発表時の英語発音確認等、毎回の授業内での協働学習と並行して、毎回30分ほど、学習ポイントを提示している。

　活動の中で、あるグループは、アメリカで起こっているホームレスの貧困問題に焦点を当て、その概要を示し、紙で出来た間仕切りセットを贈りたいと提案した。日本の被災地の避難所でしばし使われる間仕切りを調べ、これならば輸送費を含む費用も大きくなく、支援が出来ると考えていた。学生らは、日本の場面に置き換えて解決策を見出そうとしていたのが印象的である。さらに、他のグループは、ミャンマーの環境、子どもたちの生活などミャンマーの課題について調べたあと、日本で使用されて、まだ使える筆記用具、靴、文具、教科書を再利用し、ミャンマーにギフトとして贈ることを考えていた。子どもたちが教育を受けられない現状を考え、自分たちの身近なもの

を贈ることで少しでもミャンマーの子どもたちが笑顔になるのではないかと考えていた。

これら一連の学習を通して、学習者らは、毎時の内省活動に加え、最終プロジェクト発表と全体の活動の振り返りを行っている。授業内での英語指導（集団・個別）の両方を行いながら、世界の問題を一緒に考えて、言葉にしていく活動を試みた。このプロジェクトを通し、学生らは自国のこと、他国のことを調べながら、自分たちの置かれている状況を振り返り、英語で発信していくことができた。英語学習の振り返りも行いながら、自身の置かれている状況を他国の人々の様子と比較しつつ議論を深め、振り返ったりする活動となった。

表1 授業実践の流れ

授業実施	内容
第1回	SDGsと協働学習の説明：一つのトピックについてのアイディア出し
第2回	パラグラフを見ながら、アウトラインを考える
第3回	国の選択：プロジェクト開始（グループで計画を立てる）
第4回	事前調べ（個人）→グループで共有
第5回	文法（接続詞）の説明と情報共有
第6回	話し合い、焦点を絞る
第7回	個別ライティングの指導
第8回	グループで商店絞り＋担当箇所決め
第9回	意見の示し方の説明、アイディア出し、担当箇所の準備
第10回	担当箇所の準備と確認
第11回	ライティングの書き方の確認
第12回	プレゼンテーションの内容をライティングにする
第13回	プレゼンテーションの内容をライティングにする
第14回	プレゼンテーションと全体振り返り

内省活動の実践②

TOEFLチュータープログラムといって、英米語学科の学生（チューターとチューティー）が共にTOEFL英語学習に取り組み学習者らの動機づけを図り、英語力向上を目指すことを目的とした課外プログラムを実施した。このTOEFLチュータープログラムにおける学習者は、協働での英語学習といった「経験」と個人の「内省」を通して、成長していくことが期待されている。

一回のセッションは、TOEFL学習（80分）＋活動報告書記入（10分）で構成されており、セッション毎の振り返り、セッション目標、活動内容、英語学習の振り返り、チューターとしての振り返り、チューティーについて気付いたことといった様に、振り返り項目を提示した上で学習者らは内省を行っている。本プログラムは、学部の課外学習の一環として実施されていたため、参加者は全員希望者のみであった。運営は、学生支援、グループ分け、告知など実務に当たる大学職員と、学習支援やプログラムの内容、研修内容等を分析・発表していく大学教員で分担されている。特に大事にしたのは、教える、学びをサポートする側の学生（チューター）自身の成長である。そのために研修（各学期4回）を行っている。

　学生が他の学生の学びをサポートするだけではなく、TOEFLチュータープログラムを通して、チューター自身の目標設定・振り返り・経験共有・意見交換を行う様に促した。研修の項目の一例として、以下のことを行った。1. チューター活動のルール作成（Dos and Don'ts）2. チューター活動の成功体験の共有 3. 一週間の英語学習スケジュールの明示化 4. 自分の人生で英語が占める割合の確認 5. チューターとチューティーで一緒に考える夏休みアクションプランの作成などである。これらの一連の流れを学習の中で行い、学習者が自らセッションを経験し、学習に関して活動報告書、ポートフォリオ作成、研修を通して振り返りを行い、その上で、再考し、経験するといった学びの循環が起こるように仕組み作りを教職協働で行い、その成果を学外で発表[2]している。これらの活動を通して、学生の学びの質は以下の点で大きく深まった。第一に、英文法や学習方法、語彙の理解が質的に向上し、具体的な内容に深化したことである。振り返りを通じて学習過程の中で曖昧であった点や不足していた知識が明確化され、それに対する適切な学習方法を自ら見出すようになった。例えば、語彙の選択においては文脈を意識し、適切な表現を使う習慣が身につくとともに、文章構成や接続詞の使い方にも論理性が見られるようになったと考えられる。第二に、振り返りが行動変容を促す要因となった点である。他者との対話や活動報告の記入を通じ、振り返りが具体化され、学習者は自身の課題や気づきを言語化することで次の行動

に繋げるようになった。さらに、学習者同士の意見交換や成功体験の共有により、自己評価が深まり、具体的な改善策が生まれる循環が形成されたようである。第三に、自律的な学習姿勢が育成されたことである。振り返りと目標設定を繰り返す中で、学習者は自身の学習の方向性や優先すべき課題を主体的に考え、計画的に取り組もうとする姿勢を身につけているように感じられた。このように内省活動を通じて得た自己認識は、学びを単なる知識の習得にとどめず、生涯学習へと繋がる基盤を形成するであろう。これらの結果、学生たちは学びの過程で得られた気づきを行動に移し、再び振り返るという学習のサイクルを習慣化することができた。英語力向上はもちろんのこと、自律的かつ主体的に学ぶ姿勢が醸成され、深い学びが実現されるようになったのである。

　最後になるが、今後の課題は今も多くある[3]ものの、これまで、内省活動を英語学習に課内・課外学習の中で取り入れ、実践活動を行うことで、学生自身が自らの英語学習を振り返る機会を多く設けてきた。内省活動を通じて、学習者が自分の学びや感じたことを見つめ直し、それを言語化することが重要となる。内省活動は、学習者が自身の強みや課題に気づく機会を提供し、小さな成功体験を積み重ねるプロセスでもある。これにより、自己肯定感や主体性が育まれ、英語学習に対する前向きな姿勢が形成される。英語教師には、学習者一人ひとりが自分のペースで成長し、自律的に学びを進められるようサポートすることで、英語学習を単なる知識習得の場ではなく、「深い学び」の場へと導くことが求められる。最終的には、学習者が生涯にわたり英語学習を継続し、自律した英語学習者として成長していくための足場を築くことが、英語教育の大きな役割となる。教師と学習者が共に学びを深めるこの過程は、VUCA時代[4]において一層意義のある取り組みと言えるだろう。

注
〔1〕　　学習者が学びの過程に積極的に参加し、主体的に思考・議論・活動を通じて理解を

深める教育手法のこと。伝統的な教師主導型の学習とは異なり、学習者が自ら考え、意見を交換し、問題解決に取り組む、学習者中心、学習中心の学びで、学習内容の理解を促す。

〔2〕 2016年度SPODフォーラムでポスター発表「TOEFLチュータープログラム——学習者の経験と内省——」というタイトルで共同発表を行った。

〔3〕 今まで、幾つかの実践を大学の課内・課外学習の位置付けで行ってきたが、以下の点が今後の課題と考える。一番の課題は、教員の指導力向上と支援体制の整備についてである。実際のところ、英語教育における内省活動、教員の指導力やリソースに大きく影響を受ける。特に、ICTを活用した効果的な内省指導や、自己評価の具体的な支援というのは、担当教員の過去に自分たちが実際に受けた教育が現在の教育に影響を与えることも考えられる。教員がICTツールを円滑に使いこなし、効果的なフィードバックを提供するための研修やサポート体制が不可欠である。さらに英語教育において、学習者の主体的な内省をする力の育成を今後どのようにしていくのか、議論をさらに深めていく必要がある。教育現場で行われている形成的評価（Formative Assessment）と総括的評価（Summative Assessment）のバランスをどのようにしたら、保つことができるのだろうか。形成的評価の中に内省活動も含まれるが、その内省活動の実施が形式的になってしまい、学習者が自ら深く振り返る力を十分に育めていないケースが見受けられる可能性がある。単に自己評価を行うだけでなく、学習者が自発的に課題を見つけ、次の学びに結びつける「主体的な内省の力」を育てる指導法が求められる。このためには、内省活動を単なる評価ではなく、学習者の自律的な成長を促すプロセスとして位置付ける必要がある。現在の学校教育の中での英語教育ではその点についてさらに議論が必要である。

〔4〕 VUCA時代とは、現代の社会やビジネス環境の特徴を表す言葉で、「Volatility（変動性）」「Uncertainty（不確実性）」「Complexity（複雑性）」「Ambiguity（曖昧性）」の4つの英単語の頭文字を取ったものを表す。

参考文献

愛知県教育委員会. (n.d.).「CAN-DOリスト活用報告書」. 愛知県教育委員会. https://www.pref.aichi.jp/soshiki/gimukyoiku/gimukyou29-houkoku-3.html（アクセス日：2024年10月18日）

青森県教育委員会. (n.d.).「小学校外国語活動・外国語科実践ハンドブック」. 青森県教育委員

会．https://www.pref.aomori.lg.jp/soshiki/kyoiku/e-gakyo/shougakkou_english_handbook. html（アクセス日：2024年10月18日）

大阪府教育委員会．(n.d.).「小中高一貫英語教育の推進」．大阪府教育委員会．https://www. pref.osaka.lg.jp/o180080/shochugakko/r04english/index.html（アクセス日：2024年10月18日）

木村松雄，奥切恵，山口高領，青田庄真，新井巧磨，飯田敦史，鈴木健太郎，多田豪，辻るりこ，中竹真依子，濱田彰，藤尾美佐，米山明日香．(2019)．移行期間に各自治体が取り組む英語教育：「自治体における英語教育研究テーマに関する調査」から．『英語教育』，3, 34-39．大修館書店．

教育出版．(2021)．『New Crown 1, 2, 3』．教育出版．

光村図書出版．(2020)．『Here We Go 5, 6』．光村図書出版．

熊本県教育委員会．(n.d.).「英語教育の充実に向けた好事例資料」．熊本県教育委員会．https://www.pref.kumamoto.jp/site/eepro/174403.html（アクセス日：2024年10月18日）

京都府教育委員会．(n.d.).「京都府版CAN-DOリスト」．京都府教育委員会．https://www. kyoto-be.ne.jp/nagaoka5-es/cms/wp-content/uploads/2022/12/CANDOlist.pdf（アクセス日：2024年10月18日）

埼玉県教育委員会．(n.d.)．外国語活動・外国語、英語のページ．埼玉県教育委員会．https:// www.pref.saitama.lg.jp/g2204/gakuryokukoujou/kyoukapage/gaikokugokatudou-eigo. html（アクセス日：2024年10月18日）

広島県教育委員会．(n.d.).「中学校英語におけるICTを活用した言語活動充実プロジェクト」．広島県教育委員会．https://www.pref.hiroshima.lg.jp/site/kyouiku/ict01.html（アクセス日：2024年10月18日）

千葉県教育委員会．(n.d.).「千葉県外国語教育推進計画（CLEAR）」．千葉県教育委員会．https://www.pref.chiba.lg.jp/kyouiku/shidou/gaikokugokyouiku/documents/gaikokugosuishinnkeikakur5.pdf（アクセス日：2024年10月18日）

中央教育審議会．(2021)．『第4期教育振興基本計画』．文部科学省．

東京都教育委員会．(2023)．「教科書の採択結果」．東京都教育委員会．https://www.kyoiku. metro.tokyo.lg.jp/administration/council/attached_council/book_selection_council/files/ report2022/r4_02report02.pdf

東京都教育委員会．(n.d.).「グローバル人材の育成（外国語・国際理解）」．東京都教育委員会．https://www.kyoiku.metro.tokyo.lg.jp/school/content/global.html（アクセス日：2024年10月18日）

東京書籍．(2020)．『New Horizon Elementary 5, 6』．東京書籍．

東京書籍．(2021)．『New Horizon English Course 1, 2, 3』．東京書籍．

文部科学省．(2014)．「グローバル化に対応した英語教育改革実施計画」．文部科学省．https://www.mext.go.jp/a_menu/kokusai/gaikokugo/1343704.htm

文部科学省．(2017)．『学習指導要領改訂のポイント』．文部科学省．

文部科学省．(2023)．「令和5年度『英語教育実施状況調査』の結果について」．文部科学省．https://www.mext.go.jp/a_menu/kokusai/gaikokugo/1415043_00005.htm

文部科学省．(2024)．「令和5年度『英語教育実施状況調査』の結果に基づく都道府県別英語学習内省活動の例」．文部科学省．

新潟市立教育センター．(n.d.)．「英語教育ページ」．新潟市立教育センター．http://www.netin.niigata.niigata.jp/english/englishtop.html（アクセス日：2024年10月18日）

長野県教育委員会．(n.d.)．「信州教育の学び基盤づくり」．長野県教育委員会．https://www.pref.nagano.lg.jp/kyoiku/kyogaku/kyoshokuin/shiryo/kibandai3syou.html（アクセス日：2024年10月18日）

溝上慎一．(2014)．『現代の教育と学びのパラダイム』．勁草書房．

神奈川県立総合教育センター．(n.d.)．「英語教育ページ」．神奈川県立総合教育センター．https://edu-ctr.pen-kanagawa.ed.jp/kyouka/eigo/eigo00.html（アクセス日：2024年10月18日）

三重県教育委員会．(n.d.)．「英語を使おう！言語活動推進事業（Mieイングリッシュデイキャンプ）」．三重県教育委員会．https://www.pref.mie.lg.jp/TOPICS/m0045300122.htm（アクセス日：2024年10月18日）

北海道教育委員会．(n.d.)．「英語教育改善プラン」．北海道教育委員会．https://www.dokyoi.pref.hokkaido.lg.jp/hk/gky/english.html（アクセス日：2024年10月18日）

細矢和生．(2022)．『学びを支える自己調整学習の理論と実践』．東京大学出版会．

山形県教育委員会．(n.d.)．「英語教育の推進」．山形県教育委員会．https://www.pref.yamagata.jp/700012/bunkyo/kyoiku/iinkai/kyouikuiinkai/eigokyouiku/english.html（アクセス日：2024年10月18日）

新村出．(2018)．『広辞苑（第7版）』．岩波書店．

Bandura, A. (1986). *Social Foundations of Thought and Action: A Social Cognitive Theory*. Englewood Cliffs, NJ: Prentice Hall.

Dewey, J. (1933). *How we think*. D.C. Heath.

Farrell, T. S. C. (2019). *Reflective practice in ELT*. Equinox Publishing.

Griffiths, C. (Ed.). (2008). *Lessons from good language learners*. Cambridge University Press.

Flavell, J. H. (1979). "Metacognition and cognitive monitoring: A new area of cognitive–developmental inquiry." *American Psychologist, 34*(10), 906–911.

Kolb, D. A. (1984). *Experiential learning: Experience as the source of learning and development*. Prentice Hall.

Oxford, R. L. (2011). *Teaching and researching language learning strategies*. Pearson.
Raoofi, S., Chan, S. H., Mukundan, J., & Rashid, S. M. (2014). Metacognition and second/foreign language learning. *System, 43*, 37–49. Doi：https://files.eric.ed.gov/fulltext/EJ1075657.pdf
Zimmerman, B. J. (2000). Attaining self-regulation: A social cognitive perspective. In M. Boekaerts, P. R. Pintrich, & M. Zeidner (Eds.), *Handbook of self-regulation*. (pp. 13–39). Academic Press.

第12章
一人称複数we
―― 複数のIを意味することはあるのか？

松田麻子

1. weの「謎」

　英語を母語とする人であれば、weという一人称複数代名詞を一日に何度となく使い、聞き手もこの語の意味を難なく理解していることであろう。また、日本語の話者であっても、初級程度の英語の学習を終えたものであれば、weという英語の語が「私たち」や「我々」という日本語に相等する代名詞であるということをすぐに答えられるであろう。にもかかわらず、実は言語学者や英語学者にとって、weが使われるあらゆる文脈でそれがどのような意味を表しているのかということは自明のことではない。

　英語のweという一人称複数代名詞、延いては一般的にさまざまな言語の一人称複数代名詞についてよく知られていることは、その複数のあり方が少し変わっているということである。通常、「複数」というと二つ以上の物事や人などを意味する。したがって、英語の普通名詞の単数形dogの複数形であるdogsは、二匹以上の犬を指すこととなる。しかしながら、weについてはどうであろうか。weの単数形がIだからといって、weは必ずしも二人以

上のIを表すわけではない。weは通常、I（話し手）とその他の人を含む集団を指示対象とする代名詞なのである。言語学では、dogsのような複数のあり方を「累加複数（additive plural）」、weのような複数のあり方を「結合複数（associative plural）」と呼んでいる（Corbett 2000; Daniel & Moravcsik 2005; Moravcsik 2003）。

　なお、日本語の一人称複数代名詞の「私たち」もこの点は同じで、「私たち」は必ずしも二人以上の「私」（話し手）を指すわけではない。通常の使われ方では、「私たち」は「私」（話し手）とその他の人を含む複数の人たちを指示対象としている。

　話を英語のweに戻すと、weは一般的に「結合複数」として知られている。しかしながら、weがdogsのような「累加複数」（つまり、複数のI=話し手）として解釈されることもあるのかどうか、という点についてはそれほど多くの議論がなされておらず、言語学者の間でもまだ明確な答えは出ていない「謎」なのである。

　本章では、この「謎」について考察し、一定の条件が整った環境下に出現するweは「累加複数」のweであることを提案する。第2節では、まず、一般的に累加複数のweとして議論される「コーラス（合唱）のwe」について検討し、実際には累加複数のweではないという考えを提唱する。第3節では、そのほかに英語のweが累加複数として用いられることがないのかを考察する。結論として、一部の態度動詞の従属節に現れるweが累加複数のweであることを提案する。第4節では、提案した累加複数のweと日本語の「自分」「私たち」といった表現の簡単な比較をし、第5節で本章のまとめと今後の課題を提示する。

2. コーラス（合唱）のweは累加複数か？

　英語の代名詞weが累加複数として使用されているのではないかという議論で、まず挙げられるのが英語でchoric weとして知られるコーラス（合唱）のweである。このweは、人々が一斉に声を上げてWe are the champions!

（我々が勝者だ！）と叫ぶときなどに聞かれるweである。サッカーの試合等でよく見られる光景である。また、コンサートの観客がWe want more!（もっと演奏して！）と叫ぶときにも使われるweである（Cysouw 2003: 74）。さらに、宗教的な祈禱文で、人々が集団で神様に感謝したり、祈ったりする場合に使われるweも、コーラスのweの一種であると言えよう（Harbour 2016: 69）。

　このコーラスのweは、意味解釈上、本当に累加複数のweなのであろうか。この問題に入る前に、英語の一人称複数代名詞のweの指示対象について、そして本章で用いる表記の方法等について整理しておきたい。

2.1. 英語のweの指示対象

　話し手を1、聞き手を2、話し手でも聞き手でもないその他の人を3と表現すると、そこから集団を構成する可能な組み合わせは、以下の表1に示す7つとなる（Cysouw 2003: 74; Wechsler 2010: 335）。

表1　可能な集団の組み合わせ　（Cysouw（2003: 74）を基に筆者作成）

①	1+1	複数の話し手を指す 'we'
②	1+2	話し手と聞き手を含み、その他の人を含まない 'we'
③	1+3	話し手とその他の人を含み、聞き手を含まない 'we'
④	2+2	聞き手のみを含む 'you-all'（'you' の複数）
⑤	2+3	聞き手とその他の人を含む 'you-all'（'you' の複数）
⑥	3+3	複数のその他の人を指す 'they'
⑦	1+2+3	話し手、聞き手、その他の人を含む完全な 'we'

　これら7つの組み合わせのうち①、②、③、⑦の4つが話し手を含み、英語のweはそのすべてを指示することができると考えられている（Quirk et al. 1985: 34）[1]。ここで問題になるのが①の「1+1」で、これが累加複数のweに当たるのだが、この問題は後に検討するとして、ひとまず英語のweの指示対象に内包されることとしておく。

　こう考えると、英語のweが指示できる対象となる人々の範囲は非常に広

い。例えば、話し手ひとりとその目の前にいる聞き手ひとりだけをweで指すことができる一方で、話し手さえ含んでいれば、地球上のすべての人を指してweと呼ぶこともできるのである。さらに時間を超えて、かつて地球上に存在した人や未来に誕生する人も含めて、weと呼ぶことも可能である。この点は日本語の「私たち」も同じである。

英語や日本語の一人称複数代名詞が表1の①、②、③、⑦を内包できるという性質は、実は世界のすべての言語に共通することではない。世界の言語の中には、話し手と聞き手を含む一人称複数（②、⑦）と、話し手は含むが聞き手を含まない一人称複数（③）を異なる表現で表す言語も数多く存在する[2]。さらに細かく、話し手と聞き手を含むがその他の人を含まない一人称複数（②）と、話し手と聞き手を含み、かつその他の人も含む一人称複数（⑦）を区別する言語も複数ある[3]。こう考えると、英語や日本語の一人称複数代名詞は極端に広い概念を表す表現であることがわかる。

2.2. We are the champions!（我々が勝者だ!）

さて、サッカーの試合などでWe are the champions!と人々が一斉に叫ぶ際に用いられるweが累加複数であるのかということが本節の本題である。もしも累加複数であれば、2.1節表1の①「1+1」のweに当たるということになる。確かに、人々がWe are the champions!と図1のように叫んでいると捉えると、このweは複数の話し手を指す累加複数のweのようにも思われる。

図1　コーラスのwe①（筆者作成）

ただし、このweは本当に複数の話し手を指しているのであろうか。もう少し掘り下げて考えてみると、同じ状況を図2のように捉えることもできる。図2では、We are the champions! という発話を一つの発話とは捉えず、話し手ひとりひとりが個々の発話を全く同じ表現を用いて発声していると考える。そうすると、例えばAが発している We are the champions! のweは、話し手であるA自身とその他の人々（B、C、D、E）を含む③「1+3」の一人称複数であると見ることができる。または、この発声に加わっていない聞き手を含めれば、⑦「1+2+3」のweとして捉え直すこともできる。B、C、D、Eの発話も同様に、それぞれが③「1+3」または⑦「1+2+3」のweを用いてWe are the champions! と叫んでいると考えられるのである。

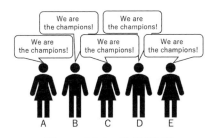

図2　コーラスのwe②（筆者作成）

　このように考えると、一見すると累加複数（①「1+1」）のweのように見えるweも実は結合複数（③「1+3」や⑦「1+2+3」）のweであることが見えてくる。つまり、We are the champions! に代表されるコーラスのweも、累加複数（①「1+1」）のweではないと言うことができる。
　Franz Boas（1911）が、一人称複数についてかつて次のように述べているが、その見解は正しかったように思われる。

　A true first person plural is impossible, because there can never be more than one self.
　（真の一人称複数は不可能である。なぜなら自己が1人より多く存在することはな

第12章　一人称複数we　　221

いからである。)(Boas 1911: 39、筆者訳)

ここでBoasの言う"A true first person plural"(真の一人称複数)とは累加複数の一人称複数(①「1+1」)を指している。

3. 態度動詞の従属節のwe

前節では、コーラスのような集団発話で用いられるweが累加複数(①「1+1」)のweに該当するかどうかを考察し、該当しないという結論を導いた。では、weが累加複数として用いられることは決してないのであろうか。本節では、この点についてより深く考え、一定の環境下で用いられるweは、累加複数のweであることを提唱する。

3.1. 不思議な文

ここではまず(1)の文を検討してみよう。この文については、少なくとも以下に書いた二つの解釈が可能である(Rullmann 2004: 161)。

(1)　We all think we're smart.
　　　解釈1：Each of us thinks that we are smart.
　　　(私たちはそれぞれ私たちが賢いと思っている。)
　　　解釈2：Each of us thinks that he/she is smart.
　　　(私たちはそれぞれ自分が賢いと思っている。)

解釈1では、話し手を含む「私たち」すべてが「私たちは賢い(We are smart)」と思っている状況を表している。一方、解釈2では、weに含まれるすべての人が「私は賢い(I'm smart)」と思っている状況を表現している。

さて、(1)の英文に少し手を加えて(2)のようにすると、これまで二つあった解釈が一つに限定される(Rullmann 2004: 161–162)。

(2) We all think we're the smartest person in the world.
　　　解釈：Each of us thinks that he/she is the smartest person in the world.
　　　（私たちはそれぞれ自分が世界で一番賢い人だと思っている。）

　なぜなら、(2) の文の従属節の述部、be the smartest person in the world（世界で一番賢い人だ）は、論理的に考えると単数の主語しかとることのできない述部だからである。二人以上、「世界で一番賢い人」がいる、という状況は意味的に矛盾する。よって、(1) の解釈1のように「私たちはそれぞれ私たちが世界で一番賢い人だと思っている」と解釈することは (2) では不可能なのである。
　この理由で、(2) の文の従属節だけを単文として用いる (3) は、文として適切に成立することができない。矛盾を含む非論理的な文となってしまう (Rullmann 2004: 161–162)。なお、ここで使用している「#」は不適切な文を表す符号である。

(3) # We're the smartest person in the world.
　　　（私たちは世界で一番賢い人である。）

　(2) の文は、単文としては適切に成立し得ない従属節を持つにもかかわらず、文全体としては意味の成り立つ大変不思議な文であると言えよう。

3.2. 主流の見解

　3.1節で見た不思議な文 (2) をここに (4) として再掲する。ここでは、このような文に対する言語学における主流の見解を簡単に見ておきたい。

(4) We all think we're the smartest person in the world.
　　　解釈：Each of us thinks that he/she is the smartest person in the world.
　　　（私たちはそれぞれ自分が世界で一番賢い人だと思っている。）

(4)の下線部、従属節のweは形式的には一人称複数代名詞であるが、解釈上はhe/sheと理解され、weの一人称や複数といった素性は失われている。こういった点に着目して、下線部のweのような代名詞は、人称・性・数といった素性を持たないゼロ代名詞（zero pronoun）もしくはミニマル代名詞（minimal pronoun）であるとする見方がある。この見解では、表面上現れる従属節のweの素性は、先行詞である主節のweから形式的に引き継いだ素性であり、その素性の意味は最終的には解釈されないとしている（Kratzer 1998, 2009; Heim 2008）[4]。

　しかしながら、このゼロ代名詞／ミニマル代名詞のアプローチには、次のような弱点がある。(5)のような文を検討しよう（Rullmann 2004: 163、下線は筆者）。

　(5)　Every woman I date wants us to get married.
　　　（私が付き合っている女性はみんな私たちが結婚することを望む。）

　(5)では、下線部usの先行詞はEvery womanとIである。もしゼロ代名詞／ミニマル代名詞のアプローチが正しいとすれば、usは人称も数も持たない代名詞で、その一人称複数という素性は先行詞から引き継いだことになるはずである。(4)であれば、主節主語の先行詞weが一人称複数という素性を持つので、従属節主語weがゼロ代名詞／ミニマル代名詞だとしても、先行詞からその素性を引き継いだと説明できる。しかし、(5)の場合は、先行詞のEvery woman（三人称単数女性）とI（一人称単数）のいずれも一人称複数という素性は持たない。したがって、(5)では、下線部usが持つ一人称複数という素性がどこから引き継がれたものなのか明らかにならない。よって、(5)のような文はゼロ代名詞／ミニマル代名詞のアプローチでは上手く説明がつかない文なのである（Rullmann 2004）。

　このように既存のアプローチにも欠点があり、現段階ではさまざまな新しい見解が提唱されているが合意には至っていない。

3.3. 累加複数の we

　ここでは、(4) の従属節の we が累加複数の一人称複数である、という考え方を提案する。3.1 節で見たように、(4) の従属節である we're the smartest person in the world は、単文では矛盾を生むが、We all think の従属節となると突然その矛盾が消えてなくなるという不思議な文である。なぜそのようなことが起こるのであろうか。

　人間の言語は、超越性 (displacement) という特徴を持つ (Yule 2023: 17)。超越性とは、私たちが「いま」「ここ」を離れて、異なる時間や場所で起きていることを話すことができる能力を指す。例えば、犬が「ワンワン」と吠えて、その場、その時に起きていることへの恐怖や欲望を伝えることができたとしても、「昨日、いつも行く公園で会った犬は怖かった」といった、現在とは異なる時間や場所で起きたことの恐怖心を伝えることはできない。それに比べて、人間の言語であれば、「昨日、いつも行く公園で会った犬は怖かったから、明日は別の公園で遊びたい」といったことも伝えることができる。こういった人間言語の性質を超越性と呼ぶ。さらに、この超越性によって、私たちは現実世界を離れて、架空の世界について話すこともできる。「隣に住む宇宙人が昼夜宇宙ダンスをしてうるさい」といった、少なくとも今の現実では有り得ない話をすることも可能である。

　さて、図3のように、Aが (4) の文を発したとしよう。Aが We all think と言った時点で、動詞の think（思う）が聞き手を複数の思考世界 (thought-worlds) へと導く。現実世界とは異なる思考上の世界である。we に含まれるすべての人（ここではA、B、C、D、E）が、それぞれの思考世界の作者 (author) となる。Bの思考世界の中ではBがその世界の作者であり、Bのみが自分のことを「私／I」として認識している。Cの思考世界の中ではCがその世界の作者であり、Cのみが自分のことを「私／I」として認識している。DやEの思考世界についても同様である。こう考えると、We all think が表す状況には、複数の思考世界があり、それぞれに一人ずつ作者がいて、それらの人々が各自自分のことを「私／I」だと思っていることになる。そして、ひ

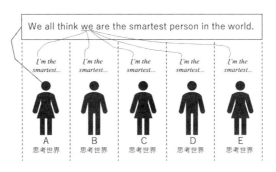

図3 累加複数のwe（筆者作成）

とつひとつの思考世界の中で、各作者が自分のことを「世界で一番賢い」と思っている状況を（4）の文は示しているのだと考えられる[5]。

つまり、（4）の従属節のweは、異なる複数の思考世界にいるそれぞれの「私／I」を集めたものだ、と捉えることができる[6]。また、このように考えることで（4）の従属節に見られた矛盾は生じなくなる。なぜなら、それぞれの思考世界において「世界で一番賢い人」は、それぞれの作者が「私／I」と認識している人ひとりだけとなるからである。

本章では、（4）の従属節に出現するようなweこそが累加複数のwe、つまり、2.1節で述べた「① 1+1」のweに当たるのではないかと考える。weは、think（思う）、believe（信じる）、hope（願う）といった態度動詞の従属節の中に埋め込まれることで、複数の「私／I」の集まりを表すことが可能となるのである。

例えば、（6）の従属節に出現するweも同様に累加複数のweだと言うことができる[7]。

(6) Donald and I both believe we are going to be elected president.
　　（ドナルドも私もともに自分が大統領に選ばれると信じている。）

ここでpresidentとはアメリカの大統領を指しているが、大統領に選ばれるのは一人だけであるので、誰もDonaldとIの両方が大統領に選ばれると

解釈することはない。（6）は、DonaldとIのそれぞれが「私が大統領に選ばれる（I'm going to be elected president.）」と思っている状況を表している。また、（7）のようなシンプルな文でも、解釈2のときに用いられるweは累加複数のweだと言える。

 （7） We think we're sick.
   解釈1：Each of us thinks "we're sick."
   （私たちはそれぞれ「私たちは病気だ」と思っている。）
   解釈2：Each of us thinks "I'm sick."
   （私たちはそれぞれ「私は病気だ」と思っている。）

　このように、一部の態度動詞の従属節で用いられるweに着目すると、それが累加複数の一人称複数代名詞として用いられていることがわかる。前述したように、言語には超越性という性質がある。この超越性によって、現実世界とは異なる思考世界についても私たちは論じることができる。また、単にひとつの思考世界についてのみでなく、一度に複数の思考世界がパラレルに存在するような状況についても話すことができ、それぞれの作者をweという一つの代名詞で言い表すことさえできるのだと考えられる。

4. 日本語の「自分」「私たち」

　ここまで英語の一人称複数代名詞weについて見てきたが、その多くの例文で従属節のweが日本語訳では「自分」と訳されていたことに気が付いた読者も多いであろう。例えば、（2）（4）をここに（8）として日本語訳とともに再掲する。

 （8） We all think we are the smartest person in the world.
   （私たちはみんな<u>自分</u>が世界で一番賢い人だと思っている。）

この文では、英語でweとなっている従属節の主語が日本語では「自分」と訳され、この文の意味を適切に捉えている。本節では、ここで用いられるweがなぜ「自分」と訳されるのか、なぜ同じところに「私たち」を用いることができないのかを検討する。

4.1. 束縛変項としての「自分」

日本語の「自分」という表現にはさまざまな使われ方があるが、そのひとつに、普遍量化詞表現の束縛変項（bound variable）としての機能が挙げられる（Aikawa 1993; Saito & Hoji 1983; Ueda 1986）[8]。普遍量化詞表現とは「みんな」といった全数を表す表現であり、（9）の「誰もが」も普遍量化詞表現である。（9）の中で、この「誰もが」に束縛される変項（束縛変項）として捉えることができるのが「自分」である。ここでの「自分」は、（10）のように解釈することができる[9]。つまり、「誰もが」の中にA、B、C・・・といった人々が含まれると想定すると、「誰もが」がとる値（A、B、C・・・）によって「自分」の値（A、B、C・・・）が変わる（束縛される）場合に、「自分」は「誰もが」の束縛変項であると言うことができる。

(9) 誰もが自分は試験に合格すると信じている。
(10) AがAは試験に合格すると信じている。
　　　BがBは試験に合格すると信じている。
　　　CがCは試験に合格すると信じている。
　　　　　　　・
　　　　　　　・
　　　　　　　・

（8）の日本語訳ではこの機能を持った「自分」が使われている。「私たちはみんな」にA、B、C・・・という人が含まれているとすると、（11）のように解釈できる。

(11) AはAが世界で一番賢いと思っている。

　　　　BはBが世界で一番賢いと思っている。
　　　　CはCが世界で一番賢いと思っている。
　　　　　　　　　・
　　　　　　　　　・

　（11）のような解釈はまさに英文（8）の解釈と同じである。したがって、日本語ではこの「自分」を使った表現が（8）の訳文として成立するのだと言えよう。英語には「自分」のように人称や性といった素性を持たない音形のある束縛変項表現がない。通常、everyoneなどが主節の主語の場合はheやsheなどの三人称単数代名詞が束縛変項表現として用いられ、（12）のような文となる。

　（12）　Everyone thinks he/she is the smartest person in the world.
　　　　　（誰もが自分が世界で一番賢いと思っている。）

　ただし、（8）のように普遍量化詞表現が一人称複数の場合、従属節weをhe/sheで代用すると（13）のように意味の異なる文となってしまう。（13）は、特定の男性（he）または女性（she）について、私たちが世界で一番賢いと思っている、という意味になる。

　（13）　We all think he/she is the smartest person in the world.
　　　　　（私たちはみんな彼／彼女が世界で一番賢いと思っている。）

　また、仮に一人称単数代名詞のIを挿入して（14）のようにすると、これもまた（8）とは異なる解釈をもたらしてしまう。（14）には、（14）を発した話し手についてのみ、私たちが世界で一番賢いと思っている、という解釈しかない。

　（14）　We all think I am the smartest person in the world.

　　　　（私たちはみんな私が世界で一番賢いと思っている。）

　よって、英語では（8）のような別の方法で、日本語の「自分」を使った場合と同様の意味を持つ文を派生させていると考えられる。

4.2. 結合複数を表す「〜たち」

　本章では、英文（8）の従属節のweを累加複数（①「1+1」）の一人称複数代名詞として分析した[10]。もし本章の提案が正しいとしたら、なぜ日本語でも同様に一人称複数代名詞の「私たち」を使って累加複数の意味を持たせることができないのであろうか。（12）のように「私たち」を使った文を検討してみよう。

　　　（15）私たちはみんな私たちが賢いと思っている。

　（15）は、日本語の文法に照らして適切な文ではある。ただし、「私たち」に含まれる全員がその全員をグループとして賢いと思っている、という解釈になり、4.1節（11）で見たような解釈は得られない。なぜ英語のweによって可能な解釈が「私たち」からは得られないのであろうか。
　ひとつの理由として、「〜たち」という名詞に付く接尾辞が結合複数を意味するということが挙げられる（Moravcsik 2003; Nakanishi & Tomioka 2004; Nakanishi 2020）。例えば、「太郎たち」と言えば、「太郎」という名前の人に代表される特定のグループを指す。そのグループを構成する人々全員が「太郎」という名前を持つ必要はなく、太郎の友達や家族など、太郎と何らかの関係性を持つ人々であれば構わない。特別の文脈では「太郎」という同じ名前を持つ複数の人々を指すこともあるが、それは例外的な使用法と言えよう。英語のJohnsの場合はJohnという名前の複数の人々しか指さないのとは対照的である。
　一方、「学生たち」のように普通名詞に「〜たち」を付けると、そのグループの構成員全員が学生であるという累加複数の解釈が可能である。ただ

し、この累加複数の解釈は結合複数の解釈から導き出されているという見方がある（Nakanishi 2020）。例えば、同じボランティアに参加しているグループがあり、そのグループを代表している人が学生だったとする。この場合、そのグループの構成員全員が学生ではなかったとしても、そのグループを「学生たち」と呼ぶことができる。「同じボランティアに参加している」という属性を共有することで、代表的な学生とその他の構成員が関係性を持ち、ひとつのグループを構成しているからである。これは、結合複数の「学生たち」に当たる。同様の結合複数の考え方で、「学生たち」の構成員全員が学生となるケースも想定できる。例えば、ある学生に代表され、その学生と「学生である」という属性を共有している人々のグループがあるとする。このグループを「学生たち」と呼ぶことができる。この場合は、結果として、「学生たち」に含まれる構成員全員が学生であるという解釈、すなわち累加複数と同様の解釈が可能となる。したがって、「〜たち」が結合複数を表す接尾辞であるとしても、そこから累加複数のような解釈を派生させることも可能なのである。Nakanishi（2020）では、このような解釈の仕方を「擬似的な累加複数解釈」（pseudo-additive reading）と呼んでいる。

このような見解に従えば、「〜たち」は本質的には結合複数を表す接尾辞であると考えられる。このことが「私たち」を英語のweのように累加複数として用いることができないひとつの理由と考えることができる。

ただし、この理由だけで英語のweと日本語の「私たち」の使われ方の違いを説明することはできない。例えば、(16)のように「〜たち」の付かない「我々」を使った場合はどうであろうか。

(16) 我々はみんな我々が賢いと思っている。

やはり、(15)のときと同様に「我々」に含まれる人全員をグループとして賢いと思っていると解釈されるように思われる。

英語のweと日本語の「私たち」「我々」といった代名詞のより詳細な比較検討は今後の課題としたい。

5. 今後の課題

　本章では、英語の一人称複数代名詞weが複数のIを表す累加複数として用いられることがないのかということについて考察した。よく議論に挙がる「コーラスのwe」については、累加複数のweではないと結論付けたが、一方で、特定の態度動詞の従属節で用いられるweは累加複数であると提案した。具体的には、態度動詞によって導かれる複数の思考世界が存在し、それぞれの思考世界の作者である「私／I」を集めたものを累加複数のweと解釈できると主張した。最後に、累加複数であると提案したweについて、日本語ではなぜ「自分」を用い、「私たち」という一人称複数代名詞を用いないのかについて若干の検討を加えた。

　本章から示唆されるのは、英語の一人称複数代名詞weが、今回提案したような文脈で本当に累加複数として解釈されるのかについてさらに検討していくことの重要性である。また、このような使われ方をするweと日本語のさまざまな人称表現について比較検討することにも大きな意義があると言えよう。

注

〔1〕　Cysouw（2003: 73）から引用。
〔2〕　カメルーンで話されるチャド語派のポドコ語、マンダラ語など、アフリカの言語でよく見られる。また、北東コーカサス語族のチェチェン語やツングース語族のエヴェン語やエヴェンキ語など、幅広い言語に見られる現象である（Cysouw 2003: 141）。
〔3〕　オーストロネシア語族のマラナオ語、イロカノ語、ハヌノオ語などがある（Cysouw 2003: 139）。
〔4〕　こういった見解では、例えば（4）の従属節weのような代名詞を、allという普遍量化詞に束縛された変項（4.1節参照）であると捉えている。束縛変項として人称・性・数といった素性が解釈されない場合も、音韻形式（Phonological Form）では先行詞の素性を引き継ぐと考えられている。

〔5〕　ここでの思考世界に関する議論は、Lewis（1979）、Chierchia（1990）、Percus & Sauerland（2003）における自省的態度（Attitudes De Se）についての考え方を参考にしている。

〔6〕　同様の考え方は、LaTerza et al.（2014）のアムハリ語（エチオピアの公用語）の研究でも提案されている。

〔7〕　Rullmann（2004: 161）に（6）に類似した文が掲載されている。

〔8〕　Aikawa（1993）では、普遍量化詞表現と「自分」が同一節内にあるときには、「自分」は束縛変項としての機能を持たないとしているが、両者の位置が節を超えている場合には、「自分」は束縛変項としての機能を持つとしている。

〔9〕　Ueda（1986: 92）に（9）と似た例文が掲載されている。

〔10〕（8）の文で、主節のweは結合複数、従属節のweは累加複数であると考えており、それぞれが異なる内部構造を持つと想定している（Matsuda 2021参照）。

参考文献

Aikawa, T. (1993) *Reflexivity in Japanese and LF-analysis of Zibun-binding*. Doctoral dissertation, The Ohio State University.

Boas, F. (1911) Introduction. *Handbook of American Indian Languages* 1, ed. by Franz Boas, 1–83, Bureau of American Ethnology, Washington D.C.

Chierchia, G. (1990) Anaphora and Attitude De Se. *Semantics and Contextual Expression*, ed. by Renate Bartsch, Johan van Benthem, and Peter van Emde Boas, 1–32, Foris, Dordrecht.

Corbett, G. (2000) *Number*. Cambridge University Press, Cambridge.

Cysouw, M. (2003) *The Paradigmatic Structure of Person Marking*. Oxford University Press, Oxford.

Daniel, M., Moravcsik, E. (2005) Associative Plurals. *World Atlas of Language Structures*, ed. by Martin Haspelmath, Matthew S. Dryer, David Gil, and Bernard Comrie, 150–153, Oxford University Press, Oxford.

Harbour, D. (2016) *Impossible Persons*. MIT Press, Cambridge, MA.

Heim, I. (2008) Features on Bound Pronouns. *Phi-Theory: Phi-Features across Modules and Interfaces*, ed. by Daniel Harbour, David Adger, and Susana Béjar, 35–56, Oxford University Press, New York.

Kratzer, A. (1998) More Structural Analogies Between Pronouns and Tenses. *Proceedings of the 8th Semantics and Linguistic Theory Conference*: 92–110.

Kratzer, A. (2009) Making a Pronoun: Fake Indexicals as Windows into the Properties of Pronouns. *Linguistic Inquiry* 40: 187–237.

LaTerza, C., Rood, M., Kramer, R., Chacón, D., Johnson, J. (2014) Plural Shifted Indexicals are Plural: Evidence from Amharic. *Proceedings of the 44th Annual Meeting of the North East Linguistic Society*: 259–269.

Lewis, D. (1979) Attitude *De Dicto* and *De Se*. *The Philosophical Review* 4: 513–543.

Matsuda, A. (2021) Indexical Structures of "Bound" Plurals. *JELS* 38: 51–57.

Moravcsik, E. (2003) A Semantic Analysis of Associative Plurals. *Studies in Language* 27: 469–504.

Nakanishi, K. (2020) Pseudo-Additivity of Japanese Plurals. *Japanese/Korean Linguistics* 27: 1–12.

Nakanishi, K., Tomioka, S. (2004) Japanese Plurals are Exceptional. *Journal of East Asian Linguistics* 13: 113–140.

Percus, O., Sauerland, U. (2003) On the LFs of Attitude Reports. *Proceedings of Sinn und Bedeutung* 7: 228–242.

Quirk, R., Greenbaum, S., Leech, G., Svartvik, J. (1985) *A Comprehensive Grammar of the English Language*. Longman, London.

Rullmann, H. (2004) First and Second Person Pronouns as Bound Variables. *Linguistic Inquiry* 35: 159–168.

Saito, M., Hoji, H. (1983) Weak Crossover and Move α in Japanese. *Natural Language & Linguistic Theory* 1(2): 245–259.

Ueda, M. (1986) On the Japanese Reflexive Zibun. *University of Massachusetts Occasional Papers in Linguistics* 10: 81–113.

Wechsler, S. (2010) What 'You' and 'I' Mean to Each Other: Person Indexicals, Self-Ascription, and Theory of Mind. *Language* 86: 332–365.

Yule, G. (2023) *The Study of Language*. 8th edition, Cambridge University Press, Cambridge.

第3部
地域・交流

第13章
観光は地域をいかに変えるか
——カンボジア・シアヌークビルにおける観光空間の素描

板垣武尊

1. 筆者が見たカンボジアの変化

　2008年8月、大学3年生だった筆者は、バンコクから上海までの旅の途中でカンボジア（図1a）を訪れた。タイのバンコクを起点に、タイ、カンボジア、ベトナム、中国本土、香港を陸路で移動したこのルート（図1b）は、2000年以降の主要バックパッカー・トレイル（板垣2018）をなぞった旅路となった。バンコクからタイ／カンボジア国境のアランヤプラテートまで、タイ国鉄の列車に乗車した。料金はわずか48バーツ（当時のレートで約150円）で、編成は長いのに車内はバックパッカーと地元民で混雑していた。早朝5時50分にバンコクのフアランポーン駅を出発して、昼頃アランヤプラテート駅に到着し、それからタイの出国審査を済ませて多くのバックパッカーたちと一緒に国境を歩いて越えた。

　カンボジア側の国境の街ポイペトでは街中を歩くのが怖かった。なぜなら、お守りのように握りしめていた『地球の歩き方』には、地雷がまだ埋められていること、強盗やスリが多いことなどが記されていたからである（地球の

図1 カンボジア概略図（2023）と筆者の旅行ルート（2008）

歩き方編集部 2007: 271–272、286–287）。それでも勇気を出してバスターミナルに向かうと、雨は降っていなかったのにサンダルが泥だらけになった。みんなバックパックを背負っているわけだ、と合点がいった。旅人たちで満員となったシェムリアップ行きのバスは、上下左右に激しく揺れながら、赤土の大地をゆっくりと東へと進んでいった。夕食のために途中で立ち寄った休憩所で、薄暗い電灯のもと生ぬるいコーラを飲んでいると、小学生くらいの少年たちに囲まれて「そんなの関係ねぇ、はいおっぱっぴー」[1]、「宮迫ですッ！」[2] を披露され、ギブミーマネーとせがまれた。結局、バスがシェムリアップに到着したのは夜の9時を回っていた。

　シェムリアップでアンコールワットを見物してから、バスで首都のプノンペンまで移動した。到着後、バスのドアに群がるトゥクトゥクの客引きたちに「ノー」と言い続けて、現在地もわからないままプノンペンの街中に飛び出した。ゲストハウスは、プノンペン中央駅から歩いて20分ほどの安宿街、通称レイクサイドで見つけた。水しか出ないシャワーと扇風機がついて1泊3USDだった。目の前の通りは砂利道で、玄関を出るとすぐに中高生くらいの少年たちに「ウェアアーユーゴー？レディー？マリファナ？」と囲まれるような場所だったが、3階のレストランからはボン・コック湖を一望できて、

図2 プノンペンのボン・コック湖
2008年8月筆者撮影

図3 プノンペンのボン・コック湖の跡地
2024年2月筆者撮影
注：図2と同じ方向を撮影している。

夕陽が反射する湖面を手漕ぎ舟が進んでいく光景（図2）は、周囲の喧騒を忘れさせてくれた。

それから10年後の2018年2月に、同じルートでバンコクからカンボジアを訪れた。10年経っても筆者はまだ学生のままだった（ただし、その前月に博士論文を提出した！）。バンコクからアランヤプラテートまでの列車は、ダイヤや運賃、そして乗客の様相もほとんど変わっていなかった。

しかし、カンボジアは10年間で大きな変化を経験したようだった。ポイペトの市街地の道は綺麗に舗装され、中高層のホテルやビルが立ち並んでいた。今回の旅ではシェムリアップまでタクシーを利用したが、よく整備された道を時速80kmで飛ばした。途中で寄ったガソリンスタンドにはコンビニが併設されていて、よく冷えたコーラが美味しかった。そしてまだ明るいうちに、シェムリアップのミニホテルで泳ぐことができた。

図4 シアヌークビルの風景
2018年2月筆者撮影

図5 シアヌークビル中心部のネオン街
2024年2月筆者撮影

　プノンペンはまるで知らない街になっていた。プノンペン中央駅の前には高さ188mの高層ビルがそびえ立ち、ボン・コック湖は埋め立てられ、跡地には高層ビルや大型ショッピングモールなどの開業が控えていた（図3）。2014年に開業したイオンモール内のスターバックスで飲んだコーヒーが3USDだった。イオンモールの館内はカンボジア人の若者や家族連れで賑わっていた。そして、強引な客引きや物乞いには一度も遭遇しなかった。

　2016年にプノンペンとカンボジア南部の海浜リゾート地であるシアヌークビルを結ぶ鉄道が14年ぶりに再開し[3]、2018年の旅ではその鉄道に乗ってシアヌークビルへと向かった。そして、このシアヌークビルが、この旅で一番の衝撃だった。市街地はまるで中国の地方都市をそのまま持ってきたようで、研究という名目で中国国内を旅してきた筆者にとってはある種の懐か

図6 シアヌークビル概観図

しさを覚える不思議な光景だった。ほとんどの店に中国語の看板が掲げられていて（図4）、店員も客もほとんどが中国人で、あらゆる場所から中国語（普通話）が聞こえてきた。違うことといえば、中国本土では禁止されているカジノがそこら中に乱立していたことである。そしで併設されているカラオケ（KTV）は夜になると怪しいネオンの光を放ち（図5）、派手な化粧をした女性を乗せたバイクが忙しそうに出入りしていた。

シアヌークビル（図6）中心部のモニュメントGolden Lionからバイクで30分ほど赤土の道を進むと、Otres Beachに着いた。ビーチチェアが並べられた砂浜が広がるリゾートエリアである。海岸通り沿いには、ゲストハウスやバンガロー、レストランやバー、旅行会社などが立ち並び、西洋人がたむろしていた。店舗の外観は英語とクメール語（カンボジアの第一言語）が中心で、中国人観光客も中国語の看板もほとんど見かけなかった。

この街はおもしろい、と思った。そして、この経験を忘れることができず、和洋女子大学に着任した2019年からシアヌークビルの研究に着手することになる。初めての本格的な現地調査は、2019年8月に実施した。その時は、市街地のいたる場所で道路の舗装作業が行われており、街中が文字通り工事現場となっていた。Ou ChheutealBeachやOtres Beachに行く道も工事中で、

第13章　観光は地域をいかに変えるか

なんとか迂回して行くことも可能だったかもしれないが、穴だらけのぬかるんだ道をレンタルしたオートバイで行く勇気はなかった。

その後、コロナ禍を経て、2022年12月から2023年1月にかけて再訪した。前回の調査時からの変化として、市街地の道路舗装が完了していること、2019年のオンラインカジノ摘発やコロナパンデミックによって中国系住民が流出し、市街地のホテルやビルが廃墟化していること、カンボジア国内観光客が増加していることなどを確認した。そして、本書の14章を執筆している李崗との共同研究を開始し、2023年2〜3月、2024年2〜3月にそれぞれ2週間程度の現地調査を実施した。

2. シアヌークビルという地域のおもしろさ

本章では、シアヌークビルの変化を観光空間という側面に焦点を当てて素描する。同時に、この稿をこれからのカンボジア研究やシアヌークビル研究のため、2024年現在の「いま」の様相を記録した備忘録としたい。

シアヌークビルという地域を研究するおもしろさや視座として、以下の3点を指摘したい。はじめに、中国新移民[4]の流入とそれに伴う都市景観の変化が挙げられる。世界中のあらゆる地域に華僑または華人と呼ばれる中国系の人々が移住しており、特に東南アジアでは人口に占める割合が高い。バンコク、クアラルンプール、シンガポール、ホーチミンなどの大都市には大規模なチャイナタウンが形成され、いずれも100年以上の歴史があり、歴史のある廟や老舗の中華料理店、宝石店などが集積し、居住空間としてだけでなく、商業や観光などの場としても機能している。プノンペンではフランス植民地時代の19世紀後半に居住地がエスニック集団ごとに住み分けられ、当時プノンペンの人口の約半数を占めていた華人には、セントラルマーケット周辺が割り当てられた（牧野2015）。このエリアは現在でも中国語の看板が軒を連ねている地域である[5]。中国語（普通話）やクメール語に紛れて、潮州語、広東語、客家語といった華人たちの故郷と思しき中国南部の方言が聞こえてくるのも特徴的である。

チャイナタウン研究の第一人者である山下清海は、世界各地のチャイナタウンを調査し、地理学の視点からチャイナタウンの比較研究を行っている。山下（2019）が指摘するチャイナタウンの特徴は、歴史・住民・規模・機能・観光地化の有無などの違いはあれど、「街の一区画に中国系の住民や店舗が集中する地区が形成される現象」である。しかし、シアヌークビルにおける都市景観の変化は、街の一区画にチャイナタウンが形成されるレベルとは異なる様相を呈している。人口15万人のシアヌークビルは、2016年頃から中国新移民の流入が加速した。2017年には年間12万人の中国人観光客と、7万8千人の移住者が中国から流入し（Ang 2020）、2019年までに30万人の中国人が居住した。その結果、市街地中心部の大部分が中国資本によって占有され、かつ市街地の範囲が急速に拡大した。この背景として、2013年に中国の習国家主席が提唱した一帯一路構想[6]が大きく関わっている。

　一方で、2019年のオンラインカジノの摘発やコロナ禍によって20万人の中国系住民が流出した（鈴木 2020）。その結果、閉業・休業したホテルや建設途中のビルが街の至る所に放置され、廃墟化が進んでいる。このようにシアヌークビルの都市構造の急激な変容は、一帯一路構想やコロナパンデミックといった近年のグローバリゼーションをめぐる事象と深く関わっている。本章では、中国人移民の流入に伴う地域変容についての新しい展開を報告したい[7]。

　第2に、観光客のタイプと観光空間の棲み分けである。一年中温暖な気候に恵まれている東南アジアには、世界有数の海浜リゾートが数多く存在する。東南アジアにおける海浜リゾート地域の観光開発パターンに大きな影響を及ぼしているのは、グローバリゼーション、地政学、多国籍企業、そしてIMF（国際通貨基金）や世界銀行といった超国家的開発組織（そして最近では、中国が支援する新開発銀行やアジアインフラ投資銀行も）との相互関係である（Hampton et al. 2023: 61）。代表的な例として、世界銀行・中央政府による観光開発や多国籍大型ホテルチェーンによる融資を受けたインドネシアのバリ島（生田 2012: 35–40）や、ベトナム戦争期における米軍向け保養地として開発されたタイのパタヤ（Chang 2001、日向 2020）を挙げることができる。バリ島のヌサドゥ

アやパタヤのウォーキングストリートのような場所は、いずれもツーリスト・エンクレーブ（Bennett-Cook 2019）と呼ばれる観光客に必要な施設、業務、サービスが提供される飛び地として機能しており、地元の生活エリアとは切り離された空間である。

　一方で、東南アジアを旅する観光客には、格安旅行を楽しむバックパッカーが多くを占めており、バックパッカー向けのビーチリゾート開発に関する研究も報告されている。バックパッカーはビーチリゾートの発見者であり、インフォーマルセクターや小規模な観光事業者による有機的で無計画な観光開発を促進してきた（Hamzah & Hampton 2012）。そして、東南アジアにおける大都市やリゾート地にも、バックパッカー・エンクレーブ[8]と称される安価な宿泊施設や飲食店、旅行会社などが集積するツーリスト・エンクレーブが形成されてきた。

　シアヌークビルにはバックパッカーのような経済的な旅行者から、高級リゾートに滞在する富裕層、中国人カジノ客などさまざまなタイプの観光客が存在する。さらに、コロナ禍以降、カンボジア国内旅行客の存在感が増している。シアヌークビルのように、種類の異なる観光客が混在する観光地について論じる際には、観光客のタイプに注目することが重要である。なぜなら、海浜リゾートの社会空間パターンは、「海岸およびその資源の所有権と管理権を巡って対立するさまざまな利益団体間の対立」によって特徴付けられる（Selwyn & Boissevain 2004: 11）からである。本章では、海岸線のリゾート開発を含めた観光空間の変容のありようを、観光客のタイプに注目しながら論じてみたい。

　最後に、日本におけるシアヌークビル研究の蓄積が少ない点を指摘したい。カンボジアは1953年の独立以降、東西冷戦のせめぎ合いの複雑な国際関係の中で翻弄され、長い間政治的混乱が続いていた。とりわけ、1970年代のカンボジア内戦、1975年からのポル・ポト政権率いるクメール・ルージュによる混乱と大虐殺、その後のベトナムとの戦争など多くの犠牲があった。カンボジアに再び平和が訪れた1993年以降の急速な発展は、冒頭で述べた筆者の懐古談のように、一介の旅行者の目にも明らかである。

カンボジアにおける経済発展や近代化の動態についての報告は日本語でも多くの蓄積があり、研究者による図書でも、廣畑ら（2016）、阿曾村（2023）、上田ら（2023）、小林（2024）などを挙げることができる。しかしながら、近年のシアヌークビルの動向について日本語で書かれた研究は限られている[9]。本章では、カンボジア・シアヌークビルの変化について、観光を切り口として紹介したい。

3. カンボジアにおける観光の概要

本節では、カンボジアにおける観光目的地と観光客の動向について概説する。カンボジアにおける代表的な観光目的地は、首都のプノンペンと、世界遺産アンコールワットを擁するシェムリアップである。それ以外にも、シアヌークビル、ケップ、カンポットなどの南部海岸エリアや、州都バンルンを拠点としたラタナキリ州のエコツーリズムも人気を集めている。また、トゥル・スラエン虐殺博物館（羽谷 2013）や、貧困や不幸を商品化した孤児院ボランティアツアー（薬師寺 2017）など、カンボジアはダークツーリズムの目的地としても知られている。

1993年に現在のカンボジア王国が成立し平和が訪れ、図7に示すように、徐々に国外からの観光客が訪れるようになった。2000年以降、SARSが発生した2003年を除いて、2020年のコロナパンデミックまで観光客は右肩上がりで増加した。

入国地点別の外国人入込客数を見ると、入国方法は空路と陸路に大別される。空路では、プノンペン国際空港とシェムリアップ国際空港が国際観光客の玄関口となってきた。そして、2016年からはシアヌークビルにも国際線の就航が開始した[10]。2019年のシアヌークビル空港からの外国人入国者数は66万人まで増加した。

カンボジアはタイ、ベトナム、ラオスと国境線を接しており、複数の国境ゲートが開放されている。そのため、陸路での入国者も多く、2016年までは外国人入国者の約半数を占めていた。旅行者が利用する陸路での主要国境

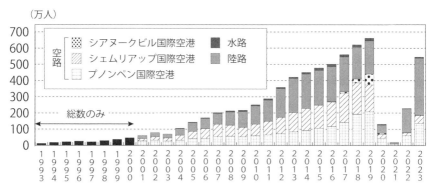

図7 カンボジアにおける入国方法別の外国人観光客数の推移
カンボジア観光省統計[11]より筆者作成

ゲートは、タイ国境のポイペト、ベトナム国境のバベットである。他にも、ラオスから陸路での入国が可能である。これらの国境ゲートは、同国からの旅行者も利用するが、外国人バックパッカーの利用も多い。1990年以降、情勢が安定してきたカンボジア、ベトナム、ラオスの3か国では、バックパッカーが先駆的に観光地を発見してきた。バックパッカーは飛行機での移動よりも陸路移動を好む傾向があり、2000年以降はカンボジアもバックパッカーの主要移動ルートに組み込まれるようになった（板垣 2018）。また、シアヌークビル港にはクルーズ客船も寄港している。

4. シアヌークビルにおける観光空間の変遷

4.1 バックパッカー向けの静かなリゾート

本項では、多くのバックパッカーが利用するガイドブックである『Lonely Planet』の記述や筆者らの聞き取り調査から、バックパッカーの観光空間の変化について記述する。シアヌークビルでも、1990年代には少数のバックパッカーが訪れるようになった。2000年に発行された『Lonely Planet Cambodia』の第3版を見ると、当時のバックパッカー向けの宿泊施設はVictory Beachに近いVictory Hillやバスターミナル周辺の中心市街地に1泊1

泊約3USDのゲストハウスが集積し、Ou Chheuteal Beach周辺には1泊約10USDのホテルが集積していた（Ray 2000: 187–191）。当時のビーチには手付かずの自然が残っており、静かで美しい砂浜はバックパッカーたちを惹きつけた。また、Victory Hill周辺にはロシア人投資家によるリゾート開発が進められ、ロシア人コミュニティーが形成された。

ただし、2008年に発行された第6版では、Victory Beachはかつてバックパッカー向けのビーチだったが、正直なところ街で一番の砂浜ではないため、その活気は失われてしまったと紹介されている（Ray & Robinson 2008 : 196–198）。1994年から当地で営業しているゲストハウスの経営者からのインタビューによれば、2017年前後から西洋人バックパッカーは後述する中国進出によって沖合のロン島またはロング・サンローム島へ滞在先を変えたため、多くの客を失ってしまったという（李・板垣 2024: 108）。

2000年から15年にかけては、街のシンボルであるGolden Lionのモニュメントから旧フェリーターミナルまで伸びるSerendipity Street沿いや、Ou Chheuteal Beachおよびその先のOtres Beachの開発も進み、宿泊施設、飲食店、旅行代理店などが立ち並ぶバックパッカー・エンクレーブが形成された。これらの経営者は、元バックパッカーの西洋人、地元出身者などさまざまであった。

一方で、シアヌークビルの本土からフェリーで1時間程度のロン島とロング・サンローム島（図8）が、バックパッカーの秘境の楽園として密かな注目を集めるようになる。両島には白い砂浜のビーチが点在し、またダイビングやシュノーケリング、シーカヤックなどのアクティビティの目的地でもある。2010年に発行された第7版では、無人の美しいビーチや、野生動物に焦点を当てた紹介がされているが（Ray et al. 2010: 214–215）、2012年に発行された第8版では、Koh Toch Beachが典型的なバックパッカーの楽園になりつつあることが記述されており（Ray & Bloom 2012: 171–173）、2016年に発行された第10版では、東南アジアにおける主要なパーティーアイランドとして紹介されている（Ray & Lee 2016: 202–206）。また、第10版ではM-Pai Bayには安価なゲストハウスがいくつか営業しており、本格的な地元の雰囲気を味

図8　ロン島およびロング・サンローム島におけるビーチとフェリー乗り場の分布

わえるので、より冒険好きな人におすすめであると紹介され（Ray & Lee 2016: 202–206）、第11版では、ロン島よりものんびりしたいバックパッカーに魅力であると紹介されている（Ray & Harrell 2018: 207–211）。

4.2 一帯一路構想に伴う観光開発とその影響

　シアヌークビルでは、2016年頃から中国の一帯一路構想の拠点として巨大な資本投下を受けて、不動産やカジノホテルの建設、リゾート開発などを中心に急速な観光開発が進んだ。2019年のプレアシアヌークビル州当局の報告によると（Pisel 2019）、同州には156軒のホテルとゲストハウスがあり、そのうち150軒が中国資本で、カジノは62カ所中48カ所が中国資本であった。また、中国人が経営するカラオケ[12]は41軒、マッサージ店は46軒あり、飲食店436軒のうち95%は中国人が経営しているという（Pisel 2019）。中国人が経営する飲食店には沙県小吃のような中国全土にある格安チェーン店から、川菜（四川料理）や粤菜（広東料理）などの地方料理専門店、高級店まで多種多様なラインナップがある。

　カジノホテルやリゾート施設を含む中国資本による海岸線を活かした観光開発は、バックパッカー向けの小規模な宿泊施設や飲食店などを排除した。Victoria BeachやOu Chheuteal Beachの砂浜は巨大リゾート施設の建設予定

図9 巨大なカジノ施設
2023年2月筆者撮影

地となった。Ou Chheuteal BeachからGolden Lion周辺にかけて、巨大なカジノ施設（図9）、免税店、大型ショッピングモール、中華料理店、中国系商店、マッサージ店などが集積した。

　このような開発の過程で、カンボジアの役人が中国人投資家から賄賂を受け取り、違法に土地を差し押さえたニュースや（Gerin 2019）、Ou Chheuteal Beachでの強引な立ち退きに翻弄される人々の様子が報告されている（McGrath 2018）。実際に、過去にOu Chheuteal Beachでバックパッカー向けの宿泊施設を経営し、現在はロン島に移転した経営者に聞いたところ、土地オーナーからの嫌がらせを伴う強引な立ち退き要求があったという。

　一帯一路構想に伴う中国人の流入に対し、シアヌークビルの現地カンボジア人の間では国内経済全体が乗っ取られるのではないかという恐れが広まり、中国人コミュニティー全般に対する憤りが高まっている（Bühler 2020）。また、ギャンブル産業との関連で、特殊詐欺・人身売買・売春・マネーロンダリング・喧嘩・誘拐・銃撃・暴力事件などの多岐にわたる犯罪が発生している（Po & Heng 2019）。さらに、開発による経済的利益の多くは中国資本に占有されており、地域全体に還元されることが少ない。このような現状について、Calabrese & Wang（2023）は「分断された発展」であると批判している。

　また、中国人の流入は、カンボジア人の国内観光客の足も遠ざけた。シアヌークビルは、かつては国内観光客にも人気のあるリゾート地だったが、2016年以降はシアヌークビルへの訪問を躊躇し、代わりに隣接するカン

図10 休業・廃業したホテル群
2022年12月筆者撮影

ポットやケップなどのリゾート地を選択するようになった。その理由として、中国人の悪評による不安や疎外感に加えて、宿泊費や食費の高騰が挙げられる（Po & Heng 2019）。

　しかし、2019年にオンラインギャンブルが禁止されると多くのカジノが閉業した。加えて2020年以降のコロナパンデミックにより観光業は大打撃を受け、2022年の秋ごろまで外国人観光客はごくわずかだった。その結果、シアヌークビルの市街地は、休業・閉業したホテルや建設途中のビルが残存するゴーストタウンの様相（図10）を呈するようになった。

　このような中国資本によるリゾート開発は、シアヌークビル本土からバックパッカー離れを加速させた。その結果、ロン島とロング・サンローム島への移転が進み、Koh Toch Beachだけでなく、M-Pai Bayにも飛び込みのバックパッカーにも対応できる安価なゲストハウスやバンガローが集積した（図11）。M-Pai Bayの宿泊施設の経営者はほとんどが西洋人で、従業員も若い西洋人のボランティアスタッフが多い。ボランティアスタッフとは、文字通り無償労働による従事者である。ただし、報酬こそ出ないが、宿泊場所や食事などを無償で提供してもらえるので、世界のいろいろな場所で働きながら旅をしたいバックパッカーたちに人気のライフスタイルである。2016年から当地でゲストハウスを経営しているカナダ人経営者によれば、M-Pai Bayには外国人同士が助け合うコミュニティーが形成されているという。その結果、繁忙期の宿泊客の調整や提供される料理の質の向上に繋がった。また、

図11 M-pai Bayの様子
2023年2月筆者撮影

これらの宿泊施設ではパーティーが開催されることが多く、夜更かしするバックパッカーやボランティアスタッフなどの西洋人コミュニティーとなっている。2023年に発行された『Lonely Planet Cambodia』の第13版では、ここがバックパッカーシーンの中心で、開発が進んでおらず、まだ楽園のような島であると説明されている（Ray et al. 2023）。

4.3 富裕層向けのリゾート施設

　2010年代後半から、ロン島とロング・サンローム島では、国内外からの富裕層向けリゾート施設が増加している。外国人富裕層は主に西洋人で、家族連れやカップルが多く、中国人観光客はあまり見られない。代表的なリゾート地には、Saracen Bay、Sok San Beach、Long Set Beachがある。これらの高級リゾートは、シアヌークビル本土とは異なり、欧米や東南アジアなどの海外資本によって経営されている施設が多い。

　しかし、Saracen Bayでは、開発会社の進出に伴い政府主導による強引な土地接収が行われており（Minea 2023）、欧米資本によるいくつかの宿泊施設が立ち退きに対する抗議をしていた（図12）。土地の退去を命じられたとある宿泊施設の経営者は、2023年2月に実施した筆者らのインタビューに対して、何の通告もなくホテルの建物にペンキで2週間後に出て行けと書かれたと説明してくれた。周囲の営業中の宿泊施設でも同様に、宿泊施設の外観に赤いペンキで大きく退去日が書かれていた。

第13章　観光は地域をいかに変えるか　251

図12　立ち退きに抗議する宿泊施設
2023年1月筆者撮影

　また、両島に点在する未開発の美しい砂浜にも、ビーチを独占したい観光客向けの高級宿泊施設が開業した。これらの宿泊施設は、陸路ではアクセスできない絶海のビーチに位置しているため、宿泊客をフェリーターミナルから自社の小型ボートで輸送している。

　アクセスの悪いビーチに位置する宿泊施設では、M-Pai BayやKoh Toch Beachのように、予約なしで来島した観光客を対面による客引きで集めることは現実的でない。多くの宿泊施設がBooking.comやAgodaなどのオンライン予約サイト（OTA: Online Travel Agent）に登録し、さらに公式ホームページや公式Facebookアカウントなどを開設して、宣伝や集客を行っている。ロン島における宿泊施設を対象として、デジタル・マーケティング戦略と宿泊者のオンライン宿泊予約時におけるデジタル・プラットフォームの利用状況を分析したChang（2020）の修士論文では、宿泊施設の経営におけるオンライン予約サイトの重要性が指摘されている。

　このように、オンライン予約サイトやインターネット・Wi-Fiなどの情報通信技術（ICT: Information and Communication Technology）の発展が、ロン島とロング・サンローム島における絶海のビーチでの高級リゾート施設の開業を後押しした。シアヌークビル本土の喧騒とはかけ離れた未開発の美しい砂浜に、富裕層向けの観光空間が形成された要因には、このような技術革新が大きな役割を果たしている。

4.4 カンボジア人のナショナリズムを生成する空間

　カンボジアでも多くの国と同様に、コロナウイルスの感染拡大防止を目的に、2020年から2021年にかけて断続的に国内の移動が制限され、州ごとに夜間の外出禁止措置やロックダウンが実行された。しかし2022年頃には観光業も回復しつつあり、カンボジア全土における国内観光客数は2021年に466万人、2022年は1393万人となった。コロナ禍でも営業を続けていたシアヌークビルの宿泊施設は宿泊料金を値下げするなどして、中国資本の流入以降需要が落ち込んだ国内観光客を受け入れた。

　そして、コロナ収束前後に新たに誕生したカンボジア国内観光客向けの観光スポットとして、Ou Chheuteal Beach と Otres Beach の中間に位置する BROWN Coffee と、2021年12月に新道開通を記念して建立された3つのモニュメント「クメールはできる（Khmer can do it: ខ្មែរធ្វើបាន）」（図13）、「愛を待つ木（The Waiting Love Tree : ដើមឈើចាំស្នេហ៍）」、「プレア・トン（カウンディンヤ）と女王ネアン・ニーク（ソーマ）の像 Preah Thong and Neang Neakt: រូបសំណាកព្រះថោងនាងនាគ」（図14）が挙げられる。それぞれのモニュメントには駐車場が整備され、国内観光客を相手にした雑貨や飲食物などの商売人がいる。「クメールはできる」は海が遠望できる景色の良い高台の上にあり、展望スポットとなっている。また、「プレア・トンと女王ネアン・ニークの像」の前には記念撮影をするカメラマンがいて、6USDで額縁付きの写真をその場で現像してくれる。

　ただし、これらのモニュメントは単なる景勝地として人気を集めているのではない。2021年に完成したシアヌークビル市街地と郊外の空港を結ぶこの道路は、他国の支援を受けず、カンボジア人の手によって建設された。この道路の完成式典でフン・セン首相（2021年当時）は、カンボジア人の力だけでインフラ整備を実現したこと、その能力は遥か昔のアンコール王朝時代から備わっており、カンボジア人の誇りであることを強調している[13]。「クメールはできる」は、フン・セン首相の造語であり、インフラ建設における政府の成功の象徴であるだけでなく、国家発展の道を導く重要な戦略であり、

図13 クメールはできる
2023年1月筆者撮影

図14 プレア・トンと女王ネアン・ニークの像
2023年1月筆者撮影

すべてのカンボジア人に自分自身を信じることを促しているスローガンでもある（Kongleaphy 2022）。そして、これらのモニュメントは、中国による開発に対するカンボジア国民からの不満を和らげるため、そしてカンボジア人の自信と誇りを取り戻し、ナショナリズムを生成する装置としての役割も担っている（板垣・李 2024）。

「クメールはできる」という言葉の意味は、モニュメントの背後に広がる市街地の景観と対比することで、より深く理解できる。悪夢のような動乱を乗り越え、近代化に舵を切ったカンボジアは、中国との蜜月関係を背景に、急速な経済成長を遂げている最中である。しかし、そのような現在のカンボジアを象徴するようなこの街には、中国からの移住者が人口を超えるほど流入し、市街地全体が工事現場と化し、綺麗な海や仕事が奪われ、犯罪が増加

した。さらに、リゾート開発は途中で頓挫し、廃墟となった建物を残したまま中国人たちは去ってしまった。だが、そうした状況の中で、我々カンボジア人は自分たちの力で新道を開通させることに成功した。「クメールはできる」のモニュメントの前で写真撮影に興じる国内観光客からは、そうした自信と誇りが感じられる。このように、これらのモニュメントの建立を契機に、シアヌークビルには外国人観光客向けのツーリスト・エンクレーブとは異なる意味を持つ新たな観光空間が形成されたのである。

5. 観光は地域をいかに変えるか

　本章ではカンボジア南部の海浜リゾートであるシアヌークビルの変化について、観光空間に焦点を当てて素描した。シアヌークビルが変貌を遂げた要因は、一見すると2016年から2019年にかけての中国新移民の流入に収斂されるように思えるかもしれない。実際に、市街地の範囲や景観、地元住民の生活を変貌させた最大の要因は、中国の一帯一路構想というダイナミズムであることは間違いない。また、コロナパンデミックという人類共通の鎖国も大きな影響を与えた。観光産業、一帯一路構想、海外貿易といった外部との交流によって成り立ってきたシアヌークビルの経済的基盤は、コロナ禍においてあまりにも脆弱である。本章で取り上げた先行研究や、国内外のメディアの報道も、基本的にはこのような文脈からシアヌークビルの変化を報告している。

　しかしながら、本章で論じてきたようにシアヌークビルの観光空間は、バックパッカー・カジノ客・富裕層、あるいは中国人・西洋人・国内観光客などの多様な主体と、それらの観光客に対応するためのツーリスト・エンクレーブによって特徴づけられる。中国人および中国資本の流入によって、市街地中心部にカジノを中心とした遊興空間が誕生し、市街地の海岸線はリゾート施設建設によって占有された。そして、このような支配的な勢力への反動として、バックパッカーや富裕層向けのツーリスト・エンクレーブは島嶼部のオルタナティブなビーチへと周縁化し、一方でカンボジア国内観光客

のナショナリズムを喚起させる空間を郊外に誕生させた。このように、シアヌークビルでは、観光客のタイプごとの観光空間が互いに影響を与え合いながら形成され、その棲み分けが展開されてきた。

　観光は地域をいかに変えるか。地域を変化させる力学としての観光を捉えるためには、巨視的な視点だけでなく多様なタイプの観光客へも焦点を移すことが重要である。このように、観光という現象は、観光客、受入コミュニティー、物理的な環境、政策や権力、グローバリゼーション、技術革新など、複雑な相互作用の過程から生じるのである。

付記
本章は、板垣・李（2023）「シアヌークビルにおける観光空間の棲み分け」（日本観光研究学会全国大会学術論文集に所収）に拠るが、筆者（板垣）個人の旅行経験に焦点を置いて文脈を変えるなどの大幅な加筆修正を施した。なお、本章を執筆するにあたり、日本学術振興会科学研究費補助金・基盤（B）「スマート・ツーリズムにみる観光の変容」（課題番号：19H04384）および立教大学学術推進特別重点資金（立教SFR）「スマート・ツーリズムの構造とメカニズムに関する観光学的研究」の補助を受けている。

注
〔1〕　お笑い芸人小島よしお氏のギャグで、2007年に「ユーキャン新語・流行語大賞」のベスト10にノミネートされている。
〔2〕　お笑いコンビ雨上がり決死隊（当時）の宮迫博之氏の自己紹介ギャグである。宮迫博之氏が後輩のお笑い芸人ペナルティーのワッキー氏と2人でタイに旅行に行った際、トゥクトゥクの運転手が「宮迫ですッ！」を披露してきたので、タイ語に堪能なワッキー氏の通訳を介して「本人や」と伝えたものの、信じてもらえずに怒られて乗車できなかったというエピソードがある。筆者も2008年の旅行でホーチミンを訪れた際に、バイクタクシーの運転手に日本のギャクを教えてくれと頼まれ、お笑い芸人レイザーラモンHG氏の「フォー」を伝授した。このように当時の東南アジアの客引きの間では、日本のお笑い芸人のギャグが日本人旅行者との会話のきっかけとして機能していた。なお、その後ホーチミンで流行ったかどうかは寡聞にして知らないが、何も知らない旅行者からすれば、バイクタクシーの運転手がベトナムの名物料理の名前を叫びながら両手を広げて近づいてきたら恐怖だろう。

〔3〕 プノンペンとシアヌークビルを結ぶ鉄道は1969年に開通したものの、1970年以降のカンボジア内戦により破壊された。1980年代初頭に再開されたものの、旅客減少やゲリラ活動により運行が妨害されるなどの問題があり、2002年以降運休していた。

〔4〕 1978年の改革開放以降に海外へ移住した中国人のことを、一般に中国新移民と呼ぶ。また、中国では中国籍を保持しながら海外に居住している者を「華僑」と呼び、中国以外の国籍を取得した者を「華人」と呼んでいる。

〔5〕 1970年に始まったカンボジア内戦以前は、カンボジアの都市中心部で経済活動を営んでいたのは、ほとんどが華人であった。民俗学者の梅棹忠夫は1957〜58年にカンボジアを訪れた様子を報告している（梅棹 1964: 200–230）。その中で、「ここは、まるで中国である。カンボジア人なんかどこにいるのかわからない。おびただしい中国人だ。（バッタンバンにて p.204）」、「バタンバン以来、わたしはすこし変な気持ちになっている。カンボジアとは一たいなんであるか。ずっといなかへゆけば、確かに貧しいカンボジア農民がいる。しかし、ちょっと町らしいところでは、のさばっているのは要するに白人と中国人ではないか。カンボジア人はどこへ行ってしまったのだろうか。（ケップにて pp.221–222）」と述べている。2024年2月に筆者と李崗が実施したカンポット在住の華人3世からの聞き取りによれば、1970年以前のカンポット中心部には華人しか居住していなかったそうである。

〔6〕 一帯一路構想とは、アジアとユーラシア大陸諸国の連携強化を目的に提起された構想であり、シルクロード経済ベルト（一帯）と21世紀の海上シルクロード（一路）の略称である。その内容は、政策協調、インフラの連結、貿易の活性化、金融提携、留学や観光を含む文化交流が含まれる。一帯一路構想は、カンボジアのフン・セン政権にとってインフラ建設と産業開発における経済的利益を得る絶好のチャンスである。一方で、中国からみたカンボジアの位置付けは、中国国内の過剰生産能力を解消できる投資先であり、さらに地政学的・軍事的にも重要な拠点である。そのため、カンボジアは包括的な戦略的協力を通じて、中国の最も重要な地域パートナーとして緊密な同盟関係を構築してきた（Chen 2019）。

〔7〕 シアヌークビルにおける中国新移民の動向については、李・板垣（2024）を参照されたい。

〔8〕 一般的にバックパッカーの間では安宿街と呼ばれている。安宿街は、宿泊施設や旅行代理店をはじめ、旅先の情報や旅人同士の交流など、バックパッカーの旅に必要なあらゆるものが揃う場所として重宝されてきた。代表的な例としてバンコクのカオサン通りが挙げられる。2008年8月および2010年2月に筆者が滞在した時は、ゲストハウスや旅行代理店、洗濯屋や両替屋などが依然として存在していた。2018年2月は昼間に訪れただけだったが、バックパックを背負った旅人の姿を見かけ

た。しかし、2023年9月にカオサン通りを一瞥した時はかつての面影はなく、大音量で音楽を鳴らすクラブや、2022年に解禁された医療大麻を娯楽目的で提供する店が乱立していた。

〔9〕 英語文献ではシアヌークビルの変化に関する報告がある。そのほとんどが一帯一路以降の地域変化に焦点を当てている（例えば、Po & Heng 2019、Wang et al. 2021、Calabrese & Wang 2023）。

〔10〕 https://seishiron.com/motstatistics-2/?fbclid=IwY2xjawFBABpleHRuA2FlbQIxMQABHZaUUvkxv79jZ8zg7d9ab1rdWd0dwY2aPNOg6ngsMotyWeMWEqlA5A2PpQ_aem_FtfeFdHp9pdEWtUnVy248Q（2024年8月25日最終アクセス）

〔11〕 2016年に就航した都市は天津・杭州・昆明・ホーチミンで、コロナ前までは中国国内の10都市以上と航空路線が結んでいた。2024年9月現在、国際路線はホーチミンとクアラルンプールに就航している。

〔12〕 中国式のカラオケ店（通称KTV）は、豪華な部屋で女性のコンパニオンと酒を飲んだり歌を歌って遊んだりする場所である。また、売春の斡旋を兼ねていることもある。

〔13〕 フン・セン首相のスピーチはCambodia New Visionのウェブサイト（英語版：http://en.cnv.org.kh/）で観閲できる。

参考文献

阿曾村邦昭（2023）『カンボジアの近代化——その成果と問題点』文眞堂
生田真人（2012）「東南アジアの観光開発：タイとインドネシアの4地方都市を事例に」『立命館大学人文科学研究所紀要』98: 9–48.
板垣武尊（2018）「アジア地域におけるバックパッカーの目的地の変遷」李明伍・臺純子編『国際社会観光論』志學社: 161–182.
板垣武尊・李崗（2023）「シアヌークビルにおける観光空間の棲み分け」『日本観光研究学会全国大会学術論文集』38: 393–398.
板垣武尊・李崗（2024）「クメールはできる――観光を通じたナショナリズムの生成」『和洋女子大学紀要』65: 27–40.
上田広美・岡田知子・福富友子（2023）『カンボジアを知るための60章【第3版】』明石書店
梅棹忠夫（1964）『東南アジア紀行』中央公論社
小林知（2024）『カンボジアは変わったのか 「体制移行」の長期観察1993〜2023』めこん

鈴木暁子（2020）「「第2のマカオ」から中国人が消えた　中国資本が握るカジノの街に起きた異変」朝日新聞 Globe ＋　https://globe.asahi.com/article/13172314（2023年9月3日　最終アクセス）

地球の歩き方編集部（2007）『地球の歩き方 アンコールワットとカンボジア』ダイヤモンド社

羽谷沙織（2013）「カンボジアのダークツーリズムに関する一考察――観光資源として「虐殺」はどのように表象されているか――」『立命館大学人文科学研究所紀要』102: 37–68.

廣畑伸雄・福代和宏・初鹿野直美（2016）『新・カンボジア経済入門――高度経済成長とグローバル化』日本評論社

日向伸介（2020）「パッタヤー歓楽街の形成冷戦期タイの都市空間と性的多様性をめぐる予備的研究」『人文學報』115: 107–130.

牧野冬生（2015）「プノンペンの成立と他者性――都市生活の背後にある空間構築史――」『駒沢女子大学研究紀要』22: 205–220.

薬師寺浩之（2017）「リアリティ充足手段としてのカンボジア孤児院ボランティアツアーにおける演出とパフォーマンス」『観光学評論』5（2）: 197–214.

山下清海（2019）『世界のチャイナタウンの形成と変容: フィールドワークから華人社会を探究する』明石書店

李崗・板垣武尊（2024）「中国新移民とカンボジア・シアヌークビルの社会的変容: 一帯一路を背景に」『紀要』16: 99–114.

Ang, L. (2020). Online Gambling: the Trap of Cambodian Dependency on Chinese Investment in Sihanoukville. *Cambodianess*. https://cambodianess.com/article/online-gambling-the-trap-of-cambodian-dependency-on-chinese-investment-in-sihanoukville (last accessed 2023-9-3).

Bennett-Cook, R. (2019). Enclave. In *Encyclopedia of Tourism Management and Marketing*. Cheltenham, UK: Elgar.

Bühler, T. (2020). Effects of Chinese investments in Sihanoukville on the local community. *Journal of Asia Pacific Studies* 5(4), 799–813.

Calabrese, L., Wang, Y (2023). Chinese capital, regulatory strength and the BRI: A tale of 'fractured development' in Cambodia. *World Development*, 169, 1–19.

Chang, E, N. (2001). Engagement Abroad: Enlisted Men, U.S. Military Policy and the Sex Industry. *Notre Dame Journal of Law, Ethics & Public Policy* 15 (2), 621–653.

Chang, S. (2020). The Project of Digital Marketing Strategy for Naroth Beach Bungalow Resort in Cambodia. Tomas Bata University in Zlin, Master's thesis.

Chen, S, A. (2019). The Development of Cambodia-China Relation and Its Transition Under the OBOR Initiative. *Chinese Economy* 51(4): 370–382.

Gerin, R. (2014). Cambodian Villagers Protest Land Dispute Case in Sihanoukville Province. *Radio Free Asia*. https://www.rfa.org/english/news/cambodia/cambodian-villagers-protest-land-dispute-case-in-sihanoukville-province-09142018143512.html(last accessed 2023-9-3).

Hampton, M. , Bianchi, R. , Jeyacheya, J. (2019). Dynamics of coastal tourism: drivers of spatial change in South-East Asia. *Singapore Journal of Tropical Geography* 45(1): 54–69.

Hamzah, A. , Hampton, M. (2012). Tourism Development and Change in Small Islands: Lessons from Perhentian Kecil, Malaysia. *Working paper* 246, 1–31.

Kongleaphy, K. (2022) . Cambodia's Largest Copper Statue not just Cultural Emblem, but reflection of Infrastructure Advancement. *Construction & Property Magazine*, 57, 36–38.

McGrath, C. (2018). Chinese property hunters flood into Ochheuteal Beach. *The phnompenh post*. https://www.phnompenhpost.com/supplements-post-property/chinese-property-hunters-flood-ochheuteal-beach.

Minea, S. (2023). Resort owners on Koh Rong Saloem seek resolution to plight. *Khmer Times*. https://www.khmertimeskh.com/501260482/three-resorts-owners-on-koh-rong-saloem-seek-resolution-to-plight/ (last accessed 2023-9-3).

Pisel, H. (2019). Chinese own more than 90% of Sihanoukville businesses, says report. *The Phnom Penh Post*. https://www.phnompenhpost.com/business/chinese-own-more-90-sihanoukville-businesses-says-report. (last accessed 2023-9-3).

Po, S., Heng, K. (2019). Assessing the Impacts of Chinese Investments in Cambodia: The Case of Preah Sihanoukville Province. *A Working Paper on China-Cambodia Relations Pacific Forum*, 19, 1–19.

Ray, N. (2000). *Lonely Planet Cambodia, 3rd edition*. Lonely Planet Publications.

Ray, N., Bloom, G. (2008).*Lonely Planet Cambodia, 6th edition*. Lonely Planet Publications.

Ray, N., Bloom, G. (2012).*Lonely Planet Cambodia, 8th edition*. Lonely Planet Publications.

Ray, N., Dailly, M. , Eimer, D. , Vlasisavljevic, B. (2023). *Lonely Planet Cambodia, 13th edition*. Lonely Planet Global Limited. e-books-Kindle.

Ray, N., Harrell, A. (2018) . *Lonely Planet Cambodia, 11th edition*. Lonely Planet Publications.

Ray, N., Lee, G. (2016). *Lonely Planet Cambodia, 10th edition*. Lonely Planet Publications.

Ray, N.,Robinson, D.,and Bloom, G. (2010).*Lonely Planet Cambodia, 7th edition*. Lonely Planet Publications.

Selwyn, T.,Boissevain, J. (2004). Introduction. In *Contesting the Foreshore : Tourism, Society and Politics on the Coast.* Amsterdam University Press.

Wang, S. , Meng, G. ,Zhou, J., Xiong, L. , Yan, Y., and Yu, N. (2021). Analysis on geo-effects of China's overseas industrial parks: A case study of Cambodia Sihanoukville Special Economic Zone. *Journal of Geographical Sciences*, 31, 712–732.

第14章
無形文化遺産登録がもたらしたもの
―― 中国・安徽省黄山市の「徽州祠祭」を事例に

李崗

1. 無形文化遺産制度をめぐる実践

　2024年12月現在、中国にはUNESCO（国際連合教育科学文化機関、以後、本章ではユネスコと表記する）によって登録されている世界遺産が59件あり、イタリアに次いで世界で2番目に多い。その内訳は、自然遺産15件、文化遺産40件、複合遺産4件である。さらに、世界無形文化遺産リストには中国からの474件が登録されており、世界最多である。中国国内では、2006年に本格的に開始した無形文化遺産[1]の保護活動において、2024年12月まで5回にわたる遺産指定が行われ、民間文学や伝統音楽、伝統舞踊、伝統芸曲、伝統医学、民俗など10個のカテゴリーで合わせて3,610件が指定されている。中国は名実ともに「遺産大国」といえよう。
　いうまでもなく、遺産制度の目的の一つは、登録がきっかけとなって遺産所有者の自文化に対する自信が醸成され、文化行政や遺産専門家と協力してみずからも遺産保護に関わることを促すことにある。一方で、地方政府や地域の人々にとって、遺産登録は自文化の顕著さを内外に告げ知らせる機会に

なるだけでなく、観光振興の起爆剤として機能し地域活性化につながると期待されるのも一般的に見られる。菅（2014）が指摘しているように、グローバルな制度が各国内、さらに地域で施行されるなかで、既存制度との整合性が問われるだけでなく、国や地方政府、観光事業者、地域の人々といった多様なファクターの期待や意図が交差し、結果的に制度設計の段階で想定していなかった「ずれ」や、明確な意図を持った「ずらし」がみられる。遺産登録のなかに観光開発の狙いが織り込まれることは、文化政策や制度をめぐって立ち現れる「ずれる／ずらす」現象の典型といえよう。

　一方で、新たな遺産制度の導入は、それまで国や地域に存在していた文化的価値の序列を一変させ、観光地間競争の位相を転換させるきっかけともなりうる。2003年の第32回ユネスコ総会にて採択された無形文化遺産制度に中国政府は積極的に呼応し、いち早く国内に導入した。無形文化遺産という新しい概念と既存の遺産制度との整合性をとるべく、政策面や実践面においてすり合わせが行われたが、このような政策転換は地方の文化政策や観光現場にも多大な影響を与えることとなった。省レベルより下位の地方行政区画や地域集団のあいだでも、無形文化遺産の優越性をめぐってせめぎ合いが起こっている。例えば、市・省域に跨って居住する少数民族トン族の場合、トン族大歌という伝統芸能の所有権をめぐって、貴州省や湖南省、広西省に所属するいくつかの市・県が競争に巻き込まれており、観光従事者にも混乱をもたらしていることが報告されている（兼重 2017）。

　本章は、ユネスコの無形文化遺産というグローバルな概念や制度が、安徽省黄山市（こうざんし）という中国の一地方において、観光開発の動きと絡み合いながら実践されるプロセスを考察し、新たな遺産制度の導入が地域の人々にもたらした不確実的な状況の一端を描き出すものである。以下では、まず中国における無形文化遺産保護制度の展開を整理したうえで、宗族[2]の祖先祭祀を含む祭祀儀礼の無形文化遺産登録の現状を概観する。次に、本章で取り扱う事例地——安徽省黄山市における「徽州祠祭」[3]の再興プロセスを、筆者が2008年から数回にわたって行ってきたフィールド調査をもとに詳述し、中国における無形文化遺産登録の一側面を描き出す。最後に、「徽州祠祭」の

無形文化遺産登録が地域の人々にもたらした影響を指摘し、遺産登録と観光振興をめぐるダイナミクスについて考察する。結論を先取りして言えば、黄山市では、ある特定の村落で挙行される祖先祭祀儀礼が、全国的に展開される文化政策の実施、地域観光の方向転換、地域住民による儀礼の再発見などの多様な文脈が交差したなかで、地域文化のシンボルとして遺産登録された。しかし、この登録は一方で多様な文化実践の展開を促しているが、他方で村落間の競争や、儀礼の文化的価値の低下などの状況をも引き起こし、「機運」によっては儀礼が停滞や衰退に転ずる可能性も潜まれる。

2. 祖先祭祀儀礼の無形文化遺産登録

2.1. 中国における文化遺産制度の展開

中国における無形文化遺産の保護活動の展開は、必ずしも順調とは言えず、幾度の政治的・社会的な出来事に左右された紆余曲折の道のりである。1949年に中華人民共和国が成立して以降、中国社会が経験した一連の社会主義的革命のなかで、特に文化大革命（1966年〜1976年）において、宗教や民間信仰に根ざした祭りや儀礼は、共産主義的理念に抵触した旧社会の封建残留だと否定され、弾圧されてきた。

1978年以降、経済発展に近代化の路線を転換した中国では、伝統文化に対する再評価が段階的に行われ、各種の祭りや民間儀式の復興が各地で見られるようになり、遺産関連の保護活動も始められた。特に、1985年の世界遺産条約への加盟が象徴的な出来事といえる。中国政府はグローバルな制度を参考にしつつ遺産保護の国内制度の整備と遺産登録を加速させた。その結果、1987年に6件だった中国の世界遺産は、2024年に59件にまで増加した。

2000年代に入ると、ユネスコはそれまでの世界遺産制度に見られる欧米の文化観に基づいた有形遺産への偏りを見直し、文化的多様性を重視する方針で無形文化に関する制度整備と傑作登録を展開した。2003年に無形文化遺産の国際的な法的枠組として、第32回ユネスコ総会において、世界無形文化遺産条約が採択された。中国政府は無形文化遺産という新たな概念と制

度を熱烈に歓迎し、国内において無形文化遺産の調査、指定、保護をめぐる一連の取り組みを迅速に推進してきた。2003年には民族民間文化の調査と整理を実施するため、「中国民族民間文化保護プロジェクト」を発足させ、2004年に世界で6番目に世界無形文化遺産条約を批准した。2005年12月に、中国国務院により「文化遺産保護に関する通達」が出され、国家、省、市、県という4つのレベルの保護体系が策定された。翌年に中国初の国家級無形文化遺産目録が公表され、民間文学（31件）、民間音楽（72件）、民間舞踏（41件）、伝統戯劇（92件）、演劇（46件）、雑技及び競技（17件）、民間美術（51件）、伝統手工技術（89件）、伝統医薬（9件）、民俗（70件）の10項目、計518件が記載された。2011年6月1日に施行された「中華人民共和国非物質文化遺産法」では、中国の無形文化遺産は以下の6つのカテゴリーから構成されると決められている。すなわち、(1) 伝統的な口承文学及びその媒体としての言語；(2) 伝統的な美術、書道、音楽、舞踏、戯劇、演劇及び雑技；(3) 伝統的な技芸、医薬及び暦法；(4) 伝統的な儀礼、祭り等の民俗；(5) 伝統的なスポーツ及び娯楽・演芸；(6) その他の無形文化遺産、である。ユネスコの無形文化遺産の分類に準拠して作成されたこの遺産カテゴリーは、各レベルの文化行政や文化主体の行動指針として機能することになる。

　中国政府が無形文化遺産の保護に力を入れるようになった背景に、いくつかの政治的思惑が潜んでいると考えられる。1978年の政策転換は、中国のグローバル社会への積極的参入を前提にし、その成果として中国経済の急成長が達成された。その反面、グローバル文化や消費主義的価値観が社会の隅々まで浸透し、地域や民族ごとに特徴を持つとされる中国社会の文化的多様性が脅かされているという危機感は中国政府と、一部の知識人や都市中間層のあいだで醸成されていった。長沼（2015）は、「国家が無形文化遺産に大きな関心を注いできた背景には、観光経済の活性化だけでなく、正統な民族文化を通じた各民族の統合と中華民族アイデンティティの高揚という政治的な目的があった」とも指摘している（長沼 2015: 194）。つまり、無形文化遺産の登録を通して、近代化の推進で失われつつある中国の伝統文化や地域文化を救出し、国民精神の醸成や国民統合に寄与することが期待されている。

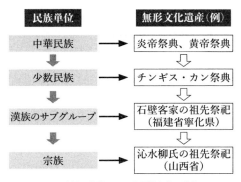

図1 多様な主体による多層的な祭祀儀礼
筆者作成

2.2. 祖先祭祀儀礼の登録

　無形文化遺産の分類によると、宗教や民間信仰に基づく祭祀儀礼は、カテゴリー（4）の民俗として登録されることになる。第1回の国レベル無形文化遺産代表リストの中には、中華民族の祖先とされる黄帝や炎帝、モンゴル族の英雄とされるチンギス・カンを対象に行われる祭祀儀礼が認可された。それに触発されるかたちで、中国各地の省・市・県レベルにおいて、孔子のように中国全土で一般的に崇拝される対象から、特定の地域でのみ信仰される地方神まで、多様な信仰対象にちなむ祭祀儀礼を無形文化遺産に登録しようとする動きが活発化してきた。

　図1が示しているように、中国において無形文化遺産登録を機に、中華民族、中華民族の下位集団と位置付けられる55の少数民族や漢族のサブグループ、さらに宗族のような血縁関係に基づく人間集合が多層的な祭祀集団となって、その階梯に応じた祭祀儀礼のランク付けがなされている。このランク付けは、中国漢族社会の組織原理や中国政府が掲げる民族に関する理念を反映するものである。中国社会のマジョリティである漢族は、男性家長を中心とした家族を基本単位に、父系親族の地域的ネットワークが組織され、そのうえで方言や出身地、祖先の移住経験などを紐帯により大規模な宗族集団が形成されると特徴づけられる。中国には客家人や閩南人、徽州人などの

ようなエスニックグループが多数存在し、ともに漢族の一部とみなされている。漢族のほかに、中国政府によって55の民族集団が少数民族として公式認定されている。内部の多様性を擁する漢族と55の少数民族、さらに海外在住の中華系の人たちを統合するために、1980年代後半から中国政府によって積極的に用いられるようになったのが、中華民族という概念装置である。国レベルの無形文化遺産に指定された祭祀儀礼の項目を詳しく見ると、中華民族の共通祖先とされる炎帝・黄帝を頂点に、モンゴル族の英雄チンギス・カン、漢族の枝分かれとされる客家、柳氏という特定の一族という順に、上から下にたどって民族範疇に合わせた登録が行われていることがうかがえる。つまり、中国における無形文化遺産登録の背後には、中国政府が提唱している民族構成に関する理念が貫かれているのである。

中国の民俗学者の周は、中国において民間信仰や儀式が政府からの認可を獲得し正統性を確立させるには、3つの経路、すなわち「民俗化」、「遺産化」、「宗教化」があると指摘している（周 2013）。無形文化遺産の概念や制度が導入される前に、一部の地域では地方政府の暗黙の了解のもと、宗族の祖先祭祀はすでに「民間文化」として復活してきたが、正式に権威づけられることはなく、グレーゾーンに留め置かれてきたままである。だが、無形文化遺産に対する国家の強い関心と強力な推進は、人々の生活に偏在する風俗、習慣、民間信仰にも光が当てられ、観光開発を含む遺産の資源化をもたらすことになったのである。

3 文化保護に織り込まれる観光推進という意図

中国の遺産保護についてまず確認しておかなければならないのは、中国の遺産制度や法律のなかで遺産に求められる真正性（authenticity）と完全性(integrity)」の重要性が強調されつつも、観光資源としての利活用は必ずしも否定されていないことである。むしろ、遺産保護資金の獲得や国民の遺産へのアクセス機会の確保といった観点から、遺産関連の文化商品・サービスの開発が推奨されている。中国での無形文化遺産保護と観光推進との関係を

表す象徴的な出来事は、2018年の中国文化観光部の新設である。これは、それまで文化活動や文化事業を統括する文化部と観光事業全般を管理する国家観光局が統合した部門であり、文化事業と観光振興の協調的な発展を主要な職務の一つとしている。2023年2月17日に中国文化観光部は、「非物資文化遺産と観光との高度な融合・発展の推進に関する通知」を発布し、その中で無形文化遺産の観光活用を促進する方針を明確に打ち出した[4]。その趣旨は以下の内容からもうかがえる。

> 非物質文化遺産は中国の優れた伝統文化の重要な構成部分であり、観光にとって重要な資源でもある。観光は新しい大衆的なライフスタイルとして、非物質文化遺産に対してより多くの実践的かつ応用的な場を提供しており、非物質文化遺産の活力を引き出す役割を果たしている。非物質文化遺産と観光との高度な融合と発展を進めることは、非物質文化遺産の系統的保護を確実に行い、観光業の質の高い発展を促進し、日増しに増大する人民の精神文化に対するニーズに応えるために重要な意義がある。(中国文化観光部、2023年2月17日)

この文章のなかでは、無形文化遺産は中華民族の優秀な伝統文化として位置付けられ、国民の生活向上や国民統合で果たしうる重要な役割が謳われる一方で、観光開発における潜在可能性も強調されている。

このように、中国における無形文化遺産をめぐる政策と現実を、こういった政治的、社会文化的、経済的要因をぬきにしてとうてい理解できないだろう。近代化の実現を最優先事項とする国策のもとで、地方政府や観光事業者は地域発展の活路を観光振興に求め、地域内にある自然や名勝旧跡の調査・登録を積極的に行ってきた。その一例として、華人・華僑向けのルーツ探し観光をあげることができる。歴史上、大量の出国者を送り出した中国南部地域の地方政府が、香港やマカオ、東南アジアなど海外在住の華僑・華人を対象に帰郷を促すものである。こうした中、移住伝説を持つ広東省北部の南雄珠璣巷では、珠機巷居住者の子孫であるという香港や広州などの広東省本地

人系の宗族の団体が中心となって宗族の祠堂の建設を進め、一大歴史観光拠点を建設した（瀬川 2004: 199-206）。観光者側に目を向けると、2000年代からの経済急成長とともに拡大してきた都市中間層のあいだで、都市化にともなって失われつつある「民俗文化」に対する関心が高まり、大都市周辺の古村鎮をはじめ、ノスタルジーの対象が次から次へと（再）発見されていく（周 2011）。

ところが、無形文化遺産を基盤とする観光開発の模索は全国的に展開されているが、その進行状況や注目度は地域によって異なり、必ずしも一枚岩ではない。次節では、安徽省黄山市の「徽州祠祭」が観光開発という文脈でどのように無形文化遺産に登録され、遺産登録が地域の人々や観光現場にいかなる影響を与えたか、フィールドワークから得られた資料をもとに考えてみたい。

4. 事例——安徽省黄山市の「徽州祠祭」

4.1 調査地概況

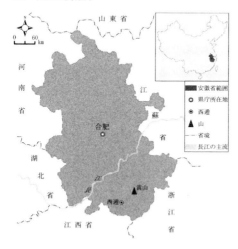

図2　黄山市の位置　筆者作成

黄山市は中国の中部地域にある安徽省の南部に位置しており、その南端は江西省と浙江省の一部と接している（図2）。面積は9,807km²で、人口は約

131万人である（2023年）。かつて徽州という行政区分が存在したが、1987年に中央政府国務院によって黄山市へと改名された。

　歴史上の徽州地域は、儒教思想から強い影響を受け、宗族が発達した地域である。中国の歴史において戦乱や飢餓などにより、北方地域から未開発の南部フロンティへ大量の移民が流入する移民ブームが何度かあり、徽州地域も受け皿の一つとなった。山地が多く開拓できる耕地が限られていた徽州の人々は、新安江という河流を辿って当時の経済中心地の一つである蘇州や揚州へ赴き、木材や茶葉などの商売を始めた。徽州商人とも呼ばれるこれらの徽州出身者は、明の時代（1368～1644年）、清の時代（1636～1912年）に中央政府から塩の特売権を獲得し、莫大な財産を蓄積した。徽州商人は徽州に帰郷し立派な屋敷、祠堂、学校などを建設し、積極的に族譜の編纂や祖先祭祀の実施を組織した（趙、1995, 2004）。現在、黄山市で多くみられる古村落や古建築のほとんどは、明清時代または民国期（1912年～1949年）に築かれたものである。

　西逓村(せいていそん)は、黄山市中西部の黟県（いけん）に位置する。面積は約11.14km²で人口は1,097人である（2008年）。西逓村は徽州地域にある代表的な宗族村で、現在でも胡という苗字を持つ人たちが村人口の7割くらいを占めているといわれる。村内には主に清の時代に建設された古民居120数棟が残されており、建築のところどころに花草人物や民間伝説をモチーフとする木彫りやレンガ彫りの彫刻が施されている。しかし、よく観察すると、古民居に装飾される彫刻の一部または人物の顔部分が鋭利な刃物で削り取られた形跡が残っている。1949年以降幾度の政治運動のなかで、精美な住宅の装飾が旧社会の地主階級のライフスタイルの象徴とみなされ、平等主義を謳う社会主義の理念に抵触すると判断され、破壊されたからである。同様の理由から、祖先祭祀儀礼の実施は、ほかの多くの地域にもみられるように徹底的に禁止された。

　1979年に当時の最高指導者、鄧小平が黄山風景区を訪れ、黄山を活用した観光業の促進を呼びかける発言を行った。その後、行政地区の行政担当者は黄山風景区を中心に観光開発を促進する基盤づくりとして、行政区画の調整を中央政府に申請し現在の黄山市の設立につながった。黄山市は観光によ

る地域振興のモデルケースとなるべく、国や省から支持を得ながら、観光の産業化を進めてきた。

　1980年代に入ると、黄山市の徽派民居は、その歴史的、建築的、芸術的価値から建築専門家に注目されるようになった。徽派民居の特徴は「青瓦灰墻」（青い瓦と灰色の壁）であり、各棟が防火の役割を果たす馬頭墻で他の建物から隔てられる。建築の所々には、「三彫」（石の彫刻、木の彫刻、煉瓦の彫刻）と総称される精緻な彫刻が施される。徽派民居に詳しい建築専門家によって書かれた論文、新聞記事、ドキュメンタリーは、民居や祠堂を代表とする西逓建築の魅力をアピールする役割を担った。

　このように、黄山市における観光事業の展開は、のちに世界複合遺産にも登録された黄山という山岳に牽引されて発足し、今日に至っている。だが1990年代以降、中国国内観光の拡大と都市中間層の民間文化に対する関心の向上を背景に、黄山市の宗族村も観光のまなざしを受けるようになった。特に西逓と宏村の両村落は、北京故宮に代表される「官」の対極となる「民」の文化の典型例として、2000年にユネスコから世界文化遺産の指定を受けた。後述するが、現在の黄山観光は山岳と古村落の両輪に支えられて進められている。

4.2.「徽州祠祭」の再開と遺産登録

　中国沿海地域では1980年代から、海外在住の宗族出身者や改革開放で財産を成した本土在住者による経済的援助を得て、一族の歴史や系譜を記録する族譜が編纂され、祖先の位牌を供え祭祀を執り行う祠堂の再建や新築、並びに大規模な祖先祭祀儀礼の催行が行われている。他方で西逓村のように、海外在住の村落出身者からの経済的支援を受けられず、経済発展にも遅れている内陸地域の場合、宗族活動の再開において観光による後押しが重要になってくる。

　西逓村では、1980年代後半に古民居や祠堂といった遺跡、並びに儒教思想を表す民間伝説や物語を観光資源としてまとめ上げ、観光開発を目指す試みが見られた（李 2012）。1993年、西逓最初の観光ガイドブック、『中国明

清民居文化博物館——西遞』が村の人々の努力で完成した。その中に、西遞胡氏宗族の移住史や科挙合格者など栄光に満ちた歴史が盛り込まれている。そして、1990年代後半に、宗族の人によって収集、整理された胡氏宗族の系譜や理念に関する展示が、祠堂に掲げられるようになった。さらに、村政府の建物のなかで族譜のコピーが常時展示されはじめた。西遞胡氏一族による集団的な祖先祭祀は、中華人民共和国が成立する前の1946年を最後に2006年の再開まで再度挙行されることはなく途絶えていた。1946年に行われた祭祀儀礼に参加したという胡氏宗族のAは、1994年から1998年にかけて8回にわたって始祖の村にあたる江西省婺源県考水村へ赴き、系譜を確認するための資料の収集を行った。そのなかで胡氏始祖の墓を修復するための募金活動において、Aの働きかけで西遞村の旅行会社がもっとも多くの金額を寄付した。2004年が始祖誕生1100年に当たったので、始祖の墓前で盛大な記念活動が行われた。西遞のAを含め、総勢300人余りの胡氏宗族の人が、考水村に集まり、親睦会を開いた後、「墓祭」を行った（李 2012）。

　先述したように、2005年に中国で無形文化遺産の登録が本格的に始動した。この機運に乗じて2006年に西遞村は、宗族の祖先祭祀を再現し、観光の場に登場させた。登場の経緯について黟県世界文化遺産の責任者への聞き取りによると、提言したのは県レベルの無形文化遺産の調査を担う県文化局であったが、実際に資料収集や人員募集を行ったのは伝統的な祖先祭祀に詳しいAであり、開催に必要な資金は、西遞村の観光を手がける村営の旅行会社が拠出したという。

　2006年の祭祀儀礼は、修復された「追慕堂」という祠堂（図3）で執り行われた。祭祀の手順は、以下のように簡略にまとめることができる。

1. 司会者が祭祀の開始を宣告し、参加者が所定の位置につく。
2. 祖先の位牌前に供物を供える。
3. リーダー格の参加者が祭文を黟県の方言で読み上げる。
4. 参加者全員が位牌に向かって線香を供え、お辞儀をする。
5. 参加者の健康と村の繁栄を祈って、儀式が終了する。

図3 修復された西遞胡氏宗族の祠堂「追慕堂」

　このように、60年間も途絶えた西遞村の祖先祭祀は村の観光事業から得た資金に支えられながら、観光者向けのパフォーマンスとして再開された。同年の12月に第1回安徽省無形文化遺産の「民俗」というカテゴリーに「徽州祠祭」が名を列した。2009年に祖先祭祀の再創造に大きく貢献したAは、第2回省レベルの無形文化遺産伝承人（省レベルの人間国宝）の指定を受けた。

　中国の無形文化遺産は、県級／市級／省級／国家級の4つのレベルに分かれ、遺産価値の高低に合わせて上位に向かって認定されることになっている。登録は文化の担い手による自己申告ではなく、管轄する地方行政区画の文化機関が登録に値するものを選択判断し、その実態を調査したうえで、遺産申請書を作成する流れになっている。黄山市の文化行政の関係者への聞き取り調査によると、「徽州祠祭」という名称で登録された黄山市の祖先祭祀の場合、まず県レベルの文化機関が文献資料や文化の担い手への聞き取り調査に基づいて登録資料を作成し、専門家の意見を聴取して市政府に推薦したという。次に、市政府の推薦により安徽省の無形文化遺産にランク・アップされ、最終的に国レベルの遺産リストへの記載を申請したという。このように、登録過程において文化行政をはじめ、公的機関の思惑は容易に反映されるが、文化所有者が関与できる部分は遺産調査の初期段階以外、ごく限られていると言わざるをえない。つまり、この登録は、いっけん遺産保護とは関係のな

い宗族代表者による文化実践に立脚しながらも、文化行政や専門家からの強力な支持があって初めて実現されたのである。

「徽州祠祭」を市レベルから省レベルに昇格させるために黄山市文化局が作成した申請書類を見てみると、一つの「ずれ」が確認される。書類の遺産紹介の欄では、「現在、祁門県西郷各地でのみ、比較的に完全的なかたちで春祭活動が行われており、特に馬山村の祭祀活動はその徽州祠祭の縮図」と記載されている。それに対して、推奨する専門家の意見欄では、徽州祠祭は「祁門県馬山村のほか、徽州各地で見られる」文化と評価され、西逓祠祭の名前が特別に取り上げられ、その希少価値が賞賛される内容になっている。つまり、西逓村の祖先祭祀は観光者向けの浮ついた見せ物ではなく、今なお実践されている「生きた」文化であり、その真正性は地域文化の専門家によっても保証されることを意味する。Aの省レベルの伝承人指定は、この「ずれ」から生まれた結果と見るのが自然であろう。

なぜ、このようなずれが生じたのか。その理由として、「徽州祠祭」の遺産登録は、徽州文化観光の拡大を模索する黄山市の観光戦略の転換から多大なる影響を受けたからだと考えられる。Oakes（2000）は、現代中国における省レベルでの地域主義（provincial regionalism）に注目し、省を単位とした文化やアイデンティティの存在とその重要性を強調している。黄山市所在の安徽省では1990年代以降、徽州商人に注目し、徽州商人が持つとされる倹約、勤勉、信用といった文化伝統を省全体の文化として利用し、地域の文化優位性をアピールする戦略を採用した。1990年代半ばから国内観光市場での競争が激化するなかで、黄山市は徽州古建築をめぐるツアーをはじめ、徽州学考察ツアー、徽州風習体験ツアーなど、「徽州」にちなむ一連のテーマ観光を打ち出した。さらに、2000年に市旅遊局と「黄山日報」新聞社が、「黄山旅行推奨ルートベスト10」というコンテストを共催した。旅行専門家や視聴者の投票により、自然観光のほかに徽州古跡ツアー、徽州文化・農村ツアーが選出された。黄山市では、「徽州文化」の文化要素を掘り進み、それを観光商品の中に組み入れ差別化を図る傾向が確認される。西逓村の祖先祭祀儀礼に対する県・市・省の各レベルの地方政府の関心は、こうした地域文

化創出の延長線上にあると容易に想像できる。「徽州祠祭」の遺産登録において、西逓の住民と、文化行政を含む地方政府との間に、一種の共犯関係というべきものが存在するといえる。

4.3.「徽州祠祭」をめぐる多様な実践

　宗族は儒教思想に基づいて、かつて中国各地で広範に存在した父系親族組織であり、宗族の祖先祭祀は現在、中国政府によって漢族の伝統文化として権威づけられたことは、先述した通りである。黄山市でも西逓村のほか、祠祭、大規模な墓祭、族譜の再編纂や公開などの宗族活動が活発化している。各宗族の代表者は、「徽州祠祭」の伝承人として市政府から顕彰されている。なかには、世界遺産地の西逓村のAのほか、桃源村の陳氏宗族の代表Bの名前も記載されている。桃源村は黄山市最西部の祁門県(きもんけん)に位置し、宋の時代に陳氏一族が移住し築いたといわれる村である。桃源村では、Bの尽力で祠堂の修復が進められ、西逓村とほぼ同じ時期に祠祭が再開した。祖先祭祀の段取りや内容は西逓村のそれとほぼ同様で、正統的とされるやり方にしたがっていると村の人びとがアピールしている。桃源村の祭祀儀礼の調査と挙行において中心的役割を果たしたBは2014年に第4回の遺産指定で国レベルの伝承人に昇格された。

　西逓村は世界遺産にも指定された村であり、徽州文化の代表としてその価値が国内外から認められている。祖先祭祀をめぐるAの活動は、新たな観光資源の創出に寄与すると期待され地方政府や村の人々から支持されたが、と同時に世界遺産条約と無形文化遺産制度の両方から制約を受けており、政府からの干渉もしばしばあったという。さらに、遺産観光地として、常に観光客や遺産専門家の検視の目に晒されているその一例として、集落を世界遺産に申請する際、歴史的に村の周辺に埋葬されていた祖先の墓は、遺産の価値を傷つけ登録の妨げになるという政府の判断により、加えて不浄のものとして観光客の目に触れるべきではないという観光開発業者の思惑から、集落から離れた山奥への強制移葬が行われた。それに対して、桃源村は黄山風景区や市内から離れており、観光の主要ルートからも外れている。西逓村ほど文

化資源を持っていない桃源村の住民のあいだで、観光開発に対する強い意欲が確認できず、長い間観光から距離を置いてきた。2009年から黄山市政府主導の古民居保護プロジェクトが発足すると、桃源村ではようやく外部資本による観光開発が始められた。このような日常生活と観光との距離の存在が、かえって桃源村の人々に種々の規制を免れる機会をもたらし、住民主導の儀礼開催に可能性を開いたと考えられる。

祖先祭祀儀礼を再開した村々はいずれも、市内外の競合観光地との差別化を図り観光目的地としての優位性を確立しようとする意図を、程度の差こそあれ抱いていると思われる。こうして観光開発との緊密な結びつきで再開した「徽州祠祭」は、無形文化遺産に求められる「真正性」の基準を満たさないという疑問を招き、本来死者・神となった祖先に対する敬意を表す祖先祭祀儀礼を観光客向けにパフォーマンスすることは、儒教倫理に違反していると批判されることになった（祁 2009）。

西逓村は、2006年の遺産登録後も祠祭を何度か実施したが、観光客への訴求力の低下と観光市場の変化により、現在ほぼ休眠状態にある。代わりにサイクルツーリズムや、音楽祭、農業体験のような若者の嗜好にあった新しい観光形態を導入した。桃源村において、祠祭は春節や端午節（たんごせつ）に合わせて継続して開催しているが、その規模はだいぶ縮小された。若い世代の祖先祭祀に対する関心の低下に加え、中国で急速に進行している少子高齢化による祭祀参加者の不足も、祭祀の継続実施にさらなる懸念をもたらしている。

5. 無形文化遺産「徽州祠祭」のこれから

これまで、中国での無形文化遺産制度の展開状況に対する整理を踏まえ、安徽省黄山市の徽州祠祭を事例に、遺産登録をめぐるダイナミクスの一端を描き出した。国や地方政府、地域の人々などさまざまなファクターが徽州祠祭に対して関心を示す背景に、漢民族や地域、親族集団の伝統文化を保護するという目的のほか、観光開発という実利的な意図が潜まれることが確認さ

れた。遺産登録は、地域を取り巻く力学の重要な要素の一つであるが、しかし唯一の存在ではない。黄山市では祖先祭祀儀礼は遺産登録以前にも、宗族の日常的な実践として行われていた。遺産登録は祠祭の再開を促し観光資源化の直接的な契機を与えたが、それに比べて黄山市の観光戦略の転換からより多くの影響を受けていると考えられる。

改めて指摘するまでもないが、無形文化遺産に限らず、ある自然景観や文化現象が遺産リストに記載されると、必ずしも観光資源としての価値が高まり観光客から歓迎されるとは限らない。そもそも遺産登録と観光振興とは、その趣旨や目的において異なる指向が目指されている。前者はある文化的事象を人類共通の遺産として保護し次世代へ継承することを最大の目的とするが、後者には市場経済の論理が働いており利害損得の計算が根底に据えられる。観光現象を分析する際によく引用される「ホスト＝ゲスト」という二分法的枠組み（スミス 2018）をあえて当てはめて言えば、ある文化現象のどの部分を、どのレベル（世界遺産から地域レベルの遺産まで）の文化遺産として登録申請するかは、あくまでもホスト側である遺産関係者（場合によっては観光事業者）が既存の遺産制度に依拠して行うことであり、その結果として登録される文化遺産に対して、観光客が必ず眼差しを向けるとは限らない。服藤（2004）は、2000年までに登録された日本の世界遺産登録地11カ所の登録年前後における観光客数の推移を分析し、世界遺産登録地の観光動向を急増、堅調な増加、減少の3つのタイプに分類している。世界遺産登録における観光への影響は、登録前の観光地としての知名度や状況、立地環境、遺産の性質等によって異なると指摘している（服藤 2004）。言うまでもなく、遺産自体の要因以外、観光客の増減は往々にして、観光客の嗜好や意欲、社会潮流、メディアの宣伝などからも影響を受ける。

黄山市を含め中国全体が「文化遺産時代」（菅 2014）を迎えているなか、黄山市の徽州祠祭がかえって下火となり、規模縮小で行われたり中止したりする状態に入った。無形文化遺産に対する社会的関心の高まりとは反対に、遺産活動自体が萎縮してしまったという文化現象を、どのように理解すれば良いだろう。江蘇省高淳県の「小馬燈」という祭祀芸能を調査した川瀬は、

「小馬燈は、そもそもが時節、基準がやってきた時に行うもの」と説明し、その実施可否を判断する要素として機運の重要性を強調している（川瀬、2016: 262）。現在西遁村で中断されている祠祭は、観光者の嗜好の変化や、宗族後継者の出現、儀礼の価値の再評価などの機運が訪れ再び盛り上がりを見せる可能性は十分あると信じて、今後の展開を注視していきたい。

付記
本章は、2020年度観光学術学会研究報告要旨集に掲載された論考（コロナのため口頭発表の代替として要旨掲載）、および2024年3月に北海道大学での招待講演における議論を踏まえ、それらの内容を発展させたものである。なお本研究の実施にあたり、日本学術振興会科学研究費補助金・若手研究（課題番号：20K20088）および基盤（B）（課題番号：19H04384）から補助をいただいた。

注
〔1〕 中国では、「遺産」は大きく物質遺産と非物質文化遺産の2つに分かれており、それぞれユネスコの世界遺産（自然遺産、文化遺産、複合遺産を含む）と無形文化遺産に相当する。本章では、専用名称が使われる法律や政府条文などを除いて、非物質文化遺産のことを無形文化遺産に統一する。
〔2〕 宗族とは、中国漢人の父系親族集団であり、その主な機能は共通の祖先を祭祀し、祠堂や土地などの共同財産を管理・運営し、親族系譜の記録である族譜を刊行することである。人間関係を構築する際に相手との距離が重要視される中国社会において、同族メンバーからなる宗族組織が個人に人的ネットワークを広げる基盤を提供しているといえる。また血縁関係に基づく宗族を漢族社会の特徴と捉え、宗族研究を通して中国社会を理解することを企図する調査研究は早くも20世紀初頭に欧米研究者によって着手され、のちに日本人研究者や中国出身者が加わるかたちで展開されてきた。宗族と宗族をめぐる研究の展開については瀬川（2004）、瀬川・川口（2016）を参照されたい。
〔3〕 宗族の祖先祭祀儀礼は、その実施場所によって大きく3つに分かれる。すなわち、祠堂で行われる「祠祭」、祖先の墓前で実施される墓祭、家屋内で挙行される家祭である。
〔4〕 中国文化観光部（2023年2月17日）、「関与推動非物資文化遺産与旅遊深度融合発展的通知」、https://www.gov.cn/zhengce/zhengceku/2023-02/22/content_5742727.

htm、2024 年 8 月 27 日最終閲覧。

参考文献

兼重努（2017）「遺産登録をめぐるせめぎあい」飯田卓編『文化遺産と生きる』臨川書店：97–129.

川瀬由高（2016）「渦中の無形文化遺産：南京市高淳における祭祀芸能の興隆と衰退の事例から」『国立民族学博物館調査報告 = Senri Ethnological Reports』136: 247–270.

祁慶富（2009）「非物質文化遺産的真魂在予"活態伝承"――由「徽州祠祭」引発的一点思考」『重慶三峡学院学報』25（2）: 40–42.

周星（2011）「古村鎮在当代中国社会的"再発見"」『神州民俗』(12): 4–11.

――（2018）「民間信仰と文化遺産」『文明21= Civilization 21』(41): 49–66.

菅豊（2014）「文化遺産時代の

民俗学：『間違った二元論（mistaken dichotomy）』を乗り越える」『日本民俗学= Bulletin of the Folklore Society of Japan』(279): 33–41.

――（2015）「中国における『遺産』政策と現実との相克――ユネスコから『伝統の担い手』まで」鈴木正崇編『アジアの文化遺産――過去・現在・未来』慶應義塾大学出版会：269–307.

スミス、ヴァレン・L（2018）『ホスト・アンド・ゲスト――観光人類学とはなにか』（市野澤潤平，東賢太朗，橋本和也 監訳）ミネルヴァ書房

瀬川昌久（2004）『中国社会の人類学：親族・家族からの展望』世界思想社

瀬川昌久、川口幸大編（2016）『〈宗族〉と中国社会――その変貌と人類学的研究の現在』風響社

趙華富（1995）「民国時期黟県西逓経胡氏宗族調査報告」『安徽大学学報（哲学社会科学版）』4: 41–48.

――（2004）『徽州宗族研究』安徽大学出版社

長沼さやか（2015）「中国における無形文化遺産をめぐるグローカリゼーションの一側面――広東省珠江デルタの『中山咸水歌』を例に」韓敏編『中国社会における文化変容の諸相――グローカル化の視点から』風響社：177–197.

――（2016）「祖先祭祀をめぐるミクロな資源化――珠江デルタの水上居民を例に」塚田誠之編『民族文化資源とポリティクス――中国南部地域の分析から』風響社

服藤圭二（2005）「世界遺産登録による経済波及効果の分析――『四国八十八ヶ所』を事例として」『ECPR: Ehime Center for Policy Research: 調査研究情報誌』2005 (1): 45–51

李崗（2012）「宗族の復興と観光に関する一考察：徽州西逓胡氏宗族を事例に」『立教観光学研究紀要 = St. Paul's annals of tourism research』(14): 31–36.

Oakes, T. (2000) China's provincial identities: reviving regionalism and reinventing "Chineseness". *The Journal of Asian Studies* 59(3): 667–692.

第15章
あらゆるものとは「調和」できない
―― アメリカ先住民ナヴァホ保留地におけるもめごとの対処と風通しのいい他者

渡辺浩平

1. アメリカ先住民ナヴァホの「風通し」のいい他者

1.1. 全体と個の調和というテーマ

　アメリカ先住民ナヴァホを対象とした民族誌的研究において、全体の「調和」というテーマが繰り返し現れる。先行研究では、ナヴァホの人々の間には、人や動物、精霊、環境といったあらゆる存在が「ホッジョ（*hózhǫ́* あらゆるものとの調和または均衡）」を維持しながら存在しているという考えがあると述べられている。例えば、クライド・クラックホーンは、ナヴァホの人々の暗黙の哲学[1]を論じる中で、「調和」という概念の重要性を指摘する。クラックホーンは、世界を秩序づける法に則りあらゆるものごとが因果的に関係づけられることが、ナヴァホの世界観の根本原理であるという（Kluckhohn 1949: 361）。そうした世界において、人々が志向する目的は、社会的な不和を統制し、あらゆるものの全体的な有機的統一としての「調和」を構築・維持することであるという（Kluckhohn 1949: 362）。ナヴァホの人々がいかにして「調和」を生成・維持するのかを理解することは、ナヴァホ研究における

重要なテーマであり続けている。

　あらゆるものとの「調和」が価値づけられる一方で、先行研究では、ナヴァホの人々は個人主義者であるとしばしば指摘されてきた。ここでいう個人主義とは、個人の自発性を重視することや（Witherspoon 1973）、個人の行為の決定権は個人にあり、何人も誰かに何かを強制してはならないという、個人の自律性を重視することである（Lamphere 1977: 39–41）。そのため、先行研究では、全体的な「調和」と個人的「自律」という対立する要素の間でいかに均衡をとるかが重要であると指摘される。ジェームス・F・ダウンズは、親族的なつながりを強調する価値と「何人たりとも他者の行為を代理したり指示したりする権利をもたない」という個人主義的な価値との間のバランスが重要であると指摘する（Downs 1972: 24）。ルイーズ・ランファーは、ナヴァホの人々の相互行為が、親族間の義務と個人の自律という相反する道徳的な義務の間の緊張を解消するように組織されていると論じた[2]（Lamphere 1977）。このように、全体と個人がいかに均衡するか、それはナヴァホ研究における大きな問いである。

　しかし、こうした議論が前提とする自律的な主体モデルについては、さまざまな問い直しがなされている。例えば、自律的な主体とは、ある出来事の原因を、因果関係のネットワークから切り離し、個人の意図や意志に還元することによって生じることが論じられてきた（アサド 2006; 國分 2017）。また、ティム・インゴルドは、エージェンシー（行為主体性）とは、すでに行われた行動をふりかえって再構成することによってわかるものであり、それを行動の原因にすることはできないという（インゴルド 2016）。自他とは、それぞれ自律的な存在ではなく「周囲にあるものとの応答、つまり万物照応（コレスポンダンス）のなかで、ものを動かし、ものに動かされる存在」なのである（インゴルド 2016: 194）。近年の情動論は、あらゆる存在がはっきりと境界づけられずに流動的に揺らいでいる状態を、事後的に境界づけることで感情が生じることに着目する（Skoggard & Waterston 2015: 111-2; see also Clough 2008; Massumi 2002）。そのような情動論を踏まえて西井と箭内は、人や物などは、それ自体で自律して存在するのではなく、異質で複雑な絡まりあいにおいて

影響・作用されることとしての生の潜在性のもとにあるという（西井・箭内 2020: 3）。そのような潜在性から「前反省的な身体的経験、文化的に構成された世界や環境、状況の特定性やハビトゥス」（チョルダッシュ 2023: 34-5)、ないし「情動・感覚、身体化された記憶と想像力」（デ・アントーニ・村津 2022：593）などが相互に連関することでリアリティが立ち現れてくる。以上の議論を踏まえれば、個人的な「自律」と対立するものとして全体的な「調和」を捉える解釈も問い直される必要がある。

　実際、近年のナヴァホ研究においても、そのような問い直しが行われてきた。しかし、それらの研究は、ホッジョの意味を人々の語りから探究する傾向にあるため[3]、日常的な実践のなかで生成するホッジョから「自律」した個人と全体の「調和」を再考する民族誌的な探究は不十分である。本章では、ホッジョが生成・維持される過程から、個人と全体との「調和」を再考していく。次節では、そのための枠組みを検討していく。

1.2. 身体、思考、感情

　ナヴァホの人々と共に暮らす中でしばしば、人は、内在的な意志に基づき行為する存在ではなく、あらゆる生の源泉である「ニヒッチイ（nilch'i 聖なる風または大気）」に生かされる存在である、という考えに触れることがあった。あらゆる存在が生き、動き、思考することができるのは、出生時に身体の内部に「風」が吹き込まれるからである。この内なる「風」は、人の身体内に宿る個別の霊魂ではなく、身体外部の世界に遍在している霊魂のようなものである。いわば一つの霊魂的な「風」が、あらゆる身体を出入りするのである。そのため、あらゆる存在の身体の内と外の「風」は、理念的には同一のものである。また、それぞれの身体の内的な状態は、「風」に媒介され、互いに作用し合う。生命と思考の源泉である「風」は、メッセンジャーである。身体内部に取り込まれた「風」は、その人物がいかなる考えを抱いているかなどを知る（Witherspoon 1977: 61）。「風」に媒介されたつながりのもと、自身の内なる思考が他者の内に入り込み、他者の思考を形作ることがある（McNeley 1975: 233-5）。つまり、人の行為を形作るのは、身体に内在する意

志や意図ではなく、身体の外部に遍在し、身体の内部に吹き込まれる「風」なのである[4]。

　このような文脈において、感情もまた、身体の内的な状態として概念化されていない。例えばフェレラは、ナヴァホの人々にとって感情と思考は、つながり（connectedness）の諸相であるという（Ferella 1984: 181）。また、ランファーは、怒りや嫉妬などの感情的な語彙は、人の内的な状態や性格を指し示すために用いられるというよりも、自身と他者との関係が一時的に望ましくない状態にあることや、そのような関係になった原因となる出来事を指し示すために用いられるものであると論じる（Lamphere 1977: 37, 46）。ゲイリー・ウィザースプーンは、人々は感情をコントロール下に置こうとし、愛や憎しみ、親切さや怒りなどについての激しい感情を滅多に口にしないという（Witherspoon 1977: 186）。それは、ナヴァホの魂は大気や風として身体の外部の世界に遍在するものであり、世界が吹き込まれることで身体の内部が形づくられ、内部を息吹くことで世界が変容するからである（Witherspoon 1977: 61）。いわば、感情とは身体内に吹き込まれる関係である。

　思考や感情が身体の外からやってくるという受動性をここでは「風通し」と呼ぶ。「風通し」としての生のあり方は、思想家のエマヌエーレ・コッチャ（2019）が論じる植物の生のあり方と類似のものだ。コッチャは、植物の生をモデルに、能動や受動、内在と外在を区別する動物的な生のモデルを問い直す。例えば人間の生命は、植物が光合成によって生み出した酸素に依存している。私たちの生は植物の内部から外部に吹きこまれた息吹を身体の内部に取り込むことで成り立っている。呼吸について、コッチャは以下のように述べる。

　　息を吐き、息を吸うことは、次のような経験をすることにほかならないからだ。わたしたちを含むもの、すなわち空気は、わたしたちの中に含まれるものにもなり、逆にわたしたちの中に含まれていたものは、わたしたちを取り巻くものにもなるのである。息をするとは、私たちが入っていくのと同じ強さでもってわたしたちの中に入ってくる環境に、身を

浸すことを意味する。

　植物は世界を「息吹」という現実に変えた。（コッチャ 2019: 14–15）

　環境に浸り呼吸することは、世界を内にあるようにすることであり、内と外がたえず反転することである。また、受動と能動の反転ないし形式上の混淆でもある。しかし、単純に内と外の反転が繰り返されるわけではない。植物の光合成が他者の息吹（二酸化炭素）を取り込み自分自身の息吹（酸素）を吹き込むように、世界に浸り内と外が反転し混交することで、世界は常に変容し続ける。また、内と外、自と他は完全に同一化するのではない。呼吸という結合の仕方は、同じ息吹を共有しつつも個別性を保つような「混合」である（コッチャ 2019: 71–72）。「風通し」とは、身体の内と外、あらゆる存在の思考や感情が絶えず容れ変わり続けるという、非境界的な生のモデルである。

　本章では、身体の内と外や自他が明確に境界づけられない世界において、あらゆるものの歓ばしい「風通し」がいかに生成・維持されるか、あるいはされないかを民族誌的に記述する。ただし、コッチャが論じるように自他の「風通し」のもとで、全体と個人が同一化するわけではない。また、人はただ「風」を受容するだけの存在ではない。本章では、人々にとって全体は揺らぎ続けており、その都度の社会過程で「あらゆるもの」が境界づけられることや、人は呼吸によって「風」を変容させる存在でもあることを示していく。次節では、アメリカ先住民ナヴァホ保留地について概観する。第3節では、ホッジョが乱れる事態としての怒りに対する応答として、人々が時間的・空間的・認識的な距離をとることを示す。そして、自他の怒りへの応答過程において、人々があらゆるものの輪郭をその都度描くこと、あらゆるものを受容するとともに変容させることをみていく。

2. アメリカ先住民ナヴァホ保留地と本章の登場人物

　アメリカ先住民ナヴァホとは、行政的には4分1のナヴァホの血を受け継ぐことを証明する証明書（Certificate of Degree of Indian Blood）を有する人々を指す。本章の舞台となるのはアメリカ合衆国南西部のアリゾナ州、ユタ州、ニューメキシコ州にまたがる面積約71,000㎢のナヴァホ保留地である。そこは、アメリカ合衆国政府からの一定の制限の下でナヴァホの人々が自治する領域である。筆者は、予備調査を含めナヴァホ保留地に2013年10月から2016年10月まで計30か月間滞在し、T地区にある大学に通う傍らW地区にあるシェリー[5]の家に住みこみ、参与観察とインタビュー調査を行った。調査当時のナヴァホの人口は約33万人で、ナヴァホ保留地の総人口は164,533人である（2019-2023 American Community Survey 5-Year Estimates）。

　ナヴァホ保留地における社会生活の基礎となる集団は、母系の出自に基づき、広大な屋敷地に近接して暮らす複数の核家族から成る拡大家族である（天野 2002）。通常、婚姻の際には妻方居住がとられるが、生業や状況に応じて夫方居住もとられると言う（Jet 1978: 355）。また、その後の状況に応じて居住地を変更することもしばしばあるという（Witherspoon 1975: 96）。筆者が滞在していた屋敷地内には、7世帯が近接して暮らしていた。筆者が住み込んでいた家には、シェリー（70代女性）と、夫のアラン（70代男性）、シェリーの次男のフレッド（50代）が共に暮らしていた。同じ敷地内には、シェリーの長男であるジョーダン（50代）とその妻と子の住む家、次女のジュリア（40代）とその夫と子の住む家、三男のリッキー（40代）が一人で暮らす家があった。シェリーの長女であるボニーは、夫とともにW地区外に暮らしていた。また、同じ敷地内には、シェリーの姉のアナの家と妹のローラの家、シェリーの甥のゴードンとその妻と子が住む家があった。本章で示すのは、シェリーとその家族や、大学で出会った友人たちなど、ナヴァホ保留地で暮らす少数の人々との関わりを通じて垣間見えた生き方である。

3. 怒りへの応答の型

3.1. 怒りへの応答

まずは、一つのエピソードからはじめよう。

　筆者がシェリーらと初めて出会った頃のことである。その日の午後、筆者は、レンタカーで保留地の外のギャラップという街に行こうとしていた。W地区からギャラップまでは、車で約2時間の距離である。フレッドが、自分もギャラップに行きたいからと、筆者の車に相乗りするという。ギャラップに向かっている途中、「役所で用事がある、30分から1時間くらいで終わるからウインドウ・ロックに立ち寄って欲しい」とフレッドが言った。車を1時間半ほど走らせて、ギャラップからほど近い場所にある保留地の首都ウインドウ・ロックの役所に着くと、筆者はウインドウ・ロックにある図書館で待っていると伝えた。フレッドは、彼の携帯電話を筆者に差し出し「終わったら連絡するから迎えに来てくれ」と言って、ナヴァホ政府の役所に入っていった。しかし、1時間経っても2時間経っても連絡はない。3時間近くが経とうとした時、ようやく携帯に連絡が入った。この時点で、筆者は待ちくたびれており、ギャラップに行くことも諦めていた。待ち合わせの場所に着き、フレッドと、帰りの車がないという女性を乗せることになった。助手席に座るやいなや、フレッドは筆者に「どうだ、図書館は楽しかったか？」と笑いながら聞いてきた。その言葉に頭に血が上った筆者は、それ以後、いくら話しかけられても返事をしなかった。運転も荒くなっていた。家に着くと、フレッドは自室に籠った。2、30分後、そもそも筆者の怒りの理由を理解しているのだろうかと疑問に思い、フレッドの籠っている部屋の扉をノックした。「別に責めるつもりはないし、ただ、文化の違いがあるのかなぁと思って聞くんだけど」と前置きをしてから「なんで怒っているのかわかる？」と聞いた。すると「長い時間待たせたからだ

ろ。わかっている。だから、俺は部屋に籠って、お前を一人にした。気持ちが落ち着くのを待っていた。話すのは落ち着いてからがいいと思った」とフレッドは述べた。

　このエピソードには、筆者とフレッドの間で、怒りの予期や応答にズレがみられる。この場面において筆者は、長時間待たされたことに対し、フレッドが謝罪すること、少なくとも申し訳なさそうな態度をとることを期待した[5]。しかし、フレッドは、出会い頭に「図書館は楽しかったか？」と笑いながら言うなど何事もなかったかのように振舞ったのである。そのズレゆえに筆者の頭には血が上ったのであるが、一度筆者が怒りを表出した後は、フレッドは筆者から束の間距離をとった。表面化した怒りに際しては時間・空間的な距離をとり、筆者が「落ち着いてから」も謝罪はなく何事もなかったかのように会話が続いた。フレッドは、人を待たせるという予定外の事態を引き起こした因果関係の複雑なつながりを切断し、自分をその事態の責任主体にするようなふるまいを終始することはなかった。以下では、筆者が違和感を抱いた何事もなかったかのようなふるまいや、怒りに対して距離をとることを、「風通し」のもとで生きる身構えから生じる応答の型として捉えていく。

3.2. 問題を忘れる

　まずは、何事もなかったかのようなふるまいについてみていこう。フィールドワークの間中、筆者が直接誰かに怒りや不満を表現されるということはほとんどなかった。「嫌いな人がいてもそのことは表に出さず、ただ離れて自分のことをしなさい」ということや、「ネガティブなことを言うと、相手に悪影響を与えるが、（その悪影響は）やがて自分に返ってくる」ということがしばしば語られた。否定的な言葉を他者に直接ぶつけることは回避されるべきことである（Lamphere 1977: 46）。そうした態度は、以下の事例にも表れている。

シェリーと2人で話している時、「羊は命である（ディベ・ベ・イイナ・アテ dibé be iiná áté）」というイディオムについて質問をした。すると、シェリーは、9歳の時から羊を飼っていたという自分の母の話を始めた。あるとき、母に「羊は全部売って牛を飼うのはどうか」とアドバイスしたという。一人暮らしで年老いた母親が毎日羊の世話をすることは大変だろうと思ったシェリーは、羊に比べ手間がかからない牛を飼うことを勧めたのだという。それを聞いたシェリーの母は、その時は何も言わなかったという。しかし、後日、シェリーの弟から「「シェリーが羊を売って牛を飼えといった」と、母が泣きながら話していた」と聞かされたという。弟からは「なんでそんなことを言ったんだ。ママにとっては、羊は生きるモチベーションなんだ。羊がいるから1人で暮らしていても寂しくないし退屈もしない」と言われたという。

　ここでシェリーの母は、シェリーに直接不満を述べるのではなく、第三者である息子に対して不満を語っている。シェリーの母の態度は、他者に不満や怒りを直接表現すべきではないという規範的な発言と重なっている。たとえ他者の言葉に不満を抱いたとしても、それを身体外に吐き出さずにいることで、「風」の状態を変容させないようにするのである。
　環境へと浸る「風通し」という受動性のもとでも、身体の内と外は完全に同一化するわけではなく、人々が息を止めることなどによってズレが生じる。しかし、やがて不満は「風」に知られる。シェリーの母が別の日にシェリーへの不満を息子に語っているように、人びとは日常の不満や葛藤についてよく話し合うからだ。フレッドは、人々が抱える何かしらのトラブルの「解決策は隣人に言うこと」や「聞くこと」であると言う。また「何かをしたいときは、まず家族、それから親族、コミュニティ、外へと順に伝えていく」とも言う。ゴードンの息子は「誰かに話すと、皆が知るようになる」と言う。日常の不満を他の誰かに話すことで「みんな知っている」噂として広まっていく[6]。噂は、誰と誰がうまくいっていないという日常的な人間関係から、妖術師の疑い、道徳的評価など、多岐にわたる。シェリーの弟がシェリー

に母の不満を語ったように、誰かについての不満を聞いた者がその誰かに伝えることもある。シェリーは、アランとの意見の食い違いがあると、ボニーにその不満を伝え「ボニーから伝えてもらう」と筆者に言ったことがある。また、筆者について誰々がどう思っている、などの話がしばしば伝わってくる。怒りを舞台上の二者の間に顕在化させることを避けることは、舞台裏の第三者に語ることで巡り巡って不満が伝わるだろうというつながりの感覚に支えられている。ずっと息を止めていることはできない。

　他方で、怒りや不満を聞いた周囲の人々は、それらを忘れるように言い聞かせる。それは日常的な会話だけでなく、以下のような儀礼や祈禱における不満語りでも同様である。

　　シェリー家に炭で小さな祭壇が作られ、シェリー家の人など10人ほどが集まりメディスン・ウーマン[7]とともに、短い祈禱が行われた。参加者は、それぞれ体調不良や人間関係についての不満などの日常的な悩み事を語りながら祈禱した。そんな中アナは、ある親族女性との間に問題を抱えており、それについて語った。それに対して、メディスン・ウーマンは「ここにはあなたを助けてくれる人が他にもいる」ので「その女性にはかまうな」と答えた。

　フレッドによれば、人間の思考は、自分の力で変えられる部分と、自分の力では変えられない部分があるという。自分では変えられない否定的な考えは、炭の祭壇の前で語ることによって消すことができるという。また、不満を聞いた者は「かまうな」や「放っておけ」と、不満を抱く相手と認識的な距離をとるよう働きかける。炭の祭壇や他者の力を借りて、否定的な考えを抱く他者のことを忘れ、自分を助けてくれる人のことや人生にとって重要なことを考えることで、思考や感情をコントロールする[8]。人は、外から吹き込まれる「風」を思考や感情として受容するとともに、思考や感情を変容することによって世界を変容するのである。

3.3.「あらゆるもの」を部分的にする——怒りと時間・空間的な距離

　怒りや不満は避けられるべき感情である。日常においてそのような感情を避ける一つの方法は、他者から身体的な距離をとり情動的な同調を断ち切ることで、怒りや不満が「吹き込む」こと避けることである。そのような怒りへの応答の型は、以下の事例にみられる。

　　シェリーと筆者が、祝日のディナーのために食事を用意していた時のことである。筆者が料理を作っていたところ、材料が足りなくなったため、近くのガソリンスタンド内の雑貨店に行くことにした。すると、シェリーが「私も行く」と言った。ガソリンスタンドに向かう車中では、誰も料理の手伝いをしないことに不満を漏らし、「別に用はないけど、外に出たかった。私しか準備をしない。フレッドを働かせる」と言った。あるいは、誰かが不機嫌なときなどの場合にもやはり、「そこにはいたくない」と言ってガソリンスタンドに向かうことがある。

　怒りは、それを吹き込んだ者に直接働きかけることによってではなく、その者から距離をとり同じ空気を吸うことを避けることで鎮まる。空間的な距離をとることが、怒りへの応答の型なのである。
　しかし、このような型にはまらない応答もみられる。些細なもめごとは、他者との距離を調整するなど、「何事もなかったように」やり過ごすことで対処されていくが[9]、しばしば激しい言い争いなど大きなもめごとが起こってしまうこともある。怒りや不満が吹き込んでくることを避けられない場合もあるのだ。以下の事例のように、日常的な付き合いを再開することができないような激しい怒りが吹く場合、人びとは親族を頼って一時的に居住場所を変更する。

　　シェリーとアランは冬の間、アリゾナ州フェニックスに住む孫の家に滞在していた。当初、冬の間も暖かいからや、孫を世話するためなどが

フェニックスで過ごす理由として語られた。しかし、春になってもW地区に戻らないシェリーに改めてフェニックスにいる理由を尋ねると、息子との関係がうまくいっていないためだと話した。その後しばらくして、シェリーとアランはW地区に戻り息子との暮らしを再開した。

シェリー家の屋敷地で暮らしているリッキーは、ゴードンと喧嘩になった後、W地区から100キロほど離れたボニーの家で、2か月近く寝泊まりしていた。その間、同じくボニーの家に滞在していた病気の父親の面倒をみていた。しかし、その後、ボニーには何も言わず、たまたまボニーの家に立ち寄った筆者の車に乗って、W地区の屋敷地へ戻った。その理由を、「俺が父の世話をしている時、父のために車の名義登録書類を2週間くらい書かなかった。それで、ボニーにやかましく言われた。ボニーは俺をベイビーみたいに扱う。ああしろこうしろと言ってくる。俺が首のないニワトリみたいに一気に書類を片付けたとき、ちょうどお前がきた。そして、ボニーに黙ってW地区に帰った。子どもかベイビーみたいに扱われるのはうんざりだったから」だと語った。

ボニーがシェリーの家に訪問してくる。そして「夫とは別れる、今日からここで暮らす」と言った。夫と激しい喧嘩をしたようであった。もともと、定年後はW地区で暮らそうと考えていたボニーは、以後、W地区で暮らす準備を進めていった。しかし、2週間後、シェリーからボニーが元の家に戻ったことを聞いた。筆者が「2人はよりを戻したのか」と聞くと、シェリーは「ラブアゲイン」と言って笑った。

これら3つの事例のほかに、アナの娘も、夫婦喧嘩の後アナの家に滞在した。しかし、数週間後、元の家に戻っていった。このような不仲を原因とした別離のほか、何らかの都合によってシェリーの屋敷地に滞在した者は調査期間中に23名いた[10]。そのほとんどが、しばらく距離をとった後、再び元の家に戻るというケースであった。しかし、そうした時間・空間的な距離が

継続し、居住の境界が再編されることもある。例えば、ジュリアの家で暮らしていたジュリアの義理の娘は、ジュリアと子育てをめぐり激しい喧嘩をした。ジュリアは、喧嘩の後、シェリーの家で1日を過ごした。その間、ジュリアの傍には、入れ替わり立ち替わり誰かがやってくる。一方で、ジュリアの義理の娘は、その日を境にジュリアの家を出て行き、戻ることはなかった。このように、「風通し」のもとで、怒りや不満は人々の身体的な共在を断ち切る。時間・空間的な距離をとるというもめごとの対処過程において「あらゆるもの」の範囲が境界づけられる。この世界のあらゆるものが一つに溶け合うのではない。

4. 流動的な「あらゆるもの」との「風通し」

　本章では、人びとがあらゆるものとの歓ばしい「風通し」を生成・維持するための怒りへの応答の型を記述してきた。人々は、怒りを感じたとしても何事もないかのようにふるまい、他者との認識的な距離をとることで怒りを忘れようとしていた。これらは、情動的なつながりのもとで、否定的な息吹によって世界が変容しないようにする応答の型である。しかし、日常のもめごとにおいて、しばしば激しい怒りや不満が生じることがあった。そのときには束の間、両者は近くに居合わせることを避ける。また、相手と距離をとっている間は、相手のことを「考えない」「放っておく」ことで、認識的な距離をとる。再会の際にも、謝罪はほとんどなされない。個人の意志によって行為が生じるのではなく、あらゆる存在の呼吸によって思考や行為が生まれるという考え方のもとでは、責任もまた個人化されない。もめごとは、間をとることで互いの呼吸を整え、「風通しのよさ」を生み出すことによって対処されるのである。世界に遍在する「風」によってあらゆる存在の生命や思考や行為が形作られるとしても、あらゆるものが完全に同一化するのでも、「調和」するのでもなかった。

　ただし、ナヴァホの人々がホッジョをあらゆるものの歓ばしい「風通し」として表現しているということではない。本章は「風通し」という発見的な

枠組みを用いて、明確な境界をもつ自律的な存在が、意図に基づいて人やモノに能動的に働きかけるという西洋近代的な人間観とは異なる生のあり方を描きだそうとする試みであった。

　全体論的な理論と個人主義的な理論を調和させることは「社会理論にとっての永遠の課題の一つ」である（グレーバー 2022: 43）。ナヴァホの人々が日常的に維持する全体と個人のホッジョを捉えようとした本論は、社会理論の調和につながる可能性をもつものかもしれない。また、「人類学者がフィールドワークによって経験的に観察可能なフィールドの外縁をいかに輪郭化しうるのかというのは依然として難問である」（川瀬 2024: 121）。フィールドの人々がその都度あらゆるものの外縁を輪郭化する過程を描いてきた本章の試みは、そうした難問に示唆を与えるかもしれない。

注
〔1〕　暗黙の哲学とは、生活様式や行動、経験、認識を統合する志向である。それは、人びとに自覚的に意識されるわけではないが、観察者にとっては人々の行動をパターン化していると考えられる経験の認識的志向である（Kluckhohn 1949: 357–359）。
〔2〕　メアリー・シェパードソンは、ナヴァホの人びとは、親族への扶助や協同を避けがたい義務であると感じており、ランファーが論じるように親族から自律した個人は存在しないと指摘する（Shepardson 1979）。
〔3〕　そうした議論としては例えば Garrity（1998）、Jones（2015）、Lewton（1997）、Nez（2018）がある。
〔4〕　行為の源泉は身体の外部からやってくるため、ふるまいの道徳的な主体としての個人は存在せず、何らかの逸脱に対して、個人がその責任の主体となることはないとクラックホーンはいう（Kluckhohn 1949: 371）。
〔5〕　ナヴァホ語には、ごめん（I'm sorry）に相当する言葉はなく、ごめんの代わりに、「おっと（wah）と言うだけ」や「ただ放っておけばいい（leave them alone）」と言われる。謝罪とは、規範を参照しつつ個人の非を同定し、許す側と許される側という関係をつくるコミュニケーションである。他方で、調停（mediation）とは、二者間の関係が不平等である際、平等性や対称性を構築することが焦点となる。ナヴァホにおける二者間のもめごとの対処過程では、上下関係ではなく水平関係の

構築が目指されるという（Bluehouse & Zion 1993: 328–329）。

〔6〕 ワシントン・マシューズは、ナヴァホ社会において恥が、秩序を維持する一つの要素となっているという（Matthews 1899: 6-7）。噂によって、個人の行いは道徳的に評価される。そのため、人びとは、人前で恥をかかないように気を配り、噂の中で人々に笑われることを避けるという（Ladd 1957: 228; Roberts 1951: 5; Toelken 2003: 136）。集団の統合や道徳、歴史を維持する噂の社会的な機能についてマックス・グラックマンが論じたように、噂は、成員性を構築するとともに、競合する派閥や個人についての評価を舞台裏で話し合うことで、舞台上における統合を達成する手段なのである（Gluckman 1963）。この事例においても、不満を直接語るのではなく第三者に語ることによって、二者間における感情的な対立を不可視化したまま、舞台裏における統合が達成されるという側面はある。他方で、噂を聞くことはよくない、噂を聞くなという語りがあるなど、ゴシップを話す人物について「あいつ喋りすぎだ。見て回って、それを全部しゃべる」という否定的な語りも聞かれる。

〔7〕 治療儀礼などを行うナヴァホの呪医のこと。男性の場合にはメディスン・マン、女性の場合にはメディスン・ウーマンと呼びわけられることが多い。

〔8〕 ジェシカ・R・グッドキングらは、人びとにネガティブな影響を与える歴史的なトラウマなどの問題を語らず、放っておき、ポジティブでいることという集合的な態度によって、世代を経るごとにそれが忘れられていくと論じる（Goodking et al. 2012）。

〔9〕 再会時に笑いをとることで和解が確認されることについては渡辺（2019）を参照のこと。より深刻なもめごとの和解に関しては、バウワーが詳しく論じている（Bauer 1983）。ただし、近年では警察の介入や、謝罪や責任追及を伴う裁判などを通じて和解することもある。複数の制度や想像力のせめぎ合いについては、今後の課題としたい。

〔10〕 直接的に怒りが表出されるようなもめごとが起こった場合、時間・空間的な距離をとることで関係の緊張状態を緩和しようとすることは、和解のための社会的制度を持たない社会におけるもめごとの対処法として報告されている（左地 2017; 福井 2000; 丸山 2010）。またそれは、もめごとの解決や対処の過程で、上下関係の生成を避けようとする態度であることも指摘されている（北村 1996）。こうした上下関係の生成を避けようとするもめごとの対処法が、現在のナヴァホ保留地の状況のもとで離合集散性をどのように生み出しているかについては、別途詳細な検討が必要である。

参考文献

アサド、タラル（2006）『世俗の形成——キリスト教、イスラム、近代』（中村圭志訳）みすず書房

天野圭子（2002）「北米ナバホ族（ディネ）における女性のエスニシティとその再編・母系制と結婚を中心に」『愛知県立大学国際文化研究科論集』3: 73–102.

インゴルド、ティム（2016）『メイキング——人類学・考古学・芸術・建築』（金子遊・水野友美子・小林耕二訳）左右社

コッチャ、エマヌエーレ（2019）『植物の生の哲学——混合の形而上学』（嶋崎正樹訳）勁草書房

川瀬由高（2024）「コミュニティ——ホリズムの実験と非集団論的転回」河合洋尚・奈良雅史・韓敏編『中国民族誌学——100年の軌跡と展望』風響社: 117–130

北村光二（1996）「「平等主義社会」というノスタルジア——ブッシュマンは平等主義者ではない」『アフリカ研究』48: 19–34』

グレーバー、デヴィッド（2022）『価値論——人類学からの総合的視座の構築』（藤倉達郎訳）以文社

國分功一郎（2017）『中動態の世界——意思と責任の考古学』医学書院

左地亮子（2017）『現代フランスを生きるジプシー——旅に住まうマヌーシュと共同性の人類学』世界思想社

チョルダッシュ、トーマス・J.（2023）『聖なる自己——カリスマ派の癒しの文化現象学』（飯田淳子・島薗洋介・川田牧人監訳）水声社

デ・アントーニ、アンドレア・村津蘭（2022）「《特集》世界と共に感じる能力——情動、想像力、記憶の人類学——序」、『文化人類学』86（4）: 584-597

西井涼子・箭内匡（2020）「はじめに——アフェクトゥス（情動）的世界への招待」西井涼子・箭内匡編『アフェクトゥス（情動）——生の外側に触れる』京都大学学術出版会: 1–7

福井勝義（2000）「離れれば心は寛容に——集合離散に生きる遊牧社会」福井勝義編『講座 人間と環境第8巻　近所づきあいの風景－つながりを再考する』昭和堂: 119–166

丸山淳子（2010）『変化を生き抜くブッシュマン——開発政策と先住民運動のはざまで』世界思想社

渡辺浩平（2019）「「調和」する笑い——ナヴァホ指定居留地における相互行為の事例から」『社会人類学年報』45: 101–113

Bauer, M. C. (1983) Navajo Conflict Management. Ph. D. Dissertation, Northwestern University, Ann Arbor, MI: University Microfilms International.

Bluehouse, P., Zion, J.W. (1993) Hozhooji Naat'aanii: The Navajo justice and harmony ceremony. Mediation Quarterly 10 (4): 327-337.

Clough, P. T. (2008) The Affective Turn: Political Economy, Biomedia, and Bodies. *Theory, Culture & Society* 25 (1): 1-22.

Downs, J. F. (1972) The Navajo. New York City, NY: Holt, Rinehart and Winston.

Farella, J. R.(1984) The Main Stalk: A Synthesisof Navajo Philosophy. Tucson AZ: University of Arizona Press.

Garrity, J. F. (1998) The Ethos of Power: Navajo Religious Healing and Alcohol and Sunstance Abuse. Doctoral thesis, Department of Anthropology, Case Western Reserve University, Cleaveland Ohaio.

Gluckman, M. (1963) Gossip and Scandal. Current Anthropology 4(3): 307–315.

Goodkind, J. R., Hess, J. M., Gorman, B., Parker, D. P. (2012) "We're still in a struggle": Diné resilience, survival, historical trauma, and healing. Qualitative Health Research 22(8):1019-36.

Jett, S. C. (1978) The Origins of Navajo Settlement Patterns. Annals of the Association of American Geographers 68 (3): 351-362.

Jones, R. G. (2015) Maintaining Hózhó: Perceptions of Physical Activity, Physical Education and Healthy Living Among Navajo High School Students. Doctoral thesis, Arizona State University, Tempe Arizona.

Kluckhohn, C. (1949) The Philosophy of Navajo Indians, In F.S.C. Northrop (ed.) Ideological Difference and World Order, 356-384, New Haven, CT: Yale University Press.

Ladd, J. (1957) The Structure of a Moral Code. Cambridge, MA: Harvard University Press.

Lamphere, L. (1977) To Run After Them: Cultural and Social Bases of Cooperation in a Navajo Community. Tucson, AZ: University of Arizona Press.

Lewton, E. L.(1997) Living Harmony: The Transformation of Self in Three Navajo Religious Healing Traditions. Doctoral thesis, Department of Anthropology, Case Western Reserve University, Cleaveland Ohaio.

Massumi, B. (2002) *Parables for the Virtual*. Durham, NC: Duke University Press.

Matthews, W. (1899) The Study of Ethics among the Lower Races. The Journal of American Folklore 12: 1–9.

McNeley, J. K. (1975) The Navajo Theory of Life and Behavior. Doctoral Thesis Department of Anthropology, University of Hawaii, Mānoa.

Nez, V. (2018) Diné Epistemology: Sa'ah Naaghai Bik'eh Hozhoon Teaching. Doctoral thesis, Department of Language, Literacy and Sociocultural Studies, The University of New Mexico, Albuquerque New Mexico.

Roberts, J. M. (1951) Three Navaho Households: A Comparative Study in Small Group

Culture. Cambridge, MA: Peabody Museum of American Archaeology and Ethnology.

Shepardson, M. (1979) To run After Them: Cultural and Social Bases of Cooperation in a Navajo Community by Luise Lamphere. In American Ethnologist 6(1): 185-187.

Skoggard, I. and Waterston, A. (2015) Introduction: Toward an Anthropology of Affect and Evocative Ethnography. *Anthropology of Consciousness* 26 (2): 109-120.

Toelken, B. (2003) Anguish of Snails: Native Ameican Folklore in the West, Logan, UT: Utah State University Press.

Witherspoon, G. (1973) Sheep in Navajo Culture and Social Organization. American Anthropologist 75(5): 1441-1447.

Witherspoon, G. (1975) Navajo Kinship and Marriage. Chicago, IL: University Chicago Press.

Witherspoon, G. (1977) Language and Art in the Navajo Universe. Ann Arbor, MI: University of Michigan Press.

Webページ

2019-2023 American Community Survey 5-Year Estimates
　　（https://www.census.gov/tribal/?st=04&aianihh=2430 最終閲覧日2025年1月20日）

第16章
経済人類学を通じた人間性の探求
――ミクロネシアのランク社会における存在承認の事例から

河野正治

1. 人間性を探求する領域としての経済人類学

　経済人類学とは文化人類学の下位分野であり、広義の意味での経済――貨幣を介した取引のみならず、贈り物の交換や狩猟採集民の食料分配など、必ずしも市場経済を前提としない物やサーヴィスのやり取りまでを含む経済――を文化人類学の視点から探求する研究領域である。文化人類学は一般に他者理解の学であり、生活に根ざした他者の行動や思考への深い理解をもとに自己の枠組みや概念を捉えなおす学問とされる。経済人類学も同様に、他者が実践する経済への深い理解から自己の経済であるところの市場経済を批判し、経済合理主義にもとづく人間観としての「経済人」(Homo-Economics)を捉え返してきた（ポランニー 2003 など）。
　経済人類学からはさまざまな研究が生まれてきたが、市場の原理に支配された無機質な世界のなかに「人間らしさ」に満ちた物のやり取りを見いだそうとする意志がみられる点は特筆に値する。その点に限れば、経済人類学は、人間であるにふさわしい特性としての「人間らしさ」の意味における人間性

(humanity) を探求する学問としての倫理学（宇都宮 2019: 28）[1] とも関心を共有する学問領域であるといえよう。そのような経済を通じた人間性の探求のなかで注目されてきた概念の1つが、2010年代以降にキース・ハート（Keith Hart）やデヴィッド・グレーバー（David Graeber）などの経済人類学者によって提唱されてきた「人間経済」（human economy）である。

本章の目的は、この人間経済の概念を手掛かりにしながら、筆者が長年フィールド調査を行ってきたミクロネシア連邦ポーンペイ島の事例を取り上げ、経済人類学がいかに人間性を探求できるのかを、今後の課題とともに明らかにすることである。

2. 互酬性論から人間経済論へ――「人間らしい」経済を求めて

2.1. 互酬への期待とその陥穽

経済人類学者としても名高い経済史家のカール・ポランニー（Karl Polanyi）によると、人間の経済とは、経済学が想定する市場交換（market exchange）のみの狭い経済ではなく、それとは異なる互酬（reciprocity）や再分配（redistribution）とも組み合わさった広い経済である（ポランニー 2003）。ここでいう互酬とは、対等な関係にある人間同士が貨幣を介さずに物をやり取りしあう経済関係、平たくいえば贈与交換である。対して、再分配とは、何らかの中心に物が集められ、それが再び分配されるような経済関係のことであり、その典型例は王と臣民の間のいわば封建的な物のやり取りである。

なかでも、経済人類学者は互酬の関係に注目した。市場交換の世界では貨幣を支払えば必要な物は獲得できるかもしれないが、人と人の交流が生じるとは限らない。それに対して、贈与交換の世界では貨幣価値のある物を獲得できるとは限らないが、物の贈与を通して人間関係が維持・構築される。こうした互酬的な人間関係がいかに成立するのかという問いは、さまざまな人類学者の関心事となった。例えば、マルセル・モース（Marcel Mauss）は人はなぜ贈与に対して返礼をするのかという問いを通じて互酬的な人間関係の生成メカニズムについて考察し（モース 2014）[2]、クロード・レヴィ＝ストロー

ス（Claude Levi-Strauss）は自家消費の禁止にこそ互酬的な人間関係が発生する契機があると考え（レヴィ＝ストロース 2000）[3]、マーシャル・サーリンズ（Marshall Sahlins）は当事者間の社会的距離に応じて互酬の性質が変わると論じた（サーリンズ 1984）[4]。

　このように、経済人類学では互酬への期待から、さまざまな議論が積み重ねられてきた。しかし、互酬という概念は、贈与の受け取り手が必ず与え手に返礼しなければならないという図式を容易に想定させる点では、市場交換における等価性の原則とさほど変わりがない。グレーバーはこの点を鋭く指摘し、市場の言語の自明性について以下のように語る。

　　ひとが贈与をするときにはかならずや負債が発生し、受けとる側はのちに同種の返礼をせねばならないという想定があるのだ。（……）〔文化人類学者による互酬への期待という〕もっとも公然とそれ〔＝市場経済の論理〕に反対する思考のうちにも市場経済の論理が侵食してきたわけだ。（グレーバー 2016: 199、括弧内筆者補足）

　グレーバーは互酬への期待が、信用経済の裏側で展開されるさまざまな負債──先進国から第三世界への貸付にはじまり、富のない者を対象とする金融ローンに至るまでのさまざまな負債──への批判になりえないどころか、「ともかく借りたお金は返さないと」という負債の完済[5]を迫る言明を肯定しうることに警鐘を鳴らす。佐久間寛はグレーバーの議論がこの言明からの解放に向けられていたことを、次のように述べている。

　　ひとたび借りたからには、どんな犠牲を払ってでも、命を賭しても返せというわけである。しかも注意したいのは、この言葉が、裕福な弁護士のみが語る言葉でも、借金を取り立てるヤクザモノのみが発する恫喝でもなく、わたしたち一人ひとりの心の内にあり、そこから発せられる命令でもある点である。こうした命令をグレーバーはモラルやモラリティと呼ぶ。モラルの特質は、他人に強制されるというより、自己の内から

湧き出るものであるがゆえに、容易に逆らったり退けたりすることができない点である。このモラルの呪縛から解放こそがグレーバーが掲げるプロジェクトだったといっても過言ではない。（佐久間 2023: 17）

互酬に関する議論は、それがバラバラな個人を結びつけて社会的な諸関係を生成するはずだという「人間らしい」経済への期待に支えられている反面、「ともかく借りたお金は返さないと」という強迫的なモラルにより個人を苛めるなどといった、市場経済の「人間らしく」ない側面を知らず知らずのうちに肯定してしまうものでもある。市場経済を批判的に相対化し「人間らしさ」に満ちた社会と経済を考えるためには、互酬への期待とは異なる枠組みが必要なのである。

2.2. 人間経済論を通じた「人間らしさ」の再発見

グレーバー自身は、互酬に関する議論とは異なる視座から経済と社会を考えるために、「贈与されてもお返しをする必要がないケース、したがって互酬性では捉えきれないケース」（佐久間 2023: 18）に注目する。その際、グレーバーがハートらの議論（Hart, Laville and Cattani 2010）にもとづいて提起する概念が、商業経済（commercial economy）と区別されるところの人間経済である。グレーバーのいう人間経済とは、「主要な関心が、富の蓄積ではなく、人間存在の創造と破壊、再編成である」（グレーバー 2016）経済を指す概念である。

グレーバーによると、人間経済における人と物とのやり取りは商業経済におけるそれとは異なり、人と物が互いに代替可能な同等の価値をもつことを意味しない。彼は貨幣を介して人と物が等価になる商業経済に対して、人間経済における貨幣は人間関係を維持・創造するものであり、むしろ人と物が等価ではないことを証明するものであると主張する。グレーバーは、「人間経済の論理において、真鍮棒や鯨の歯やタカラガイはもとより、牛さえも人間の等価物とみなすのは不条理である」（グレーバー 2016: 203）と述べ、いっけん花嫁と等価にみえる婚資が、決して花嫁に対する「支払い」を意味しな

いと論じる⁽⁶⁾。それでは、婚資は一体どのような役割を果たしているのだろうか。グレーバーは次のように述べる。

> どれほど価値があるものだろうと、支払いのとる形式のひとつではない。実のところそれは、<u>どのような支払いも不可能なほどかけがえのない価値あるものを要求していることの承認</u>なのだ。女性の贈与に見合う支払いは、ただひとつ、べつの女性の贈与のみである。それまでにひとができることといえば、ただ、その未払いの負債を認知することだけなのである。（グレーバー 2016: 200-201, 下線は筆者による）

ここでいう婚資により承認される人格とは、どのようなものであろうか。グレーバーはその点について次のように論じている。

> 人間経済においては、それぞれの人格は唯一のものであり、比類なき価値をもつ。それぞれが他者との諸関係のただひとつの結合中枢だからである。ひとりの女性が、娘であり、姉妹であり、愛人であり、ライバルであり、仲間であり、母であり、同世代者であり、教育者であるかもしれない。こういう具合に、多数の人びとと多様なかたちで関係しているのである。それぞれの関係性はそれぞれ唯一のものである。（グレーバー 2016: 240）

人間経済における個々の人格は、多数の人びととの関係性につねに・すでに埋め込まれているがゆえに比類なき価値をもち、人間経済はまさにそれを創造・破壊・再編成する。これに対して、そのような関係性の文脈から切り離された人格は、比類なき価値をもつどころか、奴隷や賃労働者のように代替可能な存在（＝誰でもよい存在）として扱われてしまう⁽⁷⁾。それこそが搾取や暴力につながる。グレーバーによると、商業経済の問題はここにあり、だからこそ人と物を等価に扱う言明やそれを支えるモラルを安易に肯定などできない。

第16章　経済人類学を通じた人間性の探求

このようにみてくると、互酬に関する議論への批判から生まれたグレーバーの人間経済論の核心は、まさに関係性のなかにある人格の存在承認を主題にした人間性の追求にあることがわかる。ただし、商業経済への批判の色が強いグレーバーの『負債論』において、人間経済における人格の存在承認の多様なありかたが十分に検討されているわけではない。より多様な存在承認のあり方の探究は、後継の研究者が取り組むべき課題であろう。本章の後半では、こうした人間経済論の課題に取り組むべく、ミクロネシア連邦ポーンペイ島における人格の存在承認の事例[8]を検討する。

3. ミクロネシア連邦ポーンペイ島における称号のランキングと存在承認

3.1. ポーンペイ島の首長制と称号のランキング

　ポーンペイ島はミクロネシア地域の東カロリン諸島に属し、赤道のやや北、グアム島やサイパン島の南東に位置する火山島である。面積344km²の小さな火山島であり、2010年時点の統計によると、人口は34,789人である（Division of Statistics, FSM Office of Statistics, Budget, Overseas Development Assistance and Compact Management 2012: 8）。

　文化人類学や考古学の研究において、ポーンペイ島は首長制社会として知られてきた。簡潔に説明をすると、伝統的指導者としての首長の存在と、その人物を頂点とする地位のランキングを特徴とする社会である。同島には5つの首長国があり、各首長国には最高首長のナーンマルキ（Nahnmwarki）と副最高首長のナーニケン（Nahnken）がいる。首長国の下位単位には村があり、同様に村首長と副村首長を頂点とする地位のランキングがある。

　ポーンペイ島は決して孤立した「未開社会」ではない。同島は、スペイン（1885–1899年）、ドイツ（1899–1914年）、日本（1914–1945年）、アメリカ（1945–1986年）と続いた諸外国からの統治を経て1986年に近代国民国家として独立したミクロネシア連邦の一部である。ミクロネシア連邦は4州から構成されるが、そのうちポーンペイ州には11の行政区（municipality）があり、同島には6つの行政区がある。各行政区には民主的な選挙で選ばれた行政区長

(chief minister) がいる。島内唯一の都市部であるコロニア・タウンという行政区を除き、残り5つの行政区はその名称と地理的な境界を首長国と同じくし、例えばウー行政区とウー首長国は地理的な範囲を共有する。他方、行政区と首長国は地理的に重なりつつも、政治的には切り離されており、行政区長と最高首長は一致せず、村に相当する行政単位は存在しない。このような政治的分離は島独自の言語であるポーンペイ語でも表現されており、議会や役所から成る近代政治を「外国の側」(pali en wai)、首長の存在と称号のランキングにもとづく伝統政治を「ポーンペイの側」(pali en Pohnpei) とする認識上の区別がある。

　首長国と村にはいずれも、各々の首長から授与される称号 (mwar) にもとづく地位のランキングがあり、ほとんどの成人が何らかの称号を保持する。称号には大きく分けて、最高首長から与えられる首長国称号 (mwar en wehi) と、村首長から与えられる村称号 (mwar en kousapw) がある（ただし、村首長の称号は最高首長から与えられる）。各々の称号には、首長を頂点とする明確な順位がある。称号は主に男性が保持するが、その妻は夫に準ずる順位の称号を保持しているとみなされる。

　ポーンペイ島における称号の継承は世襲の形式を取らない。称号保持者の死亡などにより空位が生じると、下位の者が昇進するシステムである。基本的には空位となった順位の一つ下の順位の者が昇進するが、称号はあくまで首長から授与されるものであるため、首長との関係次第では大幅な昇進もありうる。

　文化人類学者の清水昭俊は、ポーンペイ島における対人関係が称号のランキングをめぐる「名誉」(wahu) の価値に貫かれていると論じる。清水によると「称号間の上下を表現するのが『名誉』の価値」（清水 1995: 44）である。島民同士の集まりや出会いは敬語や身体動作、食物贈与など、互いの「名誉」に配慮した行動から構成され、彼らが日常生活や儀礼の場で用いる物も「名誉」によって差異化される。

　とりわけ儀礼の場では、こうした「名誉」を伴う称号のランキングがはっきりと観察できる。同島では、葬式や親族の集まり、首長に対する貢納儀礼、

誕生日の祝い、客人の歓待、キリスト教の行事など、人びとの集まるさまざまな機会に、ほぼ同様の手続きがなされる。なかでも、参加者たちが持ち寄った物（ヤムイモなどの農作物、ブタなどの家畜、調理済みの食事）を儀礼の最後の場面で再び参加者に配りなおすという再分配の手続きは、分配役の男性がランキングの上位者から順に参加者の称号を大きな声で呼び上げ、なおかつ価値の高い物から順に物を配るという手順を踏むため、首長を頂点とする地位のランキングをはっきりと可視化する。清水は、このような称号の呼び上げを通した授与こそ、「被授与者の『名誉』を可視化し、讃える行為にほかならない」（清水1985: 189–190）と述べる。

このように、ポーンペイ島の暮らしは、ミクロネシア連邦の独立後も「名誉」の価値によって支えられており、首長を頂点とする地位のランキングは日常と儀礼の隅々に浸透している。再分配をはじめとする物のやり取りは、経済的には何の得にもならないどころか、むしろ物を用意する手間と出費を考えるといっけん無駄な行為にもみえる。しかし、このやり取りは「名誉」を基軸とする人と人の関係を確実に紡ぎ続ける。したがって、同島の称号のランキングにもとづく物のやり取りは、富ではなく人を生み出す経済としての人間経済の一事例とみなせるのである。

3.2.「名誉」が「ビジネス」に変わるとき──腐敗する人間経済

しかしながら、「名誉」の価値を基軸とする物のやり取りは、富を蓄積することと無縁であり続けたわけではなかった。あらゆるものを貨幣価値に換算する市場経済の原理は、同島の物のやり取りにも確実に浸透してきたのである。

とりわけアメリカ統治期以降には米ドルが通貨になり[9]、島民の暮らしはますます貨幣と切り離せなくなった。島民たちは公務員やホテルの従業員などの職を求め、稼いだ賃金でコメや缶詰などの食料、石鹸や衣服などの日用品を購入し、電気代や税金などの支払いをおこなうようになった。なかでも、ブタやヤムイモなどの家畜や農作物は、儀礼の場に供出する貴重な贈与物でありながらも、市場で売買可能な商品でもあったことから、そこに貨幣が投

じられる傾向も強まった[10]。この時代には、市場(いちば)で購入した農作物や家畜、商店などで購入した商品、多額の現金を持って儀礼の場に参加する島民が現れたのである（中山 1986: 78；清水 1981: 340）。

　こうした動きにいち早く反応したのは、ほかならぬ最高首長であった。アメリカ統治時代以降には、政府から給与が支払われない最高首長よりも、政治家や公務員のような新興エリート層が経済面で突出するようになり、彼らの有する富は最高首長の欲望の対象となった。最高首長は神話や伝承に由来する古い称号を復活させるなどの操作を通じてランキングの高い称号の数を増やし、それらを彼らに与えることによって影響力を強めようとした。他方、政治家や公務員なども称号に伴う「名誉」を求めて、貨幣で購入したさまざまな物を儀礼の場に供出した。なかには、何百枚もの1ドル札を木に括り付けた、いわば「お金の木」を供出する者もいたという（Fischer 1974: 171）。

　目の前の富に欲がくらんだ最高首長のなかからは、儀礼の場で再分配された家畜や農作物を市場(いちば)で売却する者も現れるようになった。ランキングの高い称号の授与などの機会には多額の現金を持参する参加者も少なくない。筆者が2011年の現地調査で得た情報によると、ある最高首長は年間を通じて、少なくとも15,000ドルを超える大金を儀礼の場から得ていた（河野 2019: 251–308）。

　首長層が儀礼の場を通じて富を求める傾向を、快く思わない島民も少なくない。筆者は、儀礼の場で参加者が「今日は〔最高首長や村首長の〕給料日（payday）だからね」と揶揄する場面や、「〔称号の授与と儀礼の場が〕ビジネス（pisnis）[11]のようになってしまった」とため息交じりに漏らす場面に少なからず出くわした。貨幣と代替可能な富を生産する商業経済と、貨幣とは代替不可能な人を生産する人間経済という基本的な対比に立ち返るならば、儀礼の場が「ビジネス」の様相を強めるに従って、貨幣価値に換算できる物を供出してくれるならば誰でもよい、すなわち富と人は代替可能であるという発想に行き着くことも想像に難くない。ここには、それぞれの参加者を個々に承認する「名誉」の経済から、それらの参加者を富の源泉として集合的に想像してしまう「ビジネス」の経済への移行が垣間見える。それは人間経済が

腐敗しつつある姿でもある。

3.3. ランク社会の隙間に芽生える人格の存在承認

　しかしながら、ポーンペイ島における儀礼の場の変容は、「名誉」から「ビジネス」へという、いわば単線的な腐敗の進行という観点のみから理解できるわけではない。

　ある島民男性（当時64歳）によれば、「ビジネス」のような儀礼の場の問題は、首長層や政治家への厚遇ばかりが目立ち、それ以外の参加者に十分に「配慮する」（apawalih）ことができない点にある。とりわけ、葬式などの親族が集まる場において、必ずしも親族ではない首長層や政治家などの来賓に対して過剰なもてなしが行われるという事態は、一般の島民にとって歓迎できるものではない。

　だからこそ、一般の島民は実際の儀礼の場において、目の前の参加者に十分に「配慮する」ための創意工夫をしている。そのひとつが、称号の呼び上げという作法のズラシである。例えば、葬式の儀礼の場では、分配役を担う男性が、称号を上位者から順に呼び上げながら食物を再分配する手続きを遂行する際に、例えば「遺族」（peneinei）という言葉をあたかも称号であるかのように呼び上げることで、葬式を主催する故人の遺族に対して食物を分け与えることが可能になる。あるいは、海外への旅立ちを祝して行われる儀礼の場では、海外渡航を控えた者の称号や名前が本来の順位よりも優先的に呼び上げられ、通常よりも多くの食物を分け与えられる。こうした呼び上げのズラシは、首長層や政治家が熱中する「ビジネス」とは距離を置く形で、それぞれの場で互いに十分に「配慮する」ための彼らなりの工夫である。

　しかしながら、「名誉」の価値が隅々まで行き届いた同島において、なぜ称号のランキングを軽視するような再分配が許容されるのか。このことを考えるうえで、物のやり取りと「名誉」をめぐる、ある島民男性（当時66歳）の説明が参考になる。彼は再分配の名手として知られ[12]、最高首長が臨席する場面をはじめ、さまざまな儀礼の場で必ずといってよいほど分配役を務める人物であった。彼は、儀礼の場における再分配を通じた「名誉」の可視

化について、次のように述べた。

> 「〔儀礼の場における物の再分配に際して〕称号を呼び上げることは〔通信簿の成績が〕4点だった小学生にお菓子を4つあげることとは違う。例えば、あなたのことが好きだったり、あなたのことを名誉に思ったりするなら(……)〔その人物の〕称号が呼び上げられるだろう。そんなものだ」

　彼のいう「4点だった小学生にお菓子を4つあげる」ことは、称号のランキングをいわばポイント化して、互いの地位の上下を明確に示すように、物をやり取りしなければならないというものである。しかし、そのようなやり方は、地位やそれに伴う富に対する首長層や政治家の欲望を下支えすることになり、「ビジネス」を忌避する一般の島民にとっては決して心地よいものではない。彼らにとって快く感じられるやり方は、この男性が言うように、称号のランキングを厳格に守るというよりは、むしろ目の前の相手を目の前の相手としてそのまま認めるやり方なのであり、その工夫のひとつが称号の呼び上げのズラシである。

　このように、今日のポーンペイ島における儀礼の場は「ビジネス」の論理のみで説明できるものではなく、むしろ一般の島民たちはそれとは距離を置く形で互いの「名誉」を承認し続けている。それは必ずしも称号の順位に固執せず、目の前の相手をその関係性の文脈に沿って認めようとするという点において、個々の人格の存在承認をランク社会の隙間に芽生えさせる実践であると捉えられるであろう。

4. 物のやり取りを通じた人格の存在承認——人間性の探究に向けて

　本章は、人間性をめぐる根本的な問い、すなわち、いかに人間は「人間らしさ」に満ちた交流をなしうるのかという問いを探求するひとつの領域として経済人類学を再評価する試みであった。
　経済人類学の互酬に関する議論は、ともすればバラバラに生きることにな

る個人を人間関係の網の目のなかに結びなおす物のやり取りに着目し、市場の原理に支配された無機質な世界のなかに「人間らしさ」に満ちた交流を見出すことに成功した。しかし、グレーバーが批判したように、互酬に関する議論は、ヒトとモノを代替可能にする市場交換の等価性の原則を読み込んでしまう危うさがある。むしろ、今後の経済人類学の課題のひとつは、個々の人間をいかに代替不可能な人間として扱うことができるのかという点にこそあり、グレーバーの人間経済論はその課題を示した点で秀逸であった。

グレーバーは、アフリカの婚資の事例から物を媒体とした人格の存在承認という主題をわかりやすく論じているが、物を介した人格の存在承認のあり方は婚資の例にとどまらない。本章の後半で示したミクロネシア連邦ポーンペイ島における物の再分配においては、いっけん誰とでも代替できる役職としての称号を呼び上げるに際して、それを他者とは代替できない存在として開示する工夫がなされていた。それは、物を介した人格の承認ではあるが、より瞬間的・状況的な判断のもとになされるという点で、アフリカにおける婚資の事例とは明らかに異なる。こうした人格の存在承認の多様な在り方を示していくこと、それはまさに人間経済論の課題であり、経済人類学による人間性の探求が目指すべき方向のひとつである。

市場の原理に席巻された私たちがつい読み込んでしまう人とモノあるいは貨幣との代替可能性に抗して、目の前の人間をいかに人間として扱うことができるのか。経済人類学とはまさに、そのような人間性をめぐる課題を、他者が実践する経済のあり方から思考し続けるプロジェクトなのである。

付記

本章の執筆は、主に科研費（19H01388・24H00128）にもとづく負債の人類学に関する継続的な議論によって可能になった。ここに記して感謝したい。

注

〔1〕　人間性の探求は倫理学者のみならず、学問としての倫理に無関心な普通の人びとによってもなされている（宇都宮 2019: 28）。この点に着目した文化人類学の研究は、2000年代以降に英米圏で盛んになされており、それらの研究群を「人類学に

おける倫理的転回」と総称することもある（河野・菊池・オオツキ 2019: 175）。本章の議論もそのような普通の人びとによる人間性の探求を焦点としている。

〔2〕 モースは、贈与を個々の自発的な行為ではなく、贈与・受領・返礼という3つの義務から成るものと捉え、その行為がいかに社会的なものであるかを示した（モース 2014）。

〔3〕 レヴィ゠ストロースは互酬という概念を手掛かりに親族関係における外婚規則を論じたが、その核心は集団内での結婚を禁じる規範により、女性の婚出を介した、集団間による互酬的な関係が生じるというものであった（レヴィ゠ストロース 2000；cf. 小田 2000）。

〔4〕 サーリンズは、当事者間の社会的距離に応じた互酬のスペクトラムについて論じ、片方が他方に惜しみなく与える一般化された互酬、当事者間で帳尻を合わせる均衡のとれた互酬、相手ではなく自己の利益を追求する否定的な互酬という3類型を示した（サーリンズ 1984）。

〔5〕 完全な返済と部分的な返済という区別は、経済人類学における古典的な区別である。エドマンド・リーチ（Edmund Leach）は贈与交換の特徴を部分的な返済にあると捉え（リーチ 1985）、グレーバーは完全な返済を求めるモラルに市場の冷酷さを見いだした（グレーバー 2016）。

〔6〕 婚資が花嫁に対する「支払い」ではないことは、小田亮（2000: 88）などの文化人類学者も指摘している。グレーバーの議論に新規性があるとすれば、婚資による人格の存在承認という論点を提出し、婚資が個々の人間をかけがえのない人間として再創造する可能性を明らかにした点にある。

〔7〕 グレーバーのいう人間経済と商業経済の区別が人間の代替可能性と代替不可能性にあるという指摘は、松村圭一郎（2023）の議論に多くを負っている。

〔8〕 本章で示す事例の多くは、拙著（河野2019）ですでに提示したものも多く含まれているが、それらを人間経済という視角から再記述・再分析する点に本章の新規性がある。

〔9〕 ミクロネシア連邦には中央銀行も独自の通貨もない。諸外国からの統治時代にはそれぞれの宗主国の通貨を用いていた。

〔10〕 同じミクロネシア連邦にあっても、ヤップ島の石貨が代替不可能な歴史や人の痕跡を持つことから、米ドルと互換不可能であること（牛島 2002）と比べると、ポーンペイ島の儀礼の場には貨幣が入り込む余地が多分に高いことがわかる。

〔11〕 ポーンペイ語の *pisnis* は英語の business が外来語として定着したものである。

〔12〕 分配役は誰でも担えるわけではなく、熟練した技量が必要な役割である。というのも、機会ごとに異なる参加者の順位を把握し、瞬時の判断でもって物を配る順番を決めなければならないからである。

参考文献

牛島巌（2002）「携えるカネ，据え置くカネ——ヤップの石貨」小馬徹編『くらしの文化人類学5——カネと人生』雄山閣: 76–99.

宇都宮芳明（2019）『倫理学入門』筑摩書房

小田亮（2000）『レヴィ=ストロース入門』筑摩書房

河野正治（2019）『権威と礼節——現代ミクロネシアにおける位階称号と身分階層秩序の民族誌』風響社

河野正治・菊池真理・オオツキ・グラント・ジュン（2019）「日常倫理の人類学——関与・判断・主体性」『社会人類学年報』45: 175–184.

グレーバー、デヴィッド（2016）『負債論——貨幣と暴力の5000年』（酒井隆史監訳, 高祖岩三郎・佐々木夏子訳）以文社

佐久間寛（2023）「信用，負債，返済」佐久間寛編『負債と信用の人類学——人間経済の現在』以文社: 5–46.

サーリンズ、マーシャル（1984）『石器時代の経済学』（山内昶訳）法政大学出版局

清水昭俊（1981）「独立に逡巡するミクロネシアの内情——ポナペ島政治・経済の現況より」『民族学研究』46 (3): 329–344.

清水昭俊（1985）「出会いと政治——東カロリン諸島ポーンペイにおける応接行為の意味分析」『文化人類学』1: 179–210.

清水昭俊（1995）「名誉のハイアラーキー——ポーンペイの首長制」清水昭俊編『洗練と粗野——社会を律する価値』東京大学出版会: 41–55.

中山和芳（1986）「ポナペ島社会における伝統的リーダーシップの変容の予備的考察」馬淵東一先生古稀記念論文集編集委員会編『社会人類学の諸問題』第一書房: 59–84.

ポランニー、カール（2003）『経済の文明史』（玉野井芳郎・平野健一郎編訳, 石井溥・木畑洋一・長尾史郎・吉沢英成訳）筑摩書房

松村圭一郎（2023）「負債と労働の関係——グレーバーの『負債論』と『ブルシット・ジョブ』をつなぐもの」佐久間寛編『負債と信用の人類学——人間経済の現在』以文社: 159–183.

モース、マルセル（2014）『贈与論』（森山工訳）岩波書店

リーチ、エドマンド（1985）『社会人類学案内』（長島信弘訳）岩波書店

レヴィ=ストロース、クロード（2000）『親族の基本構造』（福井和美訳）青弓社

Division of Statistics, FSM Office of Statistics, Budget, Overseas Development Assistance and Compact Management (2012) *Summary Analysis of Key Indicators from the FSM 2010 Census of Population and Housing*. Palikir: Federated States of Micronesia.

Fischer, John (1974) The Role of the Traditional Chiefs on Ponape in American Period. In Hughes, Danial and Sherwood Lingenfelter (eds.) *Political Development in Micronesia*,

pp. 167–177, Columbus: Ohio State University Press.
Hart, Keith, Jean-Louis Laville and Antonio David Cattani (eds.) (2010) *The Human Economy: A Citizen's Guide*, Cambridge: Cambridge Polity.

第17章
生物多様性の損失に立ち向かう
――研究および地域住民それぞれの目線からの検討

竹下和貴・石垣裕貴

1. 生物多様性の保全

　生物の多様性に関する条約（いわゆる生物多様性条約）が1992年に採択されてから、30年以上が経った。2024年3月時点において、同条約は196の国と地域が締結しており、2年に一度開催される締約国会議の内容は、毎回ニュースで大きく取り上げられている[1]。日本も同条約の締約国の一つであり、2010年には、愛知県で第10回の締約国会議（COP10）が開催されたほか、生物多様性に関連する内容は、今や高校の生物基礎の科目において多くの部分を占めている。

　条約は採択されるだけでは効力を持たず、批准国数など所定の要件を満たして初めて効力をもつ（発効する）が、生物多様性条約は50か国が批准（条約に対する各国の立法府の同意手続）した1993年に発効し、日本では、条約上の義務を果たすための国内措置として「生物多様性国家戦略」が1995年に作成された。現在では、その第6次戦略である生物多様性国家戦略2023-2030が策定されている。生物多様性国家戦略には、第5次戦略（2012-2020）から

副題が示されるようになったが、第6次戦略の副題は、「ネイチャーポジティブ実現に向けたロードマップ」である（環境省 2023）。ネイチャーポジティブを日本語で表すと「自然再興」であり、自然を回復軌道に乗せるため、現在生じている生物多様性の損失を食い止め、そして反転（再興）させることを意味している。そして2030年までにネイチャーポジティブを実現したその先には、自然と共生する世界（Living in harmony with nature）が2050年ビジョンとして掲げられている。生物多様性の損失は、気候変動や微小プラスチック粒子による海洋汚染と同じく、世界全体における重要な環境問題の一つである。

　さて、本章の著者は東洋大学の生命科学部という学部に在籍している。生命科学部ではやはり生物に興味のある学生が多くを占めているが、学生に対して生物多様性に関するここまでのような話をすると、退屈そうな顔をする学生がちらほら現れる。それにはこちらのトークスキルなどさまざまな原因があるかもしれないが、学生の多くが「生物多様性の危機なんて、何をいまさら」と思っていることもあるかもしれない。たしかに生命科学部において、高校時代に生物や生物基礎を履修していた学生はかなりの割合に上ると思われ、そうでなくても、2020年代の大学生が中学生であったときの理科の教科書は、「生物の種類の多様性」に関する理解が重視されるように改訂された学習指導要領に基づいている（名倉・松本 2019）。しかし、本当に「生物多様性」は社会的に十分に浸透した、社会全体に共有された課題なのだろうか？

　先に述べた生物多様性国家戦略2023–2030では、生態系の健全性の回復や生活・消費活動における生物多様性の価値の認識と行動（一人一人の行動変容）など、国の施策の方向性として5つの基本戦略が掲げられている。そして、各基本戦略には、それと対応する目標および指標が設定されており、例えば、生態系の健全性の回復という基本戦略には、「種レベルでの絶滅リスクが低減している」が目標の一つとして設定され、その達成状況はレッドリスト（絶滅のおそれのある野生生物のリスト）の掲載種数などに基づいて評価される。話が少し遠回りしてしまったが、生活・消費活動における生物多様性

の価値の認識と行動という基本戦略には、「教育や普及啓発を通じて、生物多様性や人と自然のつながりを重要視する価値観が形成されている」という目標があり、その評価指標として、生物多様性という言葉の認知度が設定されている。実は、生物多様性という言葉の認知度については、前身の第5次戦略においても、75％という数値目標が設定されていた。しかし、2022年7月に実施された「生物多様性に関する世論調査」では（内閣府 2022）、全国18歳以上の日本国籍を有する回答者1557人のうち、生物多様性という言葉の意味を知っていた者は29.4％、意味は知らないが言葉は聞いたことがあった者も43.2％と、わずかではあるが目標の75％には届いていなかった。生物多様性が中学や高校で教えられるようになってまだ日は浅いとはいえ、言葉の意味を知っていた者が3人に1人もいなかったという結果は、幾分寂しいものである[2]。国連の持続可能な開発目標（いわゆるSustainable Development Goals; SDGs）が社会に浸透しつつある昨今でも国内の社会経済に生物多様性がメインストリームに乗っていないという現状は、生物多様性の保全に社会全体として取り組む上での大きな障壁である[3]。

2. SDGsと生物多様性

　日本では近年、生物多様性の危機を含む環境問題が取り上げられる際、SDGsとセットで語られることが増えてきたように思われる。実際にSDGsには、「気候変動に具体的な策を（目標13）」、「海の豊かさを守ろう（目標14）」、「陸の豊かさも守ろう（目標15）」と、生物多様性保全に関連するゴールが複数含まれている。教育の場においては、例えば東洋大学では、講義のシラバス[4]において、それぞれの科目がSDGsのどれに関連しているものなのかが明記されている。一方、研究の場における現状はどうなっているのだろうか？ SDGsのスケールと研究のスケール（課題の設定）はマッチするようなものではないが、それぞれの研究がSDGsとどのように関連するのかについて、論文の導入や結びにおいて言及されていても不思議ではないはずである。

ここで、ビブリオメトリクス分析およびテキストマイニングを用いた、SDGsと生物多様性に関する研究論文についての調査結果を紹介したい。ビブリオメトリクス（bibliometrics、計量書誌学）とは、図書館情報学の一分野であり、書籍や学術論文などの書誌情報を集約し、定量的に分析することで、対象とする学問領域の動向を評価することができる。基本的なビブリオメトリクス指標には、論文数や論文の被引用数が挙げられる。また、テキストマイニングとは、テキスト（文字列）型データを対象としたデータマイニングのことであり、マイニングは「採掘する、坑道を掘る」という意味の動詞"mine"の現在分詞である"mining"に由来する。簡単に言うと、データを掘り起こすことで、金脈（有益な知見）を発見しようというアプローチである。テキストマイニングの方法にはさまざまなものがあるが、例えば、文章データを単語や文節で区切り、単語の出現回数や2つ以上の単語の出現傾向の類似性（同じ文章の中で出現しやすいかどうか）を評価するものがある。テキストマイニングは多くの企業で利用されており、SNSから製品や潜在的な顧客に関する特徴を抽出することでマーケティングに必要なニーズを知ることができる。また、ある放送局のニュースでは、知事選挙の立候補者の演説内容にテキストマイニングの手法を適用することで、各候補者が重要視している政策を抽出していた。

　話をSDGsと生物多様性研究に戻す。最初に私たちは、Web of Scienceというオンライン学術データベースに2024年2月6日14時53分までに登録された原著論文（研究者が執筆した、いわゆる「論文」と呼ばれるものと考えていただいて差し支えない）の中から、アブストラクト[5]が論文に付属しており、かつ以下の2つの条件を満たすものを抽出した。

　①論文のテキストフィールド（タイトルやアブストラクトなど）に、"sustainable development goals"、"sustainable development goal"、"sdgs"のいずれか少なくとも一つを含む（大文字と小文字は区別されない）

　②論文のテキストフィールド（タイトルやアブストラクトなど）に、"biodiversity"、"biodiversities"、"biological diversity"、"biological diversities"のいずれか少なくとも一つを含む

以上の条件には963報の論文が該当し、それら全ての著者情報などを、Web of Scienceからダウンロードした。なお、検索条件②を適用しない場合の（検索条件①のみに合致した）論文数は、21748報であった。

2.1. ビブリオメトリクス分析

　まず、963報の論文の出版年を図1に示した。論文の出版数は年々増加傾向にあり、2023年には223報が出版されていた（2024年の出版数はまだ当然少ない）。一部の方はお気づきかもしれないが、SDGsが国連の総会で採択される2014年以前にも、6報の論文が出版されている。実は、"sustainable development"という言葉はSDGsで初めて生まれたわけではなく、国際自然保護連合が1980年に策定した世界保全戦略の中で初めて公表され、国連の「環境と開発に関する世界委員会」が1987年に発表した報告書の中で提唱されたことで有名になったという経緯がある。

　次に、抽出された論文について、責任著者の国・地域別にカウントした結果を図2に示した。責任著者とは、論文の著者のうち、論文の執筆、投稿、査読（審査）などのプロセスにおいて責任を負う著者のことで、筆頭著者が

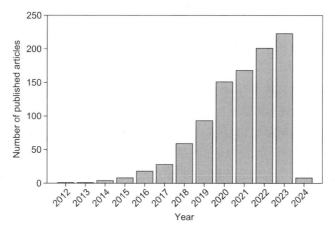

図1　テキストフィールドに、"sustainable development goals"などおよび"biodiversity"などの両方を含む論文の出版数の年別出版数（2024年2月6日14時53分時点でWeb of Scienceに収録されていたもの）

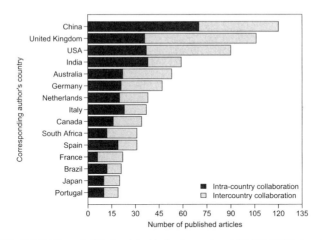

図2 テキストフィールドに、"sustainable development goals"などおよび"biodiversity"などの両方を含む論文を責任著者の所属機関の国・地域別に集計した結果（2024年2月6日14時53分時点でWeb of Scienceに収録されていたもの）。全ての著者の国・地域が同じ場合を濃い灰色、複数の国・地域にまたがる国際共同研究として実施されたものを薄い灰色で示した。

責任著者を兼ねるケース以外にも、研究プロジェクトの代表者が責任著者を務めるケースがある。今回抽出した論文の責任著者で最も多かったのは中国の研究者であり、次いでイギリス、アメリカ、インド、オーストラリアの順であった[6]。そして、これら上位5か国のうち、イギリス、アメリカ、オーストラリアの3か国は、著者陣の所属機関が複数の国にまたがる国際共同研究によって実施されたもの（国際共著論文）が過半数を占めていた（図2の薄灰色部分）。このランキングにおける上位国のラインナップは、そもそもの人口（研究者数）の多さや研究力の高さを多分に反映したものであると考えられ、研究分野を特に限定しない場合の論文出版数とあまり大きな違いはない。しかし一部には例外的な傾向を示す国もあり、なんとその一つが日本である。今回の私たちの分析における日本の順位は第14位であるが、科学技術指標2023（文部科学省 科学技術・学術政策研究所 2023）によると、日本の研究者による論文出版数（2019–2021年の平均）は、中国、アメリカ、イギリス、ドイツ、インドに次いで6番目である。この場合の出版数は、著者順などによらず一人でも日本の研究者が名を連ねていれば1報とカウントする方法（論文生産へ

の関与度を反映）に基づくものであり、さらに研究分野は特に限定されていない。したがって先ほどの私たちの分析結果と直接的な比較はできないが、日本においては、生物多様性に関する研究とSDGsの関連付けが浸透していないことを示唆しているのかもしれない。しかし何もすべてが悪い兆しというわけではない。科学技術指標2023によると、研究分野を特に限定しない場合、2021年における日本の国際共著論文の割合は36.1％である。一方、私たちの分析における日本の国際共著論文の割合は50％と、それよりも高い。これは小さなサンプルサイズに基づく値であるため多分に不確実な推測をはらむものであるが、強い問題意識とともに他国と連携するようなリーダーシップを持った研究者が、SDGsと生物多様性研究の関連性を重要視しているのかもしれない。

2.2. テキストマイニング

次に、テキストマイニングの実施結果を紹介する。963報の論文の全文データは入手できなかったため、今回は、それらのアブストラクトのテキストデータを分析した。963報の論文のアブストラクトから、"the"や"a"といった冠詞、"of"や"at"といった前置詞のほか、"biodiversity"や"sustainable"といったそもそも論文検索条件に含まれていた単語などを除外した場合の125,550語について、単語別の出現頻度を集計した結果を図3に示した。最も出現頻度が多かったのは、"land（陸、950回）"であり、以下、"ecosystem（生態系、946回）"、"change（変化、896回）"、"global（世界的な、789回）"、"study（研究、771回）"、"environmental（環境の、751回）"、"climate（気候、715回）"、"conservation（保全、703回）"、"forest（森林、660回）"、"policy（政策、637回）"の順に多かった。ここで少々意外だったのは、必ずしもゴール15の文章中に使用されている単語が多く出現しているわけではないということだ。例えば、ゴール15の中で"biodiversity"と同じ文節で出現する"loss（損失）"は42位（356回）であり、"degradation"は50位以内にも入っていない。一方、"service（サービス）"や"economic（経済）"、"policy（政策）"、"system（システム）"、"management（管理）"といった、自然科学分野だけでなく社会科学分野の論文中にも登場し得る

図3 抽出された963報の論文のアブストラクトにおける、出現頻度上位30の単語に基づいたワードクラウド。出現頻度が高かった単語ほど、図中での文字サイズが大きく示されている。冠詞、前置詞、および論文検索条件にそもそも含まれている単語などは除外されている。

単語の出現が目立った。

　次に私たちは、"ecosystem"という単語に対する共起ネットワーク分析を行った。共起ネットワークとは、さきほどのような単純な単語の出現頻度の分析ではなく、ある決められた範囲（例えば、連続する数個の単語群や一つの文章など）における出現パターンの類似性が高い単語を見出し、単語同士のつながりの強さを分析する方法である。今回"ecosystem"に対して1文を単位とする共起ネットワーク分析を実行することで、今回抽出された論文の中で、生態系のどのような側面、どのような環境における生態系が重要視されているのかをうかがい知ることができる。

　早速ではあるが、単語"ecosystem"の共起ネットワーク分析の結果（図4）をみていこう。図4では"ecosystem"と出現箇所のパターンの類似性が一定の高さを示した単語同士のネットワークが示されているが、今回最も"ecosystem"と出現パターンの類似性が高かった単語は"service"であった。"ecosystem service（生態系サービス）"は、生態系から提供される人間の暮らしを支える恵みのことであり、食料や薬用資源といったもののほか、気候の調整や水質浄化、生き物の生息・生育環境の影響およびレクリエーションの場の提供など多岐にわたる。生物多様性は生態系サービスの質と量の重要な基盤であり、生物多様性研究の重要なモチベーションとなっていることは容易に理解できる。"function（機能）"や"provide（提供する）"、"benefit（恩

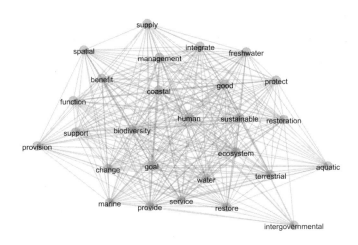

図4 抽出された963報の論文のアブストラクトにおける、1文を単位とする"ecosystem"との共起ネットワーク分析の結果。

恵）"などについても（図4）、生態系サービスと同様の文脈で出現したと推察される。生態系サービスでは生態系の価値を経済的なものに換算して考えることに対してしばしば批判的な指摘がなされるが、やはり研究論文において生物多様性の重要性を主張する上では、大きな役割を担っているのであろう。

その他に"ecosystem"と出現パターンの類似性が高かった単語のうち、"terrestrial（陸の）"や"coastal（沿岸の）"、"marine（海の）"、"freshwater（淡水の）"、"aquatic（水圏の）"は、それらのタイプの生態系が論文中で多く注目されていることを示していると考えられる。海洋の保全に関するゴール14に関連する単語だけでなく、河川や湖に代表されるような"freshwater ecosystem"も多く出現していることは、注目に値するだろう。一方、陸域にももちろん多くの種類の生態系が存在しているが、ゴール15の文章中に使用されている"terrestrial"以外の単語は、上位30に上がらなかった。例えば"forest"は、ゴール15の文章中に使用されており、図3には出現している頻出単語であるにもかかわらず、図4では出現しなかった。もしかすると、ゴール15において持続可能な森林管理（経営）がまず目立ってしまっており、森林生態系の保全には相対的にみると注意が行き届いていないのかもしれな

い（森林生態系を対象とする研究が不足しているということを示すものでは決してない）。また、生物多様性の保全において年々注目されるようになっている都市（"urban"）生態系についても（村上 2023）、図4には出現しなかった。

3. 公園から始める生物多様性

　最後に、私たちが千葉県流山市で実施したアンケート調査の結果を紹介したい。生物多様性国家戦略2023–2030において、近年では自然体験をほとんどしたことがない子どもや若い世代が増えていることが問題視されている。自然とのつながり意識を育む上で自然との接触は必要不可欠であり（Mayer et al. 2009）、若年層の自然体験機会の減少は、それらの世代の自然とのつながり意識の希薄化をもたらすことが懸念される。例えば、埼玉県内の小学校に通う4–6年生の児童を対象としたアンケート調査によると、生態系体験学習の中で自然環境と関わる機会を持たなかった児童は、自然環境と関わる機会を持った児童と比べて、身近な生物に対して好意を寄せる割合が下がったことが報告されている（渋江・中口 2016）。

　そのような中、人々が身近に自然との接触機会を得られる重要な施設の一つとして、公園、特に都市域にある公園が着目されている（Veitch et al. 2021; 下向他 2022）。国土交通省が実施したアンケート調査によると、緑がきれい、自然が豊か、楽しい遊具があるといった要素が、公園利用者が都市公園に求めるものとして挙がっていた（国土交通省 2022）。オーストラリアで実施された研究においても、芝生エリアや遊具がない公園は、若年層の公園利用を思いとどまらせるということが報告されている（Rivera et al. 2022）。このように、公園の特徴は人々の公園利用に対するモチベーションと密に関わっているのだが、裏を返せば、公園利用のモチベーションを向上させるような公園をデザインすることが、利用者の自然との接触機会の増加、ひいては自然とのつながりの強化および生物への興味・関心の向上につながるかもしれない。特に子育て世代の利用を促進できるような公園作りが実現できれば、それは若年層の生物多様性に対する意識の醸成に有効なアプローチとなるかもしれな

い。

　ここで皆さんはまず、公園にもさまざまな種類のものがあることをご存知だろうか。私たちが着目する「都市公園」は、都市計画法の下で設置された公園を指し、地方公共団体または国が設置した公園や緑地などで、園路や広場のほか、修景施設（植栽や噴水）、休養施設（休憩所やベンチ）、遊戯施設、運動施設、教養施設、便益施設（駐車場やトイレなど）などを含むものとして定められている。都市公園以外の公園としては、新宿御苑や皇居外苑といった環境省設置法による国民公園、自然公園法の下での国立公園や国定公園などがある（都道府県立の自然公園もこれに該当する）。今回私たちは、都市公園、特にその中でも面積 $2,500m^2$ 程度と最も小さい規模のものに分類される「街区公園」（国土交通省 2008）に着目した。私たちが街区公園に着目した背景は、街区公園は、来園者に占める高頻度来園者（週1回以上の来園）の割合は59.8％と最も高く（国土交通省 2022）、さらに、街区公園の来園者の活動内容で最も多いものが「子どもを遊ばせた」ことであり、その割合（38.3％）が他の公園区画と比べても高かったためである（国土交通省 2022）。都市域への人口集中が起きている日本においては、街区公園を対象に、公園の特徴、利用者の利用モチベーション、および利用者の生物への関心の相互関連性を調査することは、生物多様性の認知度向上に重要な知見をもたらすと考えられる。

3.1. アンケート調査

　2023年の7月24日から8月28日にかけて、千葉県流山市内の街区公園10か所において、公園利用者の公園利用に対するモチベーションや生物への関心などに関するアンケート調査を実施した。流山市では、生物多様性の保全と回復に関する取組を計画的に進めるための「生物多様性ながれやま戦略」が策定されており（流山市 2018）、環境教育に関するさまざまな取り組みやイベントが充実している。調査地とした10公園はいずれも、同戦略における重点地区（流山市が生物多様性の保全・回復を優先的に取り組む地区）内に位置している。また、人々の自然に対する意識は、それぞれが生まれ育った地域に

よって差が生じる可能性が指摘されているが（林他 1997）、公園の特徴などと利用者の意識の関連性を評価する本研究においては、アンケート回答者の出身地域に特定の偏りが生じてしまうことは望ましくない。その点において流山市は、生産年齢人口の転入超過数が全国の市町村の中でも上位20位以内に入っているため（総務省統計局 2024）、回答者の出身地域をある程度無作為化することができるという利点を持つ。それに加えて私たちは、公園の周辺住宅の様相を調査し、築年数が浅いと思われる住宅が集中している（すなわち移入者が多いと考えられる）エリアにある公園を主に選定した。

アンケート調査は、日中にそれぞれの公園を一日あたり数回程度訪問し、訪問時に公園を利用していた子ども連れあるいは子どもがいると考えられる壮年層の方々に対してアンケート用紙への記入を依頼し、その場で回収した（東洋大学板倉キャンパス人文社会学系研究等倫理委員会承認 2023-001）。公園間のサンプルサイズの偏りを極力防ぐため、アンケートは各公園で最大10件程度を目安に実施し、最終的に、計64件の回答を得た。

また、アンケート調査の実施に先立って、2023年7月14日、10か所の公園それぞれにおいて、芝生エリアの有無、公園の周長、公園外周部の中高木の本数、特徴的な遊具の有無を調査した。本研究では、他の調査対象公園には設置されていない遊具を、特徴的な遊具として定義した。なお、いずれの公園においても、今回の調査項目以外に利用者の生物に対する意識に大きく影響されると考えられる施設（例えば、池や小川；和田他 2008）は整備されていなかった。

3.2. 共分散構造分析

本研究では、公園の特徴、利用者のモチベーション、および生物への関心の相互関連性を、共分散構造分析と呼ばれる統計手法を用いて評価した。共分散構造分析の結果はパス図と呼ばれるもので示されるのだが、パス図では、ある変数から別のある変数への影響がパスと呼ばれる単方向の矢印で表されている（順番が前後して結果のネタバレになってしまうが、図5が今回のパス図である）。また、長方形で囲われた変数は調査などを通じて実際に観測されたもの（観

測変数)、楕円形で囲われた変数は調査では観測しなかった（観測できない）新たな項目（潜在変数）を表しており、本研究の場合は、「生物への関心」と「地域性」がそれにあたる。そして、パスに添えられた数値は変数間の関連の強さ（標準化係数）を表しており、小さな丸で囲われた数字は、パスが刺さっている変数以外の要因による変動の大きさ（誤差変数）である。

生物多様性に対する意識の高さを測るアンケートの設問（Q1–5、例えば、環境教育イベントへの参加経験）については、認知あり、魅力あり、あるいは意識が高いという場合の回答を1、そうでない場合を0とする二値変数とした。また、Q6は動物を扱うテレビ番組の視聴の有無（視聴有りを1、無しを0とする0-1変数）であり、Q6-1およびQ6-2は教育的側面が強い番組、Q6-3–5は娯楽的側面が強い番組である。本研究の場合、潜在変数「生物への関心」からQ1–5およびQ6-1, 6-2に伸びるパスの係数が正、Q6-3–5へのパスの係数が負を示していることから（図5）、生物への関心は、値が大きいほど生物への関心が高いことを表す変数であると考えられる。

観測変数については、利用者のモチベーションに関するもの（緑や自然、スペースの広さなど）は全て、それによって利用が促進されていると回答した場合を1とする二値(0-1)変数とした。また、利用頻度については高頻度利用の場合を1（低頻度利用を0）、公園の正式名称の認知については認知している場合を1（認知していないを0）とする二値変数とした。公園の整備状況については、芝生エリアと特徴的な遊具については、それらが整備されている場合を1（未整備を0）とする二値変数とし、公園外周部における単位長あたりの中高木の本数（外周部の木の多さ）は連続変数として共分散構造分析に用いた。

3.3. 利用者の生物に対する関心と関連する街区公園の特徴

調査で得られたデータに共分散構造分析を適用した結果を図5に示した。利用者の利用頻度と生物への関心の関連について、利用頻度が高いときに生物への関心も高い傾向にあった。公園が自然との接触機会を得ることの出来る身近な場所として有効に機能し、そこでの体験が自然とのつながりや生物への関心の高まりに結びついたと考えられる。また、公園の芝生の有無、公

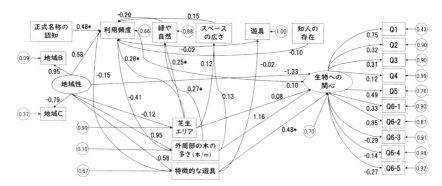

図5 千葉県流山市内の街区公園10か所で収集したアンケート調査データを用いた共分散構造分析の結果。楕円形は潜在変数、長方形は観測変数を表しており、パスには標準化係数とその統計的有意性（*α = 0.05の下でp < 0.05であったもの）を示した。公園の正式名称の認知、公園に対して魅力を感じる点（スペースの広さなど、図上部中央）、生物多様性に対する意識の高さを測るアンケートの設問（Q1-5、例えば、環境教育イベントへの参加経験）については、認知あり、魅力あり、あるいは意識が高いという場合を1とする二値（0-1）変数とした。また、Q6は動物を扱うテレビ番組の視聴の有無（視聴ありを1とする0-1変数）であり、1および2は教育的側面が強い番組、3-5は娯楽的側面が強い番組である。

園外周部の木の多さ、および特徴的な遊具の有無は全て、利用者の生物への関心と正の関連を示し、特に遊具の有無は統計的に有意であった。公園内に芝生があることは、そこに生息するバッタなどの生物との接触機会を増加させ、利用者の生き物への関心が高まった可能性が考えられる。同様に、外周部の木が多くなることは、景観の改善およびそこに生息する生物との接触機会の増加のほか、樹種によっては木の実などに触れることで、生物への関心につながった可能性がある。特徴的な遊具については、それ自体が生物を直接連想させるものではなかったとしても、近隣の公園にはない特徴的な遊具があることで利用者の滞在時間が増え、結果として生物への関心の高まりに寄与した可能性がある。

すでに述べたように、公園の利用頻度は生物への関心と正の関連を示したが、さらにその利用頻度に対しては、公園に芝生がある場合に有意に増加する傾向がみられた。芝生には、生物への関心が増加する直接的な影響（前述）に加えて、公園の利用頻度が増加することを介した間接的な影響があることが示唆された。さらに本研究では、公園に芝生があることは、利用者に緑や

自然、スペースの広さをその公園の魅力（モチベーション）として感じさせる傾向がみとめられた。しかし、利用者がそれらの魅力を感じることによる利用頻度の増加は今回確認されなかった。すなわち、この点においては、利用頻度の変化を介した生物への関心に対する寄与を打ち消すものであった。このような結果に対して尤もらしい可能性を現時点で挙げることはできないが、本研究では、公園の利用頻度のみを調査しており、1回の利用あたりの滞在時間は評価していない。利用者が緑やスペースの広さを感じた場合の滞在時間の変化についても今後検討することで、新たな知見が得られる可能性がある。また、オーストラリアでの研究では、公園への訪問を妨げる原因に公園が混雑していることが挙げられており（Rivera et al. 2022）、利用者がスペースの広さを感じたとしても、公園の利用については混雑度との兼ね合いによって決定される可能性があることに留意が必要である。

　芝生の有無とは異なり、公園の周長辺りの木の多さについては、生物への関心への直接的な正の関連がみられた一方で、木の増加は公園の利用頻度の低下につながっていた。解析にあたっては、公園に木が密にあることでの木陰の創造やパーテーション効果により、利用頻度が増加すると仮説立てたが、それを支持する結果は得られなかった。オーストラリアでの先行研究ではたしかに、公園に木がないことが公園への訪問を思いとどまらせる要因の一つとして挙げられている（Rivela et al. 2022）。本研究では、モデルの複雑さに対してサンプルサイズが必ずしも十分とは言えないため、いくつかの極端なデータが推定結果に大きく影響した可能性がある。一方、外周部の木の多さは、芝生の有無と同様、利用者が緑や自然およびスペースの広さを魅力として感じることと関連を示しており、その点については、仮説を支持するものであった。

　特徴的な遊具の有無については、子どもの遊びに対する気持ちの促進を通じて利用頻度が増加することを想定したが、本研究ではそのような関連はみられなかった。また、特徴的な遊具があることをその公園の魅力として感じる傾向、およびそれによって利用頻度が増加する傾向も認められなかった。本研究では、他の公園には設置されていない特徴的な遊具に着目したが、遊

具を利用する上で楽しさを感じる点は個人により大きく異なるかもしれず、また、一つ一つは特徴的ではなかったとしても、遊具の種類が多いことがその公園の特徴となる可能性も考えられる。今後は、遊具の数などにも着目した評価が必要である。

公園の設備などの特徴以外では、利用者が公園の正式名称を認知している場合、利用頻度が高くなる傾向がみられた。この結果の背景として、身近にある公園への認識が高いと、それに対応して利用も高くなることが考えられる。また、知人と話せることをその公園の魅力として挙げている場合には利用頻度が低下するという傾向がみられた。国土交通省が実施したアンケート調査においても、街区公園に求める要素に「会話を楽しめる公園」などは挙げられていなかった（国土交通省 2022）。街区公園については、保育園やスーパーといった知人と会話できる他の場所が近隣に多くあるため、会話するスペースとしての機能はあまり必要とされていない、あるいは目立った機能として実は認識されていないのかもしれない。

3.4. 円形の公園が生物多様性問題を丸く収める？

最後に、本研究結果をもとにちょっとした図形遊びをしてみたい。皆さんは等周問題というものをご存知だろうか？これは、「周の長さが一定な多角形のうち、面積が最大なものは正多角形である」や「周の長さが一定な図形のうち面積が最大なものは円である」というもののことであり（大竹他 2002）、余裕のある方は実際に図形を描いて計算してみてほしいのだが、例えば周の長さが100 mの図形を考えると、正三角形の面積は約481 m^2、正四角形は625 m^2、円は796 m^2 と、角の数が多い図形ほど、面積が大きくなる。本研究では、外周部に木が密に植えられており、またスペースを広く感じられる公園が、利用者の生き物への関心と関連していることが示唆された。とすると、円形の公園は、周長を短く抑えながら（植樹コストを削減しながら）最大の面積を確保することができる理想の形状ということになる。実際には、円形の公園を設計できる土地は非常に限られているだろうし、むしろ都市部においては、三角形のような宅地への活用が難しい狭小緑地の活用が重要かもし

れない[7]。あくまでもこれは図形遊びであり、凹部がある図形の場合にはまた話が変わってくるのだが、公園の形から生物多様性を戦略的に考えてみるのも意外と面白いのではないだろうか。

注

[1] 締約国会議のことをConference of the Partiesと呼ぶが、その頭文字をとった「COP（コップ）」という言葉を、皆さんも一度は耳にしたことがあるかもしれない。
[2] ちなみに回答者を18–29歳に限定しても、生物多様性という言葉の意味を知っていた者は47.8％であった。私たち研究者も大いに反省すべきかもしれない。
[3] なお、環境省の自然環境局には、「自然環境計画課　生物多様性主流化室」という部署が設置されている。
[4] 教員が学生に対して示す講義計画のこと。学外の方もインターネット上で閲覧できることが多い。
[5] 日本語では要旨などと呼ばれ、研究実施に至った背景や手法、結果、考察などを数百字（英語の場合は数百語）程度でまとめたものである。
[6] なお、この場合における国・地域は、論文の著者情報に示されている著者の所属機関の所在地を集計したものであり、著者の出身地を示すものではないことに留意されたい。
[7] ちなみに三角形は、外周の長さは長い割に面積は小さい。

引用文献

大竹公一郎・武井修・土屋修・過外正律・木村聡・松井宏義・栗原秀文（2002）「等周問題について――中学校における課題学習のテーマとして――」『群馬大学教育学部紀要　自然科学編』50: 49–54

環境省（2023）「生物多様性国家戦略2023-2030 〜ネイチャーポジティブ実現に向けたロードマップ〜」URL: https://www.env.go.jp/content/000124381.pdf

国土交通省（2008）「都市公園の種類」URL: https://www.mlit.go.jp/toshi/park/toshi_parkgreen_tk_000138.html

国土交通省（2022）「令和３年度　都市公園利用実態調査報告書（抄）」URL: https://www.mlit.go.jp/toshi/park/content/001519624.pdf

渋江桂子・中口毅博（2016）「環境教育に利用される身近な生き物への児童心象と生態系体感型学習の効果」『環境教育』25（3）: 64–74

下向葵・松尾薫・武田重昭・加我宏之（2022）「Instagramからみたコロナ禍における都心部の都市公園の捉えられ方——大阪市靱公園を事例として——」『日本都市計画学会関西支部研究発表会講演概要集』20: 25–28

総務省統計局（2024）「住民基本台帳人口移動報告　2023年結果」https://www.stat.go.jp/data/idou/2023np/jissu/pdf/gaiyou.pdf

内閣府（2022）「生物多様性に関する世論調査（令和4年7月調査）」URL: https://survey.gov-online.go.jp/hutai/r04/r04-seibutsutayousei/

流山市（2018）「生物多様性ながれやま戦略　第二期」URL: https://www.city.nagareyama.chiba.jp/_res/projects/default_project/_page_/001/007/475/h30seibutusenryaku_2_honpen.pdf

名倉昌巳・松本伸示（2019）「中学校新入生に「生物多様性」の理解と「進化思考」を促す理科授業開発——「身近な生物」の観察における「分類・系統樹」思考を導入した学習指導を事例として——」『理科教育学研究』60（2）: 397–407

林文・林知己夫・菅原聰・宮崎正康・山岡和枝・北田敦子（1997）「日本人の自然観——特定地域の調査から——」『Journal of the Institute of Nuclear Safety System』4: 12–27

村上健太郎（2023）「都市の生物多様性保全とネイチャーポジティブ」『日本緑化工学会誌』48（3）: 485–487

文部科学省 科学技術・学術政策研究所（2023）「科学技術指標2023」『NISTEP RESEARCH MATERIAL』No.328

和田安彦・平家靖大・和田有明（2008）「昆陽池公園利用者の水環境保全意識構造に関する研究」『環境教育』18（1）: 3–16

Mayer, F. S., Frantz, C. M., Bruehlmen-Senecal, E., Dolliver, K. (2009) Why is nature beneficial? The role of connectedness to nature. *Environment and Behavior* 41(5): 607–643.

Rivera, E., Timperio, T., Loh, V.H.Y., Deforche, B., Veitch, J. (2022) Adolescents' perceptions of park characteristics that discourage park visitation. *Urban Forestry & Urban Greening* 74: 127669.

Veitch, J., Ball, K., Rivera, E., Loh, V., Deforche, B., Timperio, A. (2021) Understanding children's preference for park features that encourage physical activity: an adaptive choice based conjoint analysis. *International Journal of Behavioral Nutrition and Physical Activity* 18: 133.

第18章
Uターン者が紡ぐネットワーク
――奄美大島瀬戸内町古仁屋における化粧まわし職人のライフストーリーを事例に

山崎真之

1. 世界自然遺産登録とシマの人々

　2021年7月「奄美大島、徳之島、沖縄県北部及び西表島」が世界自然遺産に登録された。世界自然遺産登録と関連し奄美大島に生息する生物（伊澤 2022）や自然環境を活用するエコツーリズム（海津 2022）の論考がみられるとともに、遺産としての価値を保ち地域活性を試みる行政や企業、NPOなどさまざまなアクターが関与することからも世界自然遺産登録の影響は計り知れないといえよう。世界自然遺産への登録をめぐっては他の登録地と同様に一枚岩ではないものの、島内には「世界自然遺産（もしくは世界遺産）」と記された横断幕やキャッチコピーを用いた観光ツアーの広告や食品・商品にも世界遺産というキャッチコピーが用いられるなど、多種多様な世界自然遺産に関連する表象が至る所にあふれているといえる。確かに、多くの観光客は世界自然遺産に登録される要因となった生物や自然環境などの価値を求めて来島する。もしくは、生物や自然環境に興味を有していなくとも「世界自然遺産だから」といって訪れる観光客もみられる。当該地域では自然環境の

みを目的とした保全が目指されているのではない。奄美大島の地理的環境を背景とした地域社会の伝統文化[1]と自然環境保全、地域活性（観光開発）の併存を目指した地域のあり方が模索されている。

　昨今の奄美大島においては、上記のような世界自然遺産に伴う観光開発や自然保全のあり方を検討する一方、他の島嶼社会と同様に高齢化、島外への人口流出といった人的資源に関する問題もみられる[2]。日本復帰以降著しい社会変容が生じており、その1つとして集落（シマ）もしくは島内に収まるとは限らない人々の移動やライフスタイルを求める人々の姿がみられる。本章では、地域社会の周縁に位置づけられるとは限らないUターン者について、奄美大島瀬戸内町古仁屋における一人のライフストーリーの事例より考察する。

2. 島嶼社会と還流する人々

　本章では、長期にわたり出身地を離れた後に戻るUターン者に着目していく。奄美大島における移動に関する研究に注目すると、それぞれが求めるライフスタイルを過ごすために若年層から高齢者に及ぶIターンやUターンといった島外からの移動を捉える論考がみられる。須山（2014）は、奄美大島へのIターン者を単身者や家族移住者、配偶者が奄美大島出身者、といった分類からそれぞれのプッシュ・プル要因を明らかにしている[3]。Iターン者が生じるメカニズムを解き明かす視座の一方、Iターン者を受け入れる地域社会も着目されており、奄美大島瀬戸内町嘉鉄における住居市場の閉鎖性及び移住前の集落行事への参加合意形成の事例より、集落側がIターン者を選別する動向が論じられている（高橋 2018）[4]。

　Iターン者が生じるプッシュ・プル要因や移住者を受け入れる地域社会の論理、といったように島外からの移住現象に研究が蓄積されている一方、須山（2003）は島内の移動、つまり島内の各集落（シマ）から奄美大島の中心都市である名瀬への移住者及び名瀬で結成された郷友会に着目し、郷友会の組織的な機能や役割、郷友会の変容、郷友会と集落との関係性を論じている。

第二次世界大戦後、島内の交通条件や名瀬での雇用創出による人口流入により、名瀬から自動車で数十分の距離に位置する集落出身者により名瀬で郷友会が結成されていることは、奄美大島におけるかつての集落の孤立性が反映されているという。郷友会結成当初は、同郷者らによる相互扶助や情報交換といった生活支援が実質的な役割であり、現在では二世三世が自らのアイデンティティを確認する場、人的ネットワークの結節点としての郷友会の役割が重要視されている。ならびに、島内の交通条件の改善と高齢化により郷友会の活動そのものが沈滞化する事態も生じているが郷友会と集落の緊密な関係性が形成されているという（須山 2003: 41-42, 54-55）。

　Iターン者は、少子高齢化が進む島嶼社会においても地域社会を支える新たな人的資源であることから注目を集めるが、一度（もしくは複数回）奄美大島を離れた後に出身地に戻る、つまり還流する動きをみせるUターン者の姿も軽視できない。齋藤・佐藤（2019）は、奄美大島龍郷町の若年層Uターン者の住環境や雇用環境、生活環境といった回帰を促進する要因の形成プロセスについて論じる。Uターン者は若年層に限られることなく定年やライフステージを契機に帰島する高齢者も生じておる[5]。鄭（2010）は奄美大島宇検村の事例にもとづき、高齢者のUターンは、地域社会との結びつきや年金といった社会制度によって誘発される点を論じる[6]。確かに、Uターン者が帰島するその要因は結婚や退職、もしくは病気といったライフステージが深く関連するといえる。Uターン者が生じる要因を分析する視座は、地域社会にとって人的資源を確保するうえでは重要な視座である。その一方、帰島後はいかにして地域社会と関与しているのか、還流する動きそのものに加え、帰島したその後に着目する視座も併せて論じられる必要があるといえよう。

　Iターン者及びUターン者らは移住後、移住先の社会といかに関与しているのか。本田（2021）は瀬戸内町加計呂麻島における移住後の職業選択について論じ、移住者ら（Iターン者とUターン者の特性が異なる可能性が言及されているものの）が多角的な経営で観光業経営に携わっていることを論じることからも、移住者は移住先社会の周縁に位置づけられる存在とは限らないといえよう。李・田島（2020: 9）が、情報通信技術や交通網の発達は多層的なネット

ワークの形成及び連携を可能とし広域的な移住空間をつくりあげる点を指摘している。(U・Iターンを含む) 移住者は移住したからといえ人的・情報ネットワークが移住先で完結するのではなく、島内外に及ぶ広域的かつ多層的なネットワークを構築・活用する存在と捉えることができる。

　Uターン者は、それぞれの出身地に戻ったからといえ彼らの行動やネットワークはUターン先の移住先内で完結しない存在として捉えていく必要があろう。そこで、本章では、還流するUターン者を地域社会の周縁的な存在に位置づけず、地縁・血縁ネットワークに加えて広域的なネットワークを活用する存在として捉えていく。

3. 調査地概要

　奄美大島瀬戸内町は奄美大島の最南端に位置し、奄美空港から車もしくはバスで約2時間半を要する。瀬戸内町の総面積は239km²で平地が少なく面積の多くが山林で占められている。瀬戸内町には56の集落が点在しており、中心地である古仁屋が位置する奄美大島本島と大島海峡を挟み加計呂麻島、請島、与路島の3つの有人島を含む。産業別従事者数をみてみると第一次産業約9.5%（373人）、第二次産業約13.4%（528人）、第三次産業77.1%（3,035人）と第三次産業従事者が大半である（鹿児島県瀬戸内町 2022）。堂前（1987）が述べるように奄美大島北部に位置する名瀬は奄美大島の中心であるが、名瀬と古仁屋の日常生活圏は分離していることからも古仁屋は瀬戸内町の中心であるだけでなく奄美大島南部の中心地でもある。

　奄美大島の人口は令和4年1月の住民基本台帳によると58,694人と奄美群島の人口のおおよそ半数を占めている。なお、奄美群島の総人口は令和2年度国勢調査によると104,281人であり、1955年以降減少を続けている（鹿児島県大島支庁 2023）。とくに大都市圏への若年層の人口流出が続いており、1955年以降の65年間で人口が半数程度となっている（鹿児島県総合政策部離島振興課 2023）。瀬戸内町の人口は令和5年12月住民基本台帳によると8,294人、5,132世帯となる。図2は瀬戸内町の人口推移であるが、瀬戸内町も奄

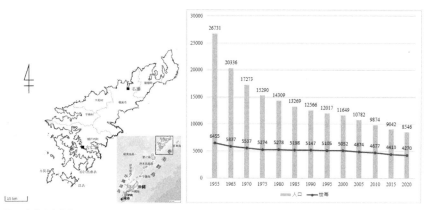

図1 奄美大島位置図
（国土地理院「地理院地図」を基に筆者作成）

図2 瀬戸内町人口推移
（鹿児島大島支庁（2023）を基に筆者作成）

美群島にみられる人口減少と同様に人口が減少し続けていることがわかる[7]。

4. Uターンと化粧まわし

4.1. シマを離れる

　奄美大島に限らず島嶼社会において進学及び就職を機に島を離れることは珍しくなく、島を離れるという選択を余儀なくされている場合もある。本章では、進学を機に奄美大島瀬戸内町古仁屋を離れ十数年後に古仁屋に戻ったUターン者の事例に着目し、いかにして島を離れ戻ってきたのか、そして、帰島後の当該社会との関わりを提示する。特に地域社会との関わりという視点から、化粧まわしの制作・販売にUターン後より携わっているZ氏の事例に注目していく[8]。

　Z氏（60代女性）は、現在自身が営む工房で化粧まわしの制作・販売とともに、奄美大島紬関連商品の販売にも携わっている[9]。Z氏は、写真館を営んでいた両親（父：宇検村、母：古仁屋出身）の4人兄弟の次女として生まれた。小中学校まで古仁屋に通い、姉が鹿児島本土の高校に通っていたこともあり鹿児島本土の高校に進学した。高校に通い始めたものの、1年間のみ通い16

歳で早々に鹿児島を離れ東京に上京することとなった。

　両親は古仁屋で写真館を営んでいたが、父親は青年時代画家を志していたこともあり子どもらには何かしらの芸術に関連する知識や技術を習得してもらいたいという意図があったという。そのような父親からの影響かZ氏は服飾のデザインに興味を有しており、1970年代当時では珍しかった2週間のヨーロッパ研修（イギリスやフランス、ドイツのファッションに関する現地研修）を実施する東京上野の服飾デザインに関する専門学校に魅かれ上京することになる。進学を機に古仁屋を離れ、さらには鹿児島から離れることになったが、東京の専門学校に通うことにためらいはなかったという。上京後は専門学校に付随する寮で生活をしていたが、1年間のみ入寮が許されたため1年後には寮から離れる必要があった。寮を離れた後、東京で暮らす母親の知人の女性（奄美大島出身）を頼り大田区で下宿を始めた。下宿先は、その女性宅の敷地内にある4畳半の小さな離れで手狭ではあるものの、上野の専門学校にアルバイトをしながら通っていた。だが、そこに上京した長女、さらには長男も一緒に住むことになり4畳半で兄弟3人が生活を送っていた。さすがに3人で4畳半の暮らしは不便であったことからZ氏は上野に近い荒川区で一人暮らしをはじめ、専門学校を卒業するまで通った。しかしながら、卒業したものの職にありつけずアルバイトで生計を立てることとなった。

　服飾デザインの専門学校卒業の1年後、Z氏はアルバイトをしつつ生計を立てていたが、ヘアスタイルのイラストを描くことに大変強く魅かれヘアイラストレーターの専門学校に通い始めることになる。服飾デザインに続きヘアイラストレーターの専門学校に通った経験が古仁屋に戻った後、活きることになったという。2つ目の専門学校に順調に通い、卒業まであと1か月となったある日、とある求人情報が彼女の目に留まる。偶然新聞で目にしたヘアイラストレーターの求人情報に並々ならぬ魅力を感じたZ氏は早々にその会社に応募し、結果採用されることとなる。卒業間近であったものの専門学校を退学し、当時20歳のZ氏は高田馬場にあるヘアイラストレーターの事務所に就職することとなった。

　ヘアスタイルのイラストを描くことが業務の中心かと思い就職するに至っ

たZ氏ではあるが、確かにヘアイラストを描く業務があったものの、それはあくまでも業務の一部であった。業務の中心となったのは、化粧会社が主催する日本全国各地のイベントに美容部門の講師として赴くことであった。専門学校での服飾・デザインに関する知識に加え、この経験がその後の彼女にとってかけがえのないスキルをみにつけることにつながった。

派遣先のイベントでは、ヘアスタイルのイラストを描くとともに、ヘアアレンジやメイクのノウハウについて講師として現地の美容院や化粧品店スタッフにレクチャーを行う。そして、レクチャーに関連する商品販売をおこなう業務に携わっていた。イラストを描くだけではなく、美容関係の知識も身に付けなければならなかったが、それよりも講師としてレクチャー及び販売に必要なコミュニケーションスキルをみにつけたことが、古仁屋に戻った後に活きることとなる。20歳から23歳までの3年間、日本全国で開かれるイベントを飛び回り、Z氏の磨かれたコミュニケーション能力が十分に発揮され業績は社内でもかなり良好であったという。仕事は順調な結果を残しているものの、業務は多忙を極めた。また、イラストを描くという好きな仕事に従事出来ているものの、描くイラストはあくまでも販売促進に繋がるイラストでありZ氏自身が好きなように描くことができない点が気がかりとなり、ヘアイラストレーターの仕事を辞することとなった。

退職後、「自分の天職はなにか？」と自問自答を続け、持ち前のコミュニケーションスキルを最大限に活かせる飲食店の「プロとして働こう」と決意を固めたとZ氏は当時を振り返った。専門学校生の頃に同様の業種の飲食店でアルバイトをした経験に加え、Z氏持ち前の人当たりのよさやヘアイラストレーターとして全国を飛び回り磨かれたコミュニケーションスキルもあいまって、長い時間をかけずに常連客がつくことになったという。上野、大塚周辺の飲食店で雇われ店長として約5年間複数の店舗を切り盛りしていたものの、30歳となったZ氏は体調を崩し、奄美大島に戻ることを決めた。

4.2. シマに戻る

　高校進学時に古仁屋を離れてから十数年ぶりに古仁屋に帰ってきたZ氏は、（奄美群島振興開発特別措置法に伴い多くの建設業に関連する作業員としての仕事はあったものの）「仕事はなかった」という。彼女自身に適合する仕事の選択肢の少なさから、再度飲食店でアルバイトをしながら古仁屋での生活を送った。その後、1994年には結婚及び出産を機に自分の飲食店を古仁屋に構えることになる。6年ほど順調に飲食店を経営していたが、親族の他界や体調不良もあり飲食店を閉店することになり、経済面で公的なサポートをもらいつつ自宅での療養生活がはじまった。療養しながらも、再度必ず自立することへの強い決意を固めていたとZ氏は振り返る。通信教育などでネイルアートや色彩、服飾など自立に関連しそうな資格取得の勉強しつつ、体調面を加味し在宅でも携われる「なにか」を模索していた。その折に、化粧まわしと出会う。

　化粧まわしは、父親が営む写真館の撮影で目にしていたこともあり、化粧まわしそのものに親しみがあったという。製作者として携わる最初のきっかけは、姉の知人経由で、かつて呉服屋を営んでいた化粧まわし職人より化粧まわしに龍や鷹のイラストといった縁起物を描く仕事の紹介がまいこんできたことである。Z氏は、イラストを描くそのもののスキルはこれまでの島外での経験から特に問題はなかったという。化粧まわしに縁起物を描きつつ、1年間かけて化粧まわしそのものの制作技術を職人（沖縄より古仁屋に移住）より見様見真似で習得していった。これらの経験が、現在のZ氏の化粧まわし制作や工房経営のはじまりとなる。専門学校や東京での職務経験により裁縫技術及びイラストといった化粧まわし制作に必要な技術には何かしらの形で触れていたこともあり、たった1年という短い期間（「1年で十分」と自信満々の笑顔で語ってくれた）で制作に必要な技術を習得することが可能であったとZ氏はいう。そして、何よりも彼女自身の体調面を考慮して在宅で制作が可能であったことが公的なサポートからの自立に繋がったと彼女は述べる。

　化粧まわしをつくりはじめて20年以上経過するZ氏であるが、現在では化粧まわしの制作販売とともに大島紬関連の商品販売にも携わっている。そ

の販売は、2002年8月に化粧まわし工房の看板を写真館の一角に掲げたことに由来する。工房の看板を掲げたあと、古仁屋の人々は不思議そうに工房をみあげていたという。15歳で古仁屋を離れ十数年後に戻った後は飲食店を経営していたこともあり、Ｚ氏とは旧知の中である人々は多く見受けられるものの、街中ですれ違う度にＺ氏に「今何しているの？ 何の看板なの？」と、尋ねられたという。

4.3. 化粧まわしと紬を介したネットワーク

　体調が回復したＺ氏は、エネルギッシュに化粧まわしに用いる大島紬に関する知識を身に付けていくとともに、自分自身で化粧まわしのデザインを一からつくりたいと考えていた。そこで、紬を織る技術や知識を習得する必要があると考え、紬を織る技術・知識習得のため瀬戸内町にある養成所に通うことを決める[10]。50代半ばより2年ほど養成所に通い、化粧まわしと紬に関するデザインの知見を深めていった。養成所卒業後は、専門学校で服飾デザインを学んでいたことやヘアイラストレーターの実演・販売で全国を飛び回っていた経験もあり紬を用いた小物制作の指導を組合より依頼された。その指導とともに、奄美大島本土から加計呂麻島や与路島にわたるフェリー乗り場に隣接する「せとうち海の駅」の一角で紬の販売を一任されることとなった。

　大島紬の小物の販売には、Ｚ氏が東京や全国各地での化粧品会社が主催するイベントでの実演、指導、販売の経験があったことからも彼女自身は不安もなく、巧みな話術を活かし売上は好調であったという。3年間かけて販売体制の基盤を整えた後、隣接する集落で同様に大島紬の販売及び紬体験が食事とともに楽しめる店舗の責任者として抜擢された。そこでも3年ほど順調に店舗を運営していたものの、新型コロナウイルス感染症の流行により観光客が減少し、飲食店の経営そのものの困難が予想されたこともあり店舗を閉めることにした。

　組合の依頼からはじまった複数の店舗での経営が軌道にのり周囲から高い評価をえていたものの、新型コロナウイルスの影響により幕を閉じることと

なった。しかし、彼女は悲観的にそれを捉えておらず、むしろ、良いビジネスノウハウを学ぶ機会であったとして捉えている。海の駅や店舗での販売ノウハウを蓄積させ、自らが営む工房にそのノウハウを活かしている。さらには、養成所での交流関係や海の駅及び店舗販売で築いてきた販路や紬の販売元、織工数十人とのネットワークを自らが運営する工房に活用している。現に、工房の入口にはガラスケースのなかに髪留めや財布といった紬を用いた小物が並べてあり、これらは養成所より築きあげていったネットワークに由来する。Z氏は、養成所での交流関係や自身の情報収集はもちろんのこと、組合の依頼により営んでいた店舗で知り合えた織元や織工らに、彼ら彼女らがつくりだす商品を自らの工房で取り扱う依頼を直接行い関係性の維持に務めている。さらには、紬とも一見関係なさそうなレザークラフト制作者とも交流があり、首都圏は信州でのイベントで関係性を築いている。

　Z氏は当初、古仁屋内のみで化粧まわし制作の受注、制作、販売を行っていた。評判が広がるとともに、瀬戸内町のみならず名瀬からも注文がはいるようになったという。工房の黎明期は人づてのみで受注を受けていたものの、現在では東京や北海道からの依頼も受注するようになった。このような島外からの依頼は、島外での多種多様なイベントにおいてZ氏が積極的に関与し、顧客はもちろんのことイベントの主催者及び関係者とネットワークを築いていることをその要因の1つとしてあげることができる。また、Z氏が築いてきた島内外のネットワークに加えて、親族ネットワークも活用していることも興味深い点である。例えば、Z氏と親しくしている織元より東京での紬の展示・販売会でのサポートスタッフを探している旨の相談を受けると、Z氏は東京在住の姪を紹介する。さらに、化粧まわしに関連する首都圏でのイベントやオンライン販売に姪が一役買っていることからも親族ネットワークも用いているといえる。

5. 還流までのプロセスと築くネットワーク

　上記では、15歳で古仁屋を離れ鹿児島本土、東京を経て十数年後に古仁

屋に戻ってきたZ氏の事例を提示した。古仁屋を離れる契機となったのは進学であり、進学先の鹿児島本土から東京へ上京、そして帰郷ということから単線的ではない移動の足跡がみられる。Z氏の島外もしくは島内への移住の要因としては進学と病気といった要因をあげることができる。斎藤・佐藤（2019）が述べるようなライフステージが移住の要因としてあてはまる。もしくは、鄭（2010）が指摘するところの社会制度の側面も、Z氏はUターン後に公的なサポートを受けたことから直接的なUターンの誘発要因には該当するとはいえないものの、結果的には関係する側面を有しているのかもしれない。本章で着目するのは、Uターンが生じるメカニズムよりは、その後の地域社会との関わり方である。本章の事例からは、体調不良のため公的なサポートを受けその自立の手段として見いだされたのが化粧まわし制作であった。そして、化粧まわし制作を介したUターン後の地域社会との関わりに注目していった。

　化粧まわし制作や紬に関する知見や技術習得のために通った養成所では、Z氏が島外で服飾デザインを学んでいた経験が活きるようになる。また、ヘアイラストレーター講師としての実演・販売や飲食店経営の経験から養成所での小物制作指導及び海の駅などの店舗での経営を歴任することになる。Z氏の島外での経験を活かすとともに、養成所での交流関係や海の駅や店舗において、いわば紬を通して築いたネットワークを自らの工房に活用し営んでいる。出身地に還流するまでの外部での経験といったプロセスがあったからこそ島内外におけるネットワークを構築・活用することができたといえる。本章の事例からは、Uターン者が広域的な移住空間をつくりあげていることから、Uターン者は、移住先において周縁的な位置づけでは十分に捉えることができないといえる。むしろ、島外での経験やネットワークなど還流するまでのプロセスをふまえ、地域社会と関与する存在として捉えることができる。

　本章では、還流する前のプロセスを活かし集落もしくは島内のみに収斂することないネットワークを活用する存在としてUターン者を捉えられることからも、移住社会で周縁に位置づけられる存在とは限らないUターン者の姿

を示すことができたと考えられる。

謝辞

最後に、古仁屋や加計呂麻島、東京都内と多岐にわたる箇所でご協力いただいたＺ氏及びご親族のみなさまに感謝申し上げます。ご多忙のなか貴重な時間をいただき誠にありがとうございます。なお、本章は文部科学省科学研究費補助金「現代アジア・オセアニアにおける他者への想像力と歓待の実践知に関する人類学的研究」（研究課題番号23K25435、2023–2027年）による研究助成の成果である。

注

〔1〕 桑原（2016: 16–18）が述べるように、奄美大島における親族制度や民話、信仰といった伝統文化は1953年の日本本土返還以降、九学会連合や多くの人類学者や民俗学者が現地調査を実施するとともに沖縄及び日本本土との比較研究が行われた。なお、奄美大島における観光のありかたの１つとして、2017年に設立された奄美群島国立公園では、生態系全体の管理・保全を目的とした「生態系管理型」と、自然環境と地域の伝統文化を包括して保全を目的とした「環境文化型」の両者が対立することのないような方針が示されている（渡辺2020: 3–4）。

〔2〕 昨今の日本社会、地域社会における深刻な人口減少及び少子高齢化が危惧されて久しい。特に地方社会をめぐっては、増田（2014: 11–35）や林・齋藤・江原（2010）らによる地方社会が今後も維持するためにも撤退を検討する一方、地方創生の視座（小田切2014）により議論される傾向がみられる。これらの議論の重要な論点の一つは人的資源の確保であり、都市部から地方へのＩターンや出身地に戻るＵターン、出身地に近い地域へ戻るＪターン、といった多様な移動を呈している。地域社会にとっては人的資源の確保は地域の今後を担う重要な命題ではあるものの、地方への移住にはさまざまなハードルが存在する。西村（2010: 60–65）は若い世代の地方農村への移住事例より、1. 住居の確保、2. 慣習や役務、行事といったルールの把握及び適応、3. 教育、医療機関の不足、といったハードルをあげている。また西村は、若い世代の移住はあくまでも局地的な戦術としては効果的ではあろうが、若い世代の農村移住が大幅に増加するとは考えにくく、移住者を受け入れることができる地域社会は限られていると述べている。

〔3〕 例えば、単身者の移動要因として「南の島への憧れ」が直接的な移動誘発要因ではない、と位置づけている。単身のＩターン者の特徴として、移住がきわめて短期的である点や定住意思が薄弱である点があげられている。単身移住者は地域の行事

への参加は消極的であり、地域住民との関係性が薄く地域住民からは単身移住者はすぐに奄美大島から離れてゆく存在とみなされる傾向であることが指摘されている（須山2014: 180-188）。

〔4〕嘉鉄における住居は集落内外の人間関係に基づき取引されるため、奄美大島に知人を有さないIターン者は一度嘉鉄以外に居住し、島内で人間関係を構築した上で嘉鉄での住居を模索する点が示されている（高橋2018: 65）。

〔5〕島嶼社会におけるUターン者をめぐって下里（2007）は、Uターン者が出身地に還流するメカニズムを解明する研究動向を整理し、経済的要因のみならず心理的・社会的な要因に着目する重要性を述べている。下里は、沖縄県宮古島の事例より日本本土を経て帰島したUターン者を「本土型」、沖縄本島へ転出し帰島した者を「沖縄型」と分類し、出身地に還流する心理的要因を分析する。移住先での人間関係がUターンの主なプッシュ要因とはならず、移住先での同郷者ネットワークがUターンに影響を与える、つまり、島外における同郷者との交流により宮古島に戻る心理要因が働くという。下里が指摘するように、移住先での同郷者とのつながりは重要であるといえ、本章で注目する古仁屋の郷友会が東京でも開かれている。東京在住の奄美大島出身者だけではなくその親族やUターンで古仁屋に戻ったものの、（仕事などの都合）東京に訪れた際には郷友会で交友を深めていることからも郷友会が人的ネットワークの重要な結節点であるといえよう。

〔6〕Uターン者の特徴の1つとして、就職などを契機として島を離れ奄美大島に戻るまでの期間が数十年と長期間であることが指摘される。長期間にもかかわらずUターンが行えた要因として、移住先で同郷者同士の関係性が構築されたことや土地や住居もしくは村営住宅が確保できたこと、定年後に島に戻り生活する上で十分な資金力を有していたこと、があげられている（鄭2010: 90）。

〔7〕村上・後藤・角田（1998）によると、1985年前後に瀬戸内町内のいくつかの集落で最低人口を記録した後人口の維持もしくは増加がみられることから、高い高齢化率とあわせて人口を維持する諸要因が考えられるという。人口を維持する要因の1つには、本章で焦点をあてるUターン者もしくはIターン者も関連することが推測される。

〔8〕化粧まわしは、豊年祭で健やかな成長を願い赤子の初土俵入りの際に用いられる。赤子の土俵入りについては、瀬戸内町ではないものの大和村名音（田畑1992: 71）や徳之島松原（下野2013: 48）にその記録がみられる。なお、五穀豊穣や無病息災を願う豊年祭は各集落や地区で行われており、瀬戸内町内においても古仁屋や勝浦で行われている。

〔9〕Z氏に関する事例は、2023年12月、2024年2月に瀬戸内町古仁屋、加計呂麻島、東京都内でおこなった現地調査及び親族を交えたインタビューに基づくものである。

〔10〕 瀬戸内町大島紬協同組合では、1982年に大島紬の振興及び技術の継者を目的として技術指導を行う大島紬技能養成所を設置している。本章においては、以下養成所と記載する。なお、島内には大島紬の技術指導、技術継承の場として奄美市名瀬に本場奄美大島紬技術専門学院や織工養成所が奄美市笠利町、龍郷町にも存在している（鹿児島県大島支庁 2024: 186）。

参考文献

伊澤雅子（2022）「奄美大島, 徳之島, 沖縄島北部及び西表島――「島」の世界自然遺産の特徴」『ランドスケープ研究』86（2）: 96–99

小田切徳美（2014）『農山村は消滅しない』岩波書店

海津ゆりえ（2022）「奄美・沖縄のエコツーリズム――世界自然遺産が映し出すもの」『ランドスケープ研究』86（2）: 106–109

鹿児島県大島支庁（2023）『奄美群島の概況令和4年度』鹿児島県大島支庁

鹿児島県大島支庁（2024）『奄美群島の概況令和5年度』鹿児島県大島支庁

鹿児島県瀬戸内町（2022）『鹿児島県瀬戸内町2021町勢要覧』鹿児島県瀬戸内町

鹿児島県総合政策部離島振興課（2023）『奄美群島振興開発総合調査報告書』

桑原季雄（2016）「鹿児島県の島嶼の文化と社会」『鹿児島県の島々――文化と社会・産業・自然』（高宮広土・河合渓・桑原季雄）南方新社: 13–30

齋藤嘉克・佐藤宏亮（2019）「若年層のUターンを促進する要因と形成プロセスに関する研究――奄美大島龍郷町秋名・幾里集落を対象として」『都市計画論文集』54（3）: 1424–1429

下里潤（2007）「宮古島における人口還流と社会的ネットワーク」『離島研究Ⅲ』（平岡昭利編著）海青社: 49–65

下野敏見（2013）『奄美諸島の民俗文化誌 南日本の民俗文化誌10』南方新社

鄭美愛（2010）「奄美大島出身者のUターン移動の特徴と発生要因」地理空間3（2）: 77–95

須山聡（2003）「奄美大島、名瀬の郷友会――組織の機能と空間的性格」『離島研究』（平岡昭利編著）海青社: 41–57

須山聡（2014）『奄美大島の地域性――大学生が見た島／シマの素顔』海青社

高橋昂輝（2018）「奄美大島におけるIターン者の選別・受入を通じた集落の維持――瀬戸内町嘉鉄にみる「限界集落論の反証」」『E-journal GEO』13（1）: 50–67

田畑千秋（1992）『奄美の暮しと儀礼 南島文化叢書14』第一書房

堂前亮平（1987）「奄美、瀬戸内町における海上交通と古仁屋の中心地特性」『地域研究シ

リーズ』10: 23–39

西村俊昭（2010）「すべてを守りきることができるか」林直樹・齋藤晋・江原朗編著『撤退の農村計画 - 過疎地域からはじまる戦略的再編』学芸出版社：60–75

林直樹・齋藤晋・江原朗（2010）『撤退の農村計画——過疎地域からはじまる戦略的再編』学芸出版社

本田親啓（2021）「奄美大島加計呂麻島の移住者にみる観光業への選択的就労についての研究——移住者の職業選択移動について」『日本観光学会誌』62: 15–25

増田寛也編著（2014）『地方消滅——東京一極集中が招く人口急減』中央公論新社

村上佳代・後藤春彦・角田理江（1998）「離島の生活環境計画と振興方策のあり方に関する研究——奄美群島振興特別措置法と瀬戸内町集落の人口動態・生活圏域に着目して」『日本建築学会計画系論文集』513: 175–182

李賢京・田島忠篤（2020）「離島奄美大島における宗教とトランスナショナリズム」『宗教研究』94（2）: 3–28

渡辺芳郎（2020）『奄美群島の歴史・文化・社会的多様性』（渡辺芳郎編）南方新社

おわりに
学問の歩き方
――知的関心をひろげる読書のために

坪野圭介

　本書『学問から「いま」を見通す――ヴィーガニズムから生成AIまで』は、原理的に「非専門家」に向けて書かれています。なぜ原理的といえるかというと、本書が扱っている専門分野が文学、文化人類学、文化地理学、心理学、公衆衛生学、言語学、英語教育……と多岐にわたっているため、すべての分野に精通している専門家は想定しづらく、その意味でこの本の複数の章を読もうとすれば、必然的に非専門家として読むことになるからです。
　それは、本書の編集メンバーにとってももちろん同じことでした。私たちもまた、この本をつくるにあたって、大部分の原稿に対して非専門家として向き合ってきました。本書を構想する際に、私たちはあえてそのような選択を――つまり、執筆分野やテーマを編者の得意とする専門領域には限定しないという選択を――したのです。なぜなら「知」とは本来、非専門家にこそひらかれているものであり、非専門家としてこそ享受すべきものではないかと考えたからでした。パレスチナ出身の思想家エドワード・サイードは、『知識人とは何か』のなかで、知識人は「アマチュア」であると述べています。サイードは、特定の専門性に閉じこもらずに、さまざまな分野を専門の外から、それゆえ批判精神をもって、自在に行ったり来たりする姿勢をもつ

人を「アマチュア」と呼び、「知」と向き合う人間のモデルとしたのでした。そのモデルは、知識の送り手にも、受け手にも、等しく当てはまるでしょう。

　そのようなわけでこの本は、さまざまな分野の研究者はもちろん、社会人や大学生など、知的関心をもったすべての非専門家＝アマチュアのみなさんに読んでいただくことを想定してつくられました。といっても、教科書や入門書と違って、本書の各章はそれぞれ学術的な論文の形式をとっています。特定の形式の文章を読むためには、多くの場合、一定の「読みのモード」が必要になるものです。それを知らずにアクセスすると、少しばかり戸惑うことになるかもしれません。そこでここでは、通常の本の「おわりに」とはやや趣きを異にしますが、おもに学術的な文章にあまり慣れていない方を想定しながら、「非専門家としての読書」に有用と思えるポイントをごく簡単に整理してみたいと思います。すでに自分なりの読み方を確立している方には蛇足になるかもしれませんが、本書やほかの学術書・人文書などを読みこなす際に、少しでも橋渡しとして役に立ててもらえたら幸いです。

(1) 事例とキーワードに注目する

　本書のような複数の書き手による「論集」という性質をもった本を読むとき、基本的に始めから終わりまで通読する必要はありません。関心のある分野の論考もあれば、どうしても関心がもてないものもあるでしょう。興味ある部分だけを丁寧に拾い読みするというのは、必ずしも間違った読み方ではないのです。例えば多くの研究者は大量の本を所有していますが、全部を隅から隅まで読んでいるとは限りません（もちろん、何度も最初から最後まで読み返すような本もあるはずですが、それはたいてい蔵書の一部のみです）。どこにどの本を置いているか、どの本にどんな内容が書いてあるかを把握し、必要な箇所を辞書のように適宜参照する。そういう読み方をしながら、関連する項目をネットワークのようにつないでいく――そういった使い方も、学術書にとっては重要です。

　しかし、実際に読んでみなければ、どんな内容が書いてあるかわかりよう

がないと思われるかもしれません。そこで注目してほしいのが目次です。論考が集まった本の各章のタイトルは、だいたい「事例・対象」と「キーワード」の組み合わせによって構成されています（もちろん例外もあります）。この、「事例・対象」と「キーワード」を目次から読み取るという作業が、学術書を読む際にはきわめて有用です。「事例・対象」というのは特定の出来事、状況、場所、時代、人物、作品などを指します。例えば、「パリ五輪」「認知症」「生成AI」「シェイクスピアの『ハムレット』」など。「キーワード」はもう少し抽象的な、概念、視点、手がかり、理論、分析手法、包括的な表現などを指します。例えば「善と悪」「色彩」「フェミニズム」「環境主義」「統計的手法」など。合体させると、「シェイクスピアの『ハムレット』における色彩の表象」のようなタイトルになります（これは架空の論文です）。それぞれの章タイトルを眺めて、どんな「事例・対象」をどんな「キーワード」で分析・検証しようとしているかを読み解きましょう。

難解そうな論考も、まず目次から「事例・対象」と「キーワード」を腑分けしながら把握しておくことで、議論についていきやすくなります。そして、自分にとって大事だと思えるような対象やキーワードを扱った章から優先的に読んでみてください。その際、まずは最初の節だけをじっくり読むことをおすすめします。学術的な文章では、おおむね最初の節に、扱うトピックやどのような分析をするのかが説明されているからです。ここで、自分が注目した「事例・対象」や「キーワード」から想像される内容と、実際の内容が合致していたかを確認できます。もちろん、想像と違ったとしても、新たに興味が湧けばそのまま読み進めればよいですし、自分の関心から外れすぎていたと思えば、今度は別の章にあたってみてもかまいません。

トーマス・S・マラニーとクリストファー・レアという歴史／文学の研究者は、『リサーチのはじめかた──きみの「問い」を見つけ、育て、伝える方法』のなかで、自分にとって大事な「問い」を見つけるためには「退屈を手がかりにする」ことも重要だと語っています。つまり、興味があるはずの内容なのに、論文を読んで退屈に感じるとしたら、そこに書かれた「問い」は、自分が本当に関心のある「問い」ではないのかもしれない。そのように

おわりに　学問の歩き方

して、目の前のテーマや文章に対する自分の心の率直な反応を探っていくことで、本当の関心のありかを突き止めようと説いているのです。マラニーとレアが解説しているのは、自分が論文を書く際にどうやって適切な「問い」を見つけるかですが、この方法は学術的文章を読む際にも適用できるでしょう。「事例・対象」と「キーワード」から章を絞ったうえで、最初の節を読んでとくに心が動いた文章が見つかったとしたら、それはきっと、自分にとって重要な内容であるはずです。関心のある事例やキーワードを探ることは、自分自身と向き合うことでもあるのです。

(2)情報・知識をむすぶ

　さて、読むべき論考が見つかったら、事例とキーワードをガイドにして読み進めていきましょう。学術的な文章からは、多くの情報や知識を得ることができます。とりわけ目次で興味をもった「事例・対象」について、基礎的な情報や、どのような視点が重要なのか、どのような問題につながっているか、といったことが理解できるでしょう。あるいは「キーワード」に関して、どのような使い方をすると事例の奥深くに迫れるのかを知ることもできるはずです。

　けれども、情報を得るならわざわざ難しそうな本を読まなくてもよいのではないか、と思われるかもしれません。たしかにスマホを使ってインターネットを調べれば、いくらでも情報は出てきます。わざわざ目次を読み解いて自分の関心を探るようなことをしなくても、Googleで検索したりChatGPTに質問したりすれば、次に読むべきページだって提案してくれます。「1か月に1冊も本を読まない大人」が6割を超えるようになった現在[1]、なぜどう見ても非効率的な学術書など読む必要があるのでしょう。このような疑問の、半分はもっともだと思います。実際、うまくインターネットや生成AIを使いこなし、短時間で効率よく必要な情報を得ることは、現代において必須のスキルになってきています。

　それでも学術的に書かれた文章に価値があるのは、知識というものが、固

定的なものではないという点によっています。誰が論じても変わらない、永久不変の事実であれば、インターネットを正しく使えば簡単に手に入れられるでしょう。しかし、実のところ知識というのは、それが指し示す中身や価値がつねに変化していきます。文化人類学者の松村圭一郎は、『これからの大学』のなかで、「固定したようにみえる知識も、じつはいろんな議論や論争のなかでつねに揺れ動いています」と述べています（松村：44）。研究者の仕事のひとつは、ある知識が「揺れ動き」のなかでどのように形成されてきたのかを整理して示すことなのです。情報そのものは変わらなくても、たくさんの情報をつなぎ合わせたり、位置づけたり、意味づけたりすることでつくり変えられていく知識は、不変のままではありえません。その「揺れ動き」ごと理解するには、学術的な定義や検証といった作業を経る必要があるのです。

　こうした作業には根気がいります。スマホでさっと調べて済ませるわけにはいきません。しかしだからこそ、過去の研究からの引用をいくつも組み合わせ、何段階もの論証を踏んでいくような文章を読む価値があるのだといえるでしょう。関心を抱いた事例や対象について、固定的な知ではなく、知の変化＝「揺れ動き」こそを理解しようと意識しながら論考を読むことで、簡単には手に入らない、情報のつながりや連なり、歴史的な過程や現在のありかたを「体得」することができます。そのように知識のかたちでむすばれた情報には、効率よく得たばらばらの情報にはない重みがともなっているはずです。

(3) 概念・理論をひらく

　先ほどの引用で取りあげた松村圭一郎は、知識以上に大切なものが知恵なのだと述べています。松村が知恵と呼ぶのは、新しい情報に接したときに、自ら知識をつくり変えられる力のことです。実は学術的な文章は多くの場合、この知恵にあたる機能をもっています。なぜなら、論文の役割は、単に知識を整理することではなく、そこに自分の知見を足す（すなわち、知識をつくり

変える)ことでもあるからです。学術的な論考とは、ある「事例・対象」に関するこれまでの知識の積み重なりや揺れ動きを踏まえたうえで、しばしば先述した「キーワード」に含まれる概念や理論を用いて、知識を一段階更新する営みだといえるでしょう。

　そうであれば、学術的文章を読むことは、この知恵＝「知識をつくり変える力」を身につけることでもあるはずです。単に関心がある分野についての情報・知識を得るだけでなく、物事の見方そのものを更新する経験こそが、こうした文章を読む最終目標だといってもよいかもしれません。優れた文章を読むことはいつでも、読む前と読んだ後で目の前の世界がほんの少し変わる経験をもたらしてくれますが、優れた学術的文章は、概念や理論をあやつる「論証」というプロセスをつうじて、そのような経験に読み手を導きます。

　といっても、こうした説明ではやや抽象的すぎるかもしれません。ここでは、内田義彦という経済学者の『読書と社会科学』に書かれた内容を補助線にしてみましょう。いま述べたように、論文にはさまざまな概念や理論といったものが用いられます——ネットワーク、アダプテーション、オーディエンス、情動理論、認知行動アプローチ、などなど。これらはいうなれば、事例・対象に特別な光をあてるための道具のようなものです。内田は、社会科学という学問について説明する際に、「概念装置」という言葉を使いました。自然科学における顕微鏡のような「物的装置」は、それを用いることで文字通り世界の見え方を変える道具です。一方、生物学や物理学のような理系の学問以外には、そうした「物的装置」はあまり存在しません。そのかわりに、広義の社会科学においては、それまで見えなかった物事を脳内に見せる道具として、「概念装置」＝理論や学説があるのです。これを知恵といいかえてもよいでしょう。装置が適切に組み立てられていれば（つまり、知識の整理と論証が正しく行われていれば）、読み手が研究者であろうとなかろうと、顕微鏡と同様、物事の認識が等しく変化するはずです。

　すなわち、興味ある事例・対象に対して、概念・理論といった装置をとおすことで、それまで気づかなかった新しい見方をできるようになることが、学術的文章を読むという行為の意味だといえます。ただし、装置の効能はそ

れだけではありません。この装置が真に物事の見方を変えるものであるならば、事例・対象が変わったとしても機能するはずではないでしょうか。ということは、理論や概念をよく理解しながら論考を読むことで、同じ装置を別の事例・対象にも応用できるようになるわけです（もちろん、顕微鏡の機能が小さなものを見ることに限られているように、ひとつの装置でなんでも見られるわけではありません）。書き手が組み立てた装置を、読み手が丁寧に読み取って脳内で組み立て直し、さらには自前で操れるようにする。そのプロセスは、決して簡単なものではありません。しかし内田は、その面倒な作業を、「楽しいですよ」と軽やかに語ってみせます。そのように自らの視野をひらいていくことこそが、学術的文章を読みこなす最大のポイントであり、最大の「楽しみ」なのです。

　以上、簡単にではありますが、学術書と向き合うための「学問の歩き方」をまとめてみました。事例やキーワードを整理して読む箇所を決め、揺れ動くものとしての知識を意識しながら、概念や理論の組み立て方を理解しようとこころみる——こうしたポイントを頭に置いてみると、はじめは取っつきにくく感じられた本に対しても、積極的に読みこなそうという気持ちが湧いてくるのではないでしょうか。まずはぜひ、本書『学問から「いま」を見通す』に収録された論考を、能動的に、自由に、読みこんでみてください。その先には、物事の見方をさらに広げてくれる無数の学術書・人文書の世界が広がっているはずです。
　……と、いうだけでは不親切かもしれませんので、多くの人が興味ぶかく読めるであろう学術書を、それを読むことの意義とともに取り上げている本をおすすめしておきたいと思います。京都大学学術出版会の編集長である鈴木哲也による『学術書を読む』には、専門書の選び方や読み方の丁寧な指南とともに、理系・文系問わず、多くの良質な学術書が紹介されています。ここで紹介された本を一冊でも二冊でも読んでみることで、学問の幅の広さと懐の深さを学べるでしょう。おまけでもうひとつ、読むためのポイントを挙げるとすると、この『学術書を読む』にも当てはまるのですが、学術書や人

文書には、一冊（もしくはひとつの論考）のなかに、別のたくさんの本の情報が埋め込まれており、それらを辿っていけば芋づる式に読書を進めることができます。たいていの場合、自分が興味をもった本が引用したり紹介したりしている本もまた、同じような関心や問いを共有しているものです。索引や参考文献リスト、注などにも注目してみてください。そこにはさらにたくさんの、次の読書のためのヒントが隠されているはずです。

　最後になりましたが、本書を刊行するにあたって、さまざまに支援してくださった和洋女子大学教職員のみなさまにお礼申し上げます。また、企画段階から丁寧な助言をくださった春風社の下野歩さん、根気強く編集作業をしてくださった岡田幸一さんのご尽力がなければ、このような雑多な内容をもつ本が一冊にまとまることはありえませんでした。本当にどうもありがとうございました。

付記
本書は、和洋女子大学研究成果刊行補助費及び文部科学省科学研究費補助金（課題番号21K10294）の助成を受けたものです。

注
〔1〕　2024年1月から3月にかけて行われた、文化庁の「国語に関する世論調査」によると、全国16歳以上の個人3,559名のうち、「1か月に読む本の冊数」に関して、「読まない」という回答が62.6％、「1、2冊」が27.6％を占めた。

参考文献
内田義彦（1985）『読書と社会科学』岩波新書
サイード、エドワード・W（1998）『知識人とは何か』大橋洋一訳、平凡社ライブラリー
鈴木哲也（2020）『学術書を読む』京都大学学術出版会
松村圭一郎（2019）『これからの大学』春秋社
マラニー、トーマス・S、クリストファー・レア（2023）『リサーチのはじめかた――きみの「問い」を見つけ、育て、伝える方法』

文化庁（2024）「国語に関する世論調査」
https://www.bunka.go.jp/koho_hodo_oshirase/hodohappyo/pdf/94111701_02.pdf（アクセス日、2024年9月25日）

執筆者紹介 (執筆順、＊＊編者、＊編集協力)

山崎真之（やまざき・まさゆき）＊＊
和洋女子大学国際学部助教（文化人類学、観光人類学）
主要研究業績
山崎真之（2024）「新聞広告にみる小笠原諸島のクルーズ船観光と観光地イメージ」『和洋女子大学紀要』65：171–192
山崎真之（2020）「商業的歓待と社会的歓待の絡み合い──小笠原移住者と観光をめぐって」『文化人類学』85 (1)：56–72
山崎真之（2016）「揺れ動くホストとゲスト──エコツーリズムと小笠原新島民の生活実践をめぐって」『観光学評論』4 (2)：107–119

坪野圭介（つぼの・けいすけ）＊＊
和洋女子大学国際学部准教授（アメリカ合衆国の文化と文学）
主要研究業績
坪野圭介（2024）『遊園地と都市文学──アメリカン・メトロポリスのモダニティ』小鳥遊書房
坪野圭介（2024）「文学を旅するアルゴリズム──科学が追究する「読む」の可能性」『kotoba』57号、集英社、pp. 43–49
Keisuke Tsubono. (2024) "Coney Island as a Symbol of North America for Half-Outsiders: Through the Eyes of José Martí and Nagai Kafū," *Finisterre II: Revisiting the Last Place on Earth: Migrations in Spanish and Latin American Culture and Literature*, Waxmann Verlag GmbH, 113–129.

今井祥子（いまい・しょうこ）
東京農業大学農学部助教（アメリカ合衆国の社会と文化、食文化研究、文化地理学）
主要研究業績
今井祥子（2022）「高級日本食レストランNobuのネットワーク形成と真正性の構築」農学集報67(3) 東京農業大学：100–110.
Imai, Shoko. (2021) "Nobu and After: Westernized Japanese Food and Globalization." In *Globalization, Food and Social Identities in the Asia Pacific Region*, edited by J. Farrer, 271–286. Tokyo: Sophia University Institute of Comparative Culture (reissued).
Shoko Imai. (2015) "Umami Abroad: Taste, Authenticity, and the Global Urban Network." In *The Globalization of Asian Cuisines: Transnational Networks and Culinary Contact Zones*, edited by James Farrer, 57–78. New York: Palgrave Macmillan.

黒田佑次郎（くろだ・ゆうじろう）

国立長寿医療研究センター予防科学研究部主任研究員（公衆衛生学、社会疫学、臨床心理学）

主要研究業績

Kuroda Y, Goto A, Uchida K, et al. (2024) Association Between Cancer Screening Patterns and Carer Literacy in Individuals With Cognitive Decline: An Observational Study. Cancer Med.; 13(20):e70311. doi:10.1002/cam4.70311

Kuroda Y, Fujita K, Sugimoto T, Uchida T, Shimazu T, Saito J, Arai H, Sakurai T. (2023) Feasibility of a Community-Adapted Multi-Domain Intervention for Dementia Prevention among Older Adults: A Research Protocol. Arch Public Health. Oct 31; 81(1):191. doi: 10.1186/s13690-023-01205-0

Kuroda Y, Goto A, Sugimoto T, Fujita K, Uchida K, Matsumoto N, Shimada H, Ohtsuka R, Yamada M, Fujiwara Y, Seike A, Hattori M, Ito G, Arai H, Sakurai T. (2023) Participatory approaches for developing a practical handbook integrating health information for supporting individuals with mild cognitive impairment and their families. Health Expect. Sep 19. doi: 10.1111/hex.13870

田中佑樹（たなか・ゆうき）＊

和洋女子大学人文学部助教（臨床心理学、健康心理学、認知行動療法）

主要研究業績

田中佑樹・岡島義（2023）「睡眠問題と負の強化によるギャンブル行動との関連——報酬知覚と体験の回避、心理的ストレス反応をプロセス変数とした検討」『行動医学研究』28（2）：31–41

田中佑樹・野村和孝・嶋田洋徳・中川桂子・小柴梓・菅野真由香・大石泰史・大石裕代・大石雅之（2021）「ギャンブル障害患者に対するリラプス・プリベンションに基づく集団認知行動療法の効果——ギャンブル行動と適応状態を指標とした検討」『認知行動療法研究』47（3）：319–329

Tanaka, Y., Nomura, K., Shimada, H., Maeda, S., Ohishi, H., Ohishi, M. (2017) Adaptation and validation of the Japanese version of the Gambling Urge Scale. *International Gambling Studies* 17(2): 192–204.

堀川柚（ほりかわ・ゆい）

和洋女子大学非常勤講師（臨床心理学、認知行動療法）

主要研究業績

堀川柚・嶋田洋徳（2023）「教育現場におけるコンサルテーションの効果の向上を目的としたシステマティックレビュー——先行研究の概観および「教師側の要因」の記述的検討——」『Journal of Health Psychology Research』36（1）：45–63

堀川柚・野中俊介・嶋田洋徳（2021）「教師のメンタルヘルスが児童生徒に及ぼす影響に関するシステマティックレビュー」『ストレスマネジメント研究』17（2）：75–88

堀川柚・野中俊介・吉田遥菜・三村尚志・嶋田洋徳（2019）「教師に対するコンサルテーションにおけるアセスメントの観点の検討」『早稲田大学臨床心理学研究』19（1）：153–168

輕部雄輝（かるべ・ゆうき）
帝京平成大学大学院臨床心理学研究科講師（臨床心理学、キャリア教育）
主要研究業績
輕部雄輝・佐藤純（2020）「就職活動におけるサポート資源の活用と継続のあり方との関連――インフォーマルな援助者に着目して――」『キャリアデザイン研究』16（1）：91–99
輕部雄輝・田中佑樹・川崎由貴・村田美樹・永作稔・嶋田洋徳（2018）「大学生の就職活動の遂行に影響を与える不安の機能的側面に関する検討」『早稲田大学臨床心理学研究』18（1）：19–27
輕部雄輝・佐藤純・杉江征（2015）「大学生の就職活動維持過程尺度の作成」『教育心理学研究』63（4）：386–400

澁谷和樹（しぶや・かずき）
常葉大学経営学部講師（観光学、観光地理学）
主要研究業績
澁谷和樹（2023）「レクリエーションと行動圏」公益社団法人日本地理学会編『地理学事典』丸善出版：652–653
澁谷和樹（2022）「スマートツーリズムにおける観光者の選択に関する考察」『立教大学観光学部紀要』（24）：60–72
澁谷和樹（2020）「ビッグデータ時代における観光行動研究の現状と課題：地理学からの検討を中心に」『立教大学観光学部紀要』（22）：128–137

市村美帆（いちむら・みほ）
和洋女子大学人文学部准教授（社会心理学）
主要研究業績
市村美帆・新井洋輔（2023）「家族内のリンクコーデ現象に関する心理学的検討――乳幼児を育てている母親と女子大学生の経験による探索的検討」『容装心理学研究』2：23–31
市村美帆（2022）「日本における自尊感情の変動性研究の動向」『和洋女子大学紀要』63：169–178
市村美帆・高田治樹・増野智彦・吉野美緒・稲本絵里・松井豊・横田裕行（2014）「病院前救急診療活動を行う医師の活動中の感情と普段の精神的健康状態との関連」『日本救急医学会誌』25（4）：141–151

内田翔大（うちだ・しょうだい）＊
和洋女子大学国際学部准教授（心理言語学、神経言語学）
主要研究業績
内田翔大（2023）「世界英語のリスニング――リスニング実験における英語バリエーションの影響と実験手法の有用性に関する検証――」『和洋女子大学英文学会誌』(58), pp. 1–19.
Uchida, S., Arai, M., Hirose, Y., & Ito, T. (2018) Cost due to re-ranking reflected in the same ERP component during the processing of Japanese ditransitives. *Proceedings of the 31th Annual*

CUNY Conference on Human Sentence Processing, Davis, CA, 264–265.

Uchida. S., Arai, M., Miyamoto, E. T., & Hirose, Y. (2015) Processing Japanese sentences as a zero-sum game. *Proceedings of the 17th Annual International Conference of the Japanese Society for Language Sciences*, Oita, Japan, 80–83.

山本貴恵（やまもと・きえ）
東洋大学国際学部国際地域学科講師（応用言語学、英語教育学、学習心理学）
主要研究業績

Yamamoto, K. (2023) L2 identity construction through teletandem learning. In T. Muller., J. Adamson, S. Herder, & P. S. Brown (Eds.), *Re-envisioning EFL education in Asia*. (pp. 77–98). International Teacher Development Institute.

Morris, S., Yamamoto, K., & King, J. (2023) Practitioner researcher intuition in stimulated recall studies. *Journal for the Psychology of Language Learning*. 5 (2) 34–44.

Yamamoto, K., & Imamura, Y. (2020) 対話の中で成長する学習者オートノミー：セルフアクセスセンターにおける社会的学習機会の考察 [Developing learner autonomy through dialogue: Considering social learning opportunities in self-access center]. In. C. Ludwig, G. Tassinari & J. Mynard (Eds.), *Navigating foreign language learner autonomy*. (pp. 351–380). Candlin & Mynard.

辻るりこ（つじ・るりこ）
和洋女子大学全学教育センター助教（英語教育学）
主要研究業績

辻るりこ（2023）「大学初年次英語教育とその課題に関するシステマティックレビュー」『和洋女子大学紀要』. 第64集. 87–95.

JACET 関東支部特別研究プロジェクトチーム（2019）「第2特集 移行期間に各自治体が取り組む英語教育――自治体における英語教育研究テーマに関する調査から――」『英語教育』大修館, 3月号, 33–39.

辻るりこ（2019）学習者論からの示唆と応用. 木村松雄（編）,『新しい時代の英語科教育法：小中高を一貫した理論と実践』東京：大修館書店. 16–21.

松田麻子（まつだ・あさこ）
和洋女子大学全学教育センター助教（言語学、英語学、生成文法理論）
主要研究業績

Matsuda, Asako. (2023) "What Japanese -(Y)oo and -Tai Suffixes Tell Us about *De Se*," *Japanese/Korean Linguistics* 30, 483–492.

Matsuda, Asako. (2021) "Control from Inside: Evidence from Japanese," *Non-canonical Control in a Cross-linguistic Perspective*, edited by A. Mucha, J. M. Hartmann and B. Trawiński [Linguistik Aktuell/Linguistics Today 270], 137–165.

Matsuda, Asako. (2021) "Indexical Structures of "Bound" Plurals," *JELS* 38, 51–57.

板垣武尊（いたがき・たける）*
和洋女子大学国際学部准教授（観光学、観光地理学）
主要研究業績
板垣武尊・李崗（2024）「クメールはできる：観光を通じたナショナリズムの生成」『和洋女子大学紀要』65：27–40.
板垣武尊・澁谷和樹（2022）「中国における日本人バックパッカーの観光行動の変化」『日本観光研究学会全国大会学術論文集』37：159–164.
板垣武尊（2018）「アジア地域におけるバックパッカーの目的地の変遷」李明伍・臺純子編『国際社会観光論』志學社：161–182.

李崗（り・がん）
多摩大学グローバルスタディーズ学部准教授（観光学、観光人類学）
主要研究業績
李崗・板垣武尊（2024）「中国新移民とカンボジア・シアヌークビルの社会的変容：一帯一路を背景に」.『紀要』16：99–114.
李崗（2021）「訪日中国人 VFR 旅行に関する一考察――ホストとゲストとの関係（guanxi）を手がかりに」『日本観光研究学会全国大会学術論文集』36：281–284.
李崗（2018）「漢族地域観光と宗族文化の再構成：中国徽州文化をめぐるマクロとミクロのダイナミクス」『立教観光学研究紀要』20：45–54.

渡辺浩平（わたなべ・こうへい）
国立民族学博物館外来研究員（文化人類学、アメリカ先住民研究）
主要研究業績
渡辺浩平（2022）「笑いはメディスンである――ペヨーテ・ミーティングにおける笑いと癒やし」大坪玲子, 谷憲一（編）『嗜好品から見える社会』春風社, pp. 37–60
渡辺浩平（2019）「「調和」する笑い――ナヴァホ指定居留地における相互行為の事例から」『社会人類学年報』45：101–113

河野正治（かわの・まさはる）
東京都立大学人文社会学部准教授（文化人類学、ミクロネシア地域研究）
主要研究業績
河野正治（2022）「食物展示の意味をずらす技法――ミクロネシア・ポーンペイ島の儀礼実践にみる価値転換と創造の萌芽」『社会人類学年報』48：1–19
河野正治（2020）「序――歓待の人類学」『文化人類学』85（1）：42–55

河野正治（2019）『権威と礼節——現代ミクロネシアにおける位階称号と身分階層秩序の民族誌』風響社

竹下和貴（たけした・かずたか）
東洋大学生命科学部准教授（生態リスク学）
主要研究業績
Takeshita, K. M., Y. Iwasaki, T. M. Sinclair, T. I. Hayashi, W. Naito. (2022) Illustrating a species sensitivity distribution for nano- and microplastic particles by using Bayesian hierarchical modeling. Environmental Toxicology and Chemistry. Society of Environmental Toxicology and Chemistry. 41: 954–960.
Takeshita, K. M., M. Kaneko, K. Kaji. (2022) Food habits and body condition of the sika deer populations in the Tanzawa Mountains, central Japan. In (Kaji, K., H. Uno, H. Iijima, eds.) Sika Deer: Life History Plasticity and Management, pp. 327–340. Springer, Tokyo.
Takeshita, K. M., T. I. Hayashi, H. Yokomizo. (2020) The effect of intervention in nickel concentrations on benthic macroinvertebrates: A case study of statistical causal inference in ecotoxicology. Environmental Pollution. 265: 115059.

石垣裕貴（いしがき・ゆうき）
東洋大学生命科学部卒業（現所属：センクシア株式会社）

学問から「いま」を見通す
――ヴィーガニズムから生成AIまで

2025年3月3日　初版発行

編者　　　山崎真之・坪野圭介
編集協力　田中佑樹・内田翔大・板垣武尊
発行者　　三浦衛
発行所　　春風社
　　　　　横浜市西区紅葉ヶ丘53　横浜市教育会館3階
　　　　　〈電話〉045・261・3168　〈FAX〉045・261・3169
　　　　　〈振替〉00200・1・37524
　　　　　http://www.shumpu.com　　info@shumpu.com

印刷・製本　モリモト印刷株式会社

装丁　　　矢萩多聞
本文設計　長田年伸

乱丁・落丁本は送料小社負担でお取り替えいたします。
© Masayuki Yamazaki and Keisuke Tsubono. All Rights Reserved. Printed in Japan.
ISBN 978-4-86110-996-6 C0036 ¥4500E